Nacer mujer en China

emecé cornucopia

Xinran Xue

Nacer mujer en China

Traducción de Sofía Pascual Pape

emecé editores

Título original: *The Good Woman Of China*

© The Good Woman of China Ltd., 2002

© por la traducción, Sofía Pascual Pape, 2003

Primera edición en esta colección: febrero de 2003

Emecé Editores, España 2003

Diagonal, 662-664, 08034 Barcelona (España)

Revisión de la traducción: Beatriz Galán

ISBN 84-672-0134-7

Composición: Foto Informática, S. A.

Printed in U. S. A. - Impreso en U. S. A.

© Editorial Planeta, S. A., 2003

Licencia editorial para Círulo de Lectores y Mosaico

por cortesía de Editorial Planeta, S. A.

Diseño de la cubierta por cortesía de Círulo de Lectores, S. A.

Barcelona, España

Índice

Para todas las mujeres chinas,
y para mi hijo PanPan.

Nota de la autora

Las historias que aquí se cuentan son reales, pero hemos cambiado los nombres para proteger a las personas implicadas.

En chino, el carácter «Xiao» delante de un apellido significa «joven». Delante del nombre propio crea un diminutivo e indica que la persona que habla se siente cercana a la persona a la que se dirige.

Prólogo

A las nueve de la noche del 3 de noviembre de 1999, yo volvía a casa después de una clase en la Escuela de Estudios Orientales y Africanos de la Universidad de Londres. Cuando salía de la estación de metro de Stamford Brook hacia la oscura noche otoñal, oí un extraño sonido a mis espaldas. No me dio tiempo a reaccionar, cuando, de pronto, alguien me golpeó con fuerza en la cabeza y me empujó al suelo. Instintivamente aferré el asa de mi bolso que contenía la única copia de un manuscrito que acababa de escribir. Pero mi asaltante no iba a darse por vencido.

—Dame tu bolso —me gritó una y otra vez.

Luché con una fuerza que no sabía que poseía. No pude ver su rostro en medio de la oscuridad. Sólo sabía que estaba luchando contra un par de manos fuertes e invisibles. Traté de protegerme al tiempo que intentaba patearlo donde suponía que estaría su ingle. Él me devolvió las patadas y sentí agudas explosiones de dolor en la espalda y las piernas, junto con el sabor salado de la sangre en mi boca.

Unos transeúntes empezaron a correr hacia nosotros gritando. Pronto el hombre estuvo rodeado por una multitud enfurecida. Cuando finalmente conseguí ponerme en pie, a trompicones, descubrí que medía más de metro ochenta.

Más tarde, la policía me preguntó por qué había arriesgado mi vida por un bolso.

Temblorosa y dolorida, les expliqué:

—Dentro guardo mi libro.

—¿Un libro? —exclamó un agente de policía—. ¿Acaso un libro es más importante que su vida?

Naturalmente, la vida es más importante que un libro. Pero, en cierto modo, mi libro era mi vida. Era mi testimonio sobre las vidas de las mujeres chinas, el resultado de muchos años de trabajo periodístico. Sabía que mi comportamiento había sido estúpido: de haber perdido el manuscrito, podía haber tratado de recrearlo. Sin embargo, no estaba segura de soportar una vez más los sentimientos extremos que me había provocado su escritura. Revivir las historias de las mujeres que conocía había sido muy doloroso, y más aún ordenar mis memorias y encontrar el lenguaje adecuado para expresarlas. Al luchar por aquel bolso defendí mis sentimientos y los de las mujeres chinas. El libro era el resultado de tantas cosas que, de haberlas perdido, no habría sido capaz de recuperarlas. Cuando te adentras en tus recuerdos, abres una puerta al pasado; el camino tiene muchas ramificaciones y, en cada incursión, el itinerario que sigues es siempre distinto.

1

Mi viaje hacia las historias de las mujeres chinas

Una mañana temprana de la primavera de 1989, yo atravesaba las calles de Nanjing montada en mi bicicleta Flying Pigeon, soñando despierta con mi hijo PanPan. Los brotes verdes de los árboles, las nubes de aliento escarchado que envolvían a los demás ciclistas, los pañuelos de seda de las mujeres ondeando al viento primaveral, todo ello se fundía con los pensamientos dedicados a mi hijo. Lo estaba criando sola, sin la ayuda de un hombre, y no resultaba nada fácil cuidar de él siendo una madre trabajadora. Sin embargo, no importa el viaje que emprendiera, fuera éste largo o corto, aun durante los rápidos paseos al trabajo, él siempre me acompañaba en el alma y me daba ánimos para seguir adelante.

—¡Eh, pez gordo de la radio, mira por dónde vas! —me gritó un colega cuando entré dando tumbos al recinto de la emisora de radio y televisión en la que trabajaba.

Había dos agentes de policía apostados en la verja. Les mostré mi pase. Una vez dentro, tendría que enfrentarme a otros guardias de seguridad en las entradas de las oficinas y los estudios. La seguridad de la emisora era extremadamente estricta y los empleados recelábamos de los guardias. Circulaba una historia acerca de uno nuevo que se había quedado dormido estando de guardia por la noche y que se puso tan nervioso que mató al compañero que lo había despertado.

Mi oficina se encontraba en la planta dieciséis del imponente edificio moderno de veintiún pisos. Yo prefería subir por las escaleras en lugar de arriesgarme a coger el poco fiable ascensor, que solía estropearse con frecuencia. Cuando llegué a mi mesa, descubrí que me había dejado la llave de la bicicleta en la cerradura. Un colega se apiadó de mí y se ofreció a llamar al guardia de la verja. La cosa no era tan fácil como puede parecer, pues ningún empleado subalterno disponía de un teléfono, y mi colega tendría que acercarse a la oficina del jefe de sección para hacer la llamada. Al final, no obstante, alguien me trajo la llave y el correo. Enseguida me llamó la atención una carta: el sobre estaba hecho con la tapa de un libro y llevaba pegada una pluma de pollo. Según la tradición china, una pluma de pollo es una señal urgente de aflicción.

El remitente de la carta era un joven que la había enviado desde una aldea a unos doscientos kilómetros de Nanjing. La carta decía así:

> Muy estimada Xinran:
> Escucho todos tus programas. De hecho, todos los habitantes de mi aldea disfrutan escuchándolos. Pero el motivo de mi carta no es contarte lo buenos que son tus programas; te escribo para contarte un secreto.
> No es realmente un secreto, porque todo el mundo en la aldea lo sabe. En la aldea hay un anciano lisiado de sesenta años que recientemente compró una joven esposa. La muchacha parece muy joven. Creo que la han secuestrado. Ocurre con cierta frecuencia por aquí, pero muchas de las chicas suelen escaparse más tarde. El anciano teme que su esposa se escape y la tiene atada con una gruesa cadena de hierro. Su cintura está en carne viva por el roce con la pesada cadena: la sangre se ha filtrado a través de sus ropas. Creo que eso la matará. Por favor, sálvala.
> Hagas lo que hagas, no menciones mi carta en la radio. Si los aldeanos lo descubren, expulsarán a mi familia.
> Espero que tu programa sea cada vez mejor.
> Tu leal oyente,
>
> ZHANG XIAOSHUAN

Era la carta más angustiosa que había recibido desde que empecé a presentar mi programa de radio vespertino, «Palabras en la brisa nocturna», cuatro meses atrás. A lo largo del programa solía hablar de diversos aspectos de la vida cotidiana, utilizando mis propias experiencias para ganarme la confianza de los oyentes, y sugería maneras de abordar las dificultades de la vida.

—Mi nombre es Xinran —dije al empezar la primera emisión del programa—. Xinran significa «con mucho gusto».

«*Xin xin ran kai le yan*», escribió Zhu Zinqing en un poema dedicado a la primavera. «Con mucho gusto y excitación abría los ojos a las cosas nuevas.» Para mí, el programa también era una «cosa nueva». Hacía poco que era presentadora y estaba intentando hacer algo que no se hubiera hecho antes en la radio.

En el período comprendido entre 1949 y 1988, la única información a la que tenía acceso el pueblo chino eran las directrices del Partido, divulgadas a través de la radio, los diarios estatales y, más tarde, la televisión estatal. La comunicación con cualquier ser humano o estamento en el extranjero parecía tan remota y fantástica como un cuento. Los medios de comunicación, ya fuera la radio, la televisión o los diarios, hablaban con una sola voz. Cuando en 1983 Deng Xiaoping inició el lento proceso de apertura de China, los periodistas, al menos los más valientes, pudieron empezar a realizar algunos cambios sutiles en la manera de presentar las noticias en su país. También pudieron, aunque tal vez suponía mayor peligro, hablar de asuntos personales en los medios de comunicación. Con «Palabras en la brisa nocturna» intenté abrir una pequeña ventana, un minúsculo agujero, en el que la gente pudiera permitir que sus almas se desahogaran y respiraran después de la atmósfera cargada de pólvora que habían soportado durante los últimos cuarenta años. El autor y filósofo chino Lu Xun dijo en una ocasión: «La primera persona que probó un cangrejo debió de comerse previamente una araña, aunque pronto se dio cuenta de que no convenía hacerlo.» Mientras esperaba la reacción de mis oyentes al programa, me pregunté qué pensarían ellos que era yo: un cangrejo o una araña. El gran número de cartas entusiastas que se apilaron sobre mi mesa me convencieron de lo primero.

La carta que recibí del joven Zhang Xiaoshuan fue la primera en que alguien solicitaba mi ayuda práctica, y me desconcertó. Se lo notifiqué al jefe de sección y le pregunté qué debía hacer. Él me sugirió con indiferencia que pidiera ayuda a la Oficina de Seguridad Pública local. Les hice una llamada y les conté la historia de Zhang Xiaoshuan.

El oficial al otro lado de la línea me pidió que me calmara.

—Este tipo de cosas pasa muy a menudo. Si todo el mundo reaccionara como usted, acabaríamos muertos de tanto trabajar. De todos modos, es un caso perdido. Tenemos montones de informes similares y nuestros recursos humanos y financieros son limitados. Si yo fuera usted, tendría mucho cuidado con meter la nariz en este asunto. Los aldeanos no tienen miedo de nada ni de nadie, incluso si nos presentáramos allí, serían capaces de incendiar nuestros coches y dar una paliza a nuestros agentes. Son capaces de ir muy lejos para asegurar que su linaje se perpetúe, porque sería un pecado contra sus ancestros no procurarse herederos.

—Olvídese de todo esto —le dije—. Sólo dígame si piensa responsabilizarse de la muchacha o no.

—No he dicho que no fuera a hacerlo, pero...

—¿Pero qué?

—Pero no hay por qué darse tanta prisa, lo haremos paso a paso.

—¡No puede dejar que alguien muera paso a paso!

El agente de policía soltó una risita y dijo:

—No me extraña que digan que los policías combaten

el fuego y que los periodistas lo avivan. ¿Cuál era su nombre, por cierto?

—Xin... ran —contesté entre dientes.

—Sí, sí, Xinran, un buen nombre. De acuerdo, Xinran, pásese por aquí. La ayudaré.

Parecía que me estuviera haciendo un favor en lugar de cumplir con su deber.

Me dirigí inmediatamente a su oficina. Era el típico agente de policía chino: robusto y alerta, con una expresión de desconfianza en el rostro.

—En el campo —dijo—, los cielos son altos y el emperador está lejos.Para los campesinos la ley no tiene ninguna fuerza. Ellos sólo temen a las autoridades locales que controlan los suministros de pesticidas, fertilizantes, semillas y herramientas.

El agente tenía razón. Al final fue el jefe local de suministros agrícolas quien consiguió salvar a la muchacha. Amenazó con cortar el suministro de fertilizante si no la liberaban. Tres agentes me llevaron a la aldea en el coche de policía. Cuando llegamos, el jefe de la aldea tuvo que abrirnos camino a través de una muchedumbre de aldeanos que sacudía los puños y nos maldecía. La muchacha sólo tenía doce años. Se la quitamos al anciano, que lloraba y nos insultaba amargamente. No me atreví a preguntar por el estudiante que me había escrito. Me hubiera gustado darle las gracias, pero el agente de policía me advirtió que si los aldeanos descubrían lo que había hecho, tal vez lo matarían, a él y a su familia.

Al presenciar de primera mano el poder de los campesinos, empecé a entender cómo Mao, gracias a ellos, había derrotado a Chiang Kai—shek y a sus armas británicas y americanas.

La muchacha fue devuelta a su familia, en Xining —un viaje en tren de veintidós horas desde Nanjing—, acompañada por un agente de policía y por un empleado de la emisora. Resultó que su familia había acumulado una deuda de aproximadamente 10.000 yuanes intentando encontrarla.

No recibí ningún elogio por el rescate de la muchacha, tan sólo críticas por «pescar en aguas revueltas e incitar a la gente» y por malgastar el tiempo y el dinero de la emisora. Las quejas me trastornaron. Una muchacha había estado en peligro y, a pesar de ello, su rescate se consideraba «una manera de agitar al pueblo y de drenar las arcas del Estado». ¿Qué valor tenía entonces la vida de una mujer en China?

Esta pregunta empezó a perseguirme. La mayoría de la gente que me escribía a la emisora eran mujeres. A menudo, sus cartas eran anónimas o escritas bajo seudónimo. Mucho de lo que en ellas me contaron me causó una profunda impresión. Yo creía entender a las mujeres chinas. Al leer sus cartas comprendí cuán equivocada había estado en mis suposiciones. Mis conciudadanas vivían vidas y se batían con problemas que yo ni siquiera era capaz de imaginar. Muchas de las cuestiones que me planteaban tenían que ver con su sexualidad. Una mujer quería saber por qué su corazón se aceleraba cuando chocaba por accidente con un hombre en el autobús. Otra me preguntó por qué empezaba a sudar cuando un hombre le tocaba la mano. Hacía demasiado tiempo que se había prohibido toda discusión acerca de cuestiones sexuales, y que cualquier contacto físico entre un hombre y una mujer que no estuvieran casados conducía a la condena pública o incluso al encarcelamiento. Aun entre marido y mujer, «la charla de enamorados en la cama» podía llegar a considerarse un comportamiento delictivo; se habían dado casos, con relación con peleas familiares, en que la gente había amenazado con denunciar a su pareja a la policía por haber consentido a ello. Como consecuencia, dos generaciones de chinos se criaron con sus instintos naturales confundidos. En su día, yo misma fui tan ignorante, aun a la edad de veintidós años, que rechacé hacer manitas con un profesor en una fiesta alrededor de una hoguera por miedo a quedarme embarazada. Mi idea de la concepción provenía de una línea de un libro: «Se cogieron de la mano a la luz de la luna... Cuando llegó la primavera tuvieron un hijo.» Me sorprendí queriendo saber mucho más acerca de las vidas íntimas de las mujeres chinas y decidí empezar a investigar sus diferentes trasfondos culturales.

El viejo Chen fue la primera persona a la que le hablé de mi proyecto. Llevaba años trabajando de periodista y era muy respetado. Se decía que incluso el alcalde de Nanjing le pedía consejo. Yo solía consultarle a menudo temas referidos a mi trabajo, no sólo por respeto a su antigüedad, sino también para aprovechar su considerable experiencia. Esta vez, no obstante, su reacción me sorprendió. Sacudió la cabeza, que era tan calva que apenas podías determinar dónde acababa su cráneo y dónde empezaba su rostro, y me dijo:

—¡Ingenua!

Aquello me desconcertó. Los chinos consideran la calvicie un signo de sabiduría. ¿Estaba equivocada? ¿Por qué era tan ingenuo pretender comprender a las mujeres chinas?

Hablé a un amigo que trabajaba en la universidad de la advertencia del viejo Chen.

—Xinran —me dijo—, ¿alguna vez has estado en una fábrica de bizcochos?

—No —contesté, confundida.

—Pues yo sí. Por eso nunca como bizcocho.

Él me sugirió que hiciera una visita a una fábrica para que descubriera por mí misma lo que intentaba decirme.

Soy impaciente por naturaleza, por lo que a la mañana siguiente, a las cinco, me dirigí a una pastelería pequeña pero que tenía fama de ser muy buena. No había anunciado mi visita, pero no esperaba encontrar problemas para acceder al taller. En China, a los periodistas se los suele llamar «reyes

sin corona». Tienen la entrada libre a prácticamente cualquier organización del país.

El gerente de la pastelería no sabía a qué había venido
pero estaba impresionado por mi entrega al trabajo: dijo que
jamás había conocido a un periodista que se levantara tan
temprano para recoger información. Todavía no se había
hecho de día. Bajo la débil luz de las farolas de la fábrica, siete u ocho mujeres rompían huevos en una enorme tina. Bos-
tezaban y se aclaraban la voz con un terrible carraspeo. El
sonido intermitente de los escupitajos me hizo sentir incómoda. Una de las mujeres tenía yema de huevo por toda la
cara, lo más probable era que fuese por haberse sonado
la nariz y no por algún extraño tratamiento de belleza. Vi a
dos obreros añadiendo condimentos y colorantes a una masa
esponjosa que había sido preparada el día anterior. Añadie-
ron los huevos a la mezcla que, posteriormente, vertieron
en moldes de papel de estaño que corrían por una cinta trans-
portadora. Cuando los moldes salieron del horno, una doce-
na de mujeres empaquetaron los pastelillos en cajas. Tenían
migas en las comisuras de los labios.

Cuando abandoné la fábrica, recordé algo que un compañero periodista me había contado en una ocasión: los
lugares más sucios del mundo no son los retretes ni las cloa-
cas, sino las fábricas de alimentos y los comedores. Decidí
no volver a comer nunca bizcocho, aunque no conseguí dilucidar la relación que había entre lo que acababa de ver y la
cuestión de comprender a las mujeres.

Llamé a mi amigo, que pareció quedar decepcionado por
mi falta de percepción.

—Fuiste testigo de lo que esos preciosos pastelillos tuvieron que soportar para convertirse en lo que son. Si sólo los
hubieras visto en la tienda, nunca lo habrías sabido. Sin
embargo, aunque es posible que consigas describir lo mal
dirigida que está la fábrica y la manera en que contraviene
la normativa de sanidad, ¿realmente crees que con ello

podrás conseguir que la gente deje de comer bizcocho? Lo mismo se da en el caso de las mujeres chinas. Incluso si consigues tener acceso a sus hogares y a sus memorias, ¿realmente crees que serás capaz de juzgar o modificar las leyes según las cuales viven sus vidas? Además, ¿cuántas mujeres se avendrán a renunciar a su amor propio para hablar contigo? Me temo que pienso que tu colega es realmente sabio.

2

La muchacha que tenía
una mosca como mascota

Desde luego, el viejo Chen y mi amigo de la universidad tenían razón en una cosa. Sería muy difícil encontrar a mujeres dispuestas a hablar libremente conmigo. Para las mujeres chinas, el cuerpo desnudo es motivo de vergüenza, no de orgullo, no se considera bello. Lo mantienen tapado. Pedir a las mujeres que me permitieran entrevistarlas sería lo mismo que pedirles que se quitaran la ropa. Me di cuenta de que tendría que buscar formas más sutiles para investigar sus vidas.

Las cartas que recibía de mis oyentes, llenas de anhelos y de esperanza, se convirtieron en mi punto de partida. Pregunté a mi jefe si podía añadir una sección especial al final de mi programa, una especie de consultorio en el que poder discutir, o tal vez leer, algunas de las cartas recibidas. No se opuso a la idea; él también deseaba saber lo que pensaban las mujeres chinas y así buscar una solución a la tensa relación que mantenía con su esposa. Sin embargo, él no podía autorizar personalmente la sección: tendría que dirigir una solicitud a la oficina central. Yo ya estaba más que familiarizada con el procedimiento: las diferentes categorías de burócratas de la emisora no eran más que simples recaderos glorificados, sin poder ejecutivo. Los altos escalafones de la jerarquía eran los que tenían la última palabra.

Seis semanas más tarde me devolvieron la solicitud de la oficina central, engalanada con cuatro sellos de lacre rojo que confirmaban la aprobación. La duración de la sección propuesta había sido recortada a diez minutos. Aun así, sentí que me había llovido maná del cielo.

El impacto que tuvo mi consultorio femenino de diez minutos fue mucho mayor de lo que cabía esperar: el número de cartas de los oyentes se incrementó hasta tal punto que empecé a recibir más de cien al día. Tuve que solicitar la ayuda de seis estudiantes universitarios para poder leer todo el correo que me llegaba. También los asuntos tratados en las cartas empezaron a ser más variados. Los testimonios que leí provenían de todo el país, se habían desarrollado en muchos momentos distintos a lo largo de los últimos setenta años, y correspondían a mujeres de realidades sociales, culturales y profesionales muy diversas. Revelaban mundos que habían estado ocultos para la gran mayoría de la población, incluida yo misma. Las cartas me conmovieron profundamente. Muchas de ellas llegaban acompañadas de detalles personales, como por ejemplo flores, hojas y cortezas prensadas y labores de ganchillo.

Una tarde, al volver al despacho, encontré un paquete y una nota del portero sobre mi mesa. Por lo visto, una mujer de unos cuarenta años había traído el paquete a la emisora y le había pedido al portero que me lo entregara a mí. No había dejado ni nombre ni dirección. Varios compañeros me recomendaron que entregara el paquete al departamento de seguridad para que lo examinaran antes de abrirlo, pero me resistí a hacerlo. Sentía que el destino no podía someterse a segundas consideraciones y un fuerte impulso me empujó a abrir el paquete de inmediato. Dentro encontré una vieja caja de zapatos, con un hermoso dibujo de una mosca humana en la tapa. Los colores casi se habían borrado. Alguien había escrito una frase junto a la boca de la mosca: «Sin primavera, las flores no pueden florecer; sin propietario, esta caja no podrá abrirse». La tapa estaba cerrada con un candado perfectamente colocado.

Vacilé. ¿Debía o no debía abrirla? Entonces descubrí una notita que sin duda había sido pegada hacía muy poco rato: «¡Xinran, por favor, abre esta caja!»

La caja estaba llena de hojas de papel amarillentas y descoloridas. Escritas de arriba abajo, las hojas no eran del mismo tamaño, forma ni color. La mayor parte eran pedazos de papel sueltos, del tipo que se utiliza para los historiales médicos. Parecía un diario. También había una gruesa nota de entrega certificada. Estaba dirigida a Yan Yulong, de un cierto equipo de producción de la provincia de Shandong, y el remitente era una tal Hongxue, que daba como dirección un hospital de la provincia de Henan. El sello de correos estaba fechado el 24 de agosto de 1975. Estaba abierta, y en la parte superior aparecían estas palabras: «Xinran, te ruego respetuosamente que leas cada palabra. Una fiel oyente.»

Puesto que no tenía tiempo para hojear las notas antes de iniciar la emisión, decidí leer primero la carta:

Querida Yulong:

¿Estás bien? Siento no haberte escrito antes, realmente no hay razón alguna para no haberlo hecho, pero es que tengo demasiadas cosas que contarte y no sé por dónde empezar. Espero que puedas perdonarme.

Ya es demasiado tarde para pedirte que perdones mi terrible e irrevocable error, pero sigo queriendo pedirte, querida Yulong, que me perdones.

En tu carta me planteaste dos preguntas: ¿por qué te muestras esquiva a ver a tu padre? y ¿qué te llevó a dibujar una mosca y por qué la hiciste tan bella?

Querida Yulong, ambas preguntas me resultan muy, pero que muy dolorosas, pero intentaré contestarlas.

¿Qué muchacha no quiere a su padre? Un padre es un gran árbol que ofrece cobijo a la familia, la viga que soporta la estructura de una casa, el guardián de su esposa e hijos. Pero yo no quiero a mi padre. Lo odio.

En el día de Año Nuevo del año en que cumplí once me levanté de la cama muy temprano y descubrí que sangraba inexplicablemente. Me asusté tanto que empecé a llorar. Mi madre, que acudió a mi lado al oírme llorar, me dijo:

—Hongxue, ya eres una mujer.

Nadie —ni siquiera mi madre— me había hablado nunca de la condición femenina. En el colegio nadie había hecho preguntas tan vergonzosas. Aquel día, mamá me dio algunos consejos básicos para hacer frente a la hemorragia, pero, por lo demás, no me explicó nada. Yo estaba emocionada, ¡me había convertido en mujer! Estuve corriendo por el patio, dando brincos y bailando, durante tres horas. Incluso me olvidé por completo del almuerzo.

Un día del mes de febrero en el que nevaba con insistencia, mi madre había salido para hacerle una visita a una vecina. Mi padre había vuelto a casa de la base militar en una de sus escasas visitas. Me dijo:

—Tu madre me ha contado que te has hecho mayor. Ven, quítate la ropa y deja que papá vea si es verdad.

—Yo no sabía qué era lo que pretendía ver y hacía tanto frío que no quería desnudarme.

—¡Rápido! ¡Papá te ayudará! —me dijo, a la vez que me quitaba la ropa con gran destreza.

Su comportamiento era diametralmente opuesto a su habitual lentitud. Frotó todo mi cuerpo con sus manos mientras me preguntaba una y otra vez:

—¿Se han puesto duros esos pezoncillos? ¿De aquí te salió la sangre? ¿Esos labios van a besar a papá? ¿Te gusta que papá te toque así?

Me moría de vergüenza. Desde que tenía uso de razón no recordaba haber estado desnuda delante de nadie, salvo en los baños públicos para mujeres. Mi padre se dio cuenta de mis escalofríos. Me dijo que no tuviera miedo y me advirtió que no le contara nada a mamá.

—Nunca has gustado a tu madre —me dijo—. Si descubre que te quiero tanto, no querrá saber nada de ti.

Ésta fue mi primera «experiencia femenina». Luego sentí náuseas.

A partir de entonces, en cuanto mi madre salía de la habitación, mi padre me acorralaba detrás de la puerta y me toqueteaba todo el cuerpo. Cada día que pasaba tenía más miedo de su «amor».

Más tarde trasladaron a mi padre a otra base militar. Mi madre no pudo acompañarlo debido a su trabajo. Dijo que estaba agotada tras haber tenido que criarnos a mí y a mi hermano, y que quería que mi padre se hiciera cargo de sus responsabilidades por un tiempo. Y así fue como mi hermano y yo fuimos a vivir con mi padre.

Había ido a parar a la guarida del lobo.

Cada mediodía, desde el día en que dejamos a mi madre, mi padre se metía en mi cama cuando estaba haciendo la siesta. Cada uno tenía su habitación en un dormitorio colectivo, y mi padre solía utilizar la excusa de que mi hermano pequeño no quería hacer la siesta y así dejarlo en la calle.

Durante los primeros días se limitó a toquetearme. Más tarde empezó a forzar su lengua dentro de mi boca. Luego empezó a aguijonearme con la parte dura de la parte inferior de su cuerpo. Solía meterse en mi cama como una serpiente, sin importarle que fuera de día o de noche. Usaba las manos para separar mis muslos y pasar el rato conmigo. Incluso me introducía los dedos.

Por entonces ya había dejado de pretender que se trataba de «amor paterno». Me amenazó diciéndome que si se lo decía a alguien, tendría que soportar el escarnio público y desfilar por las calles con paja sobre la cabeza, pues yo ya era lo que la gente solía llamar un «zapato usado».

Mi cuerpo, que maduraba a pasos forzados, lo excitaba aún más si cabe de día, mientras mi temor crecía. Instalé una cerradura en la puerta de mi dormitorio, pero a él poco le importaba despertar a todos los vecinos aporreando la puerta hasta que yo la abría. A veces engañaba a los demás ocupantes del dormitorio para que lo ayudaran a forzar la puerta, o les contaba que tenía que entrar por la ventana para recoger alguna cosa porque mi sueño era muy profundo. A veces era mi hermano quien lo ayudaba, sin darse cuenta de lo que estaba haciendo. Por tanto, sin reparar en si había cerrado la puerta con llave o no, se introducía en mi habitación a la vista de todo el mundo.

Cuando oía los golpes en la puerta, a menudo el miedo me paralizaba y no podía más que acurrucarme envuelta en mi edredón, temblando. Los vecinos me decían entonces:

—Dormías tan profundamente que tu padre ha tenido que meterse por la ventana para recoger sus cosas. ¡Pobre hombre!

Tenía miedo de dormir en mi habitación, ni siquiera me atrevía a estar sola en ella. Mi padre se dio cuenta de que cada vez buscaba más excusas para salir, por lo que se inventó una norma: debía estar de vuelta en casa antes del almuerzo. Sin embargo, a menudo caía desplomada incluso antes de haber terminado de comer, porque mi padre metía pastillas de dormir en mi comida. No había manera de protegerme.

Muchas veces pensé en quitarme la vida, pero no podía soportar la idea de abandonar a mi hermanito, que no tenía a nadie a quien recurrir. Empecé a estar cada vez más delgada, y de pronto caí gravemente enferma.

La primera vez que ingresé en el hospital militar, la enfermera que estaba de servicio contó al especialista, el doctor Zhong, que mi sueño estaba muy alterado, que empezaba a temblar en cuanto escuchaba el más mínimo ruido. El doctor Zhong, que desconocía los hechos, dijo que se debía a la fiebre tan alta que tenía.

Sin embargo, aun estando peligrosamente enferma, mi padre acudió al hospital y se aprovechó de mí mientras llevaba el gota a gota puesto y no podía moverme. En una ocasión, al verlo entrar en la habitación, empecé a chillar descontroladamente, pero, cuando la enfermera acudió corriendo, mi padre se limitó a decirle que yo tenía un temperamento muy fiero. La primera vez sólo pasé dos semanas en el hospital. Cuando volví a casa, descubrí un morado en la cabeza de mi hermano y manchas de sangre en su abriguito. Me contó que mientras yo estuve ingresada en el hospital, papá estuvo de un humor de perros y le había pegado con cualquier excusa. ¡Aquel mismo día, la enfermiza bestia de mi padre apretó mi cuerpo —todavía desesperadamente endeble y débil— contra el suyo y me susurró que me había echado mucho de menos!

No podía parar de llorar. ¿Éste era mi padre? ¿Sólo había tenido hijos para satisfacer sus deseos animales? ¿Por qué me había dado la vida?

Mi experiencia en el hospital me había mostrado un camino para seguir viviendo. Por lo que a mí se refería, las inyecciones, las pastillas y los análisis de sangre eran preferibles a la vida al lado de mi padre. Así fue como empecé a autolesionarme, una y otra vez. En invierno solía remojarme en agua fría y luego salía a la nieve y al frío. En otoño tomaba comida caducada. Una vez, llevada por la desesperación, alargué el brazo para intentar que un pedazo de hierro que caía me seccionara la mano izquierda por la muñeca. (De no haber sido por un trozo de madera blanda que llevaba por debajo, sin duda hubiera perdido la mano.) En aquella ocasión me gané sesenta noches de seguridad. Entre las lesiones que me provocaba y las drogas que me hacían tomar crecí extremadamente delgada.

Más de dos años después mi madre consiguió un traslado y se vino a vivir con nosotros. Su llegada no afectó en lo más mínimo el deseo obsceno que mi padre sentía por mí. Decía que el cuerpo de mi madre estaba viejo y marchito y que yo era su concubina. Mi madre parecía desconocer la situación hasta que un día, a finales del mes de febrero, cuando mi padre me estaba azotando por no haberle comprado algo que quería, le grité por primera vez en mi vida, atrapada entre la tristeza y la ira:

—¿Quién te has creído que eres? ¡Pegas a quien te da la gana, maltratas a todo el mundo como quieres!

Mi madre, que nos observaba desde un lado, me preguntó a qué me refería. En cuanto abrí la boca, mi padre dijo, mirándome fieramente:

—¡No digas tonterías!

Había llegado al límite y conté la verdad a mi madre. Vi que estaba terriblemente trastornada. Sin embargo, apenas unas horas más tarde, mi «razonable» madre me dijo:

—Tendrás que aguantarlo por la seguridad de toda la familia. Si no, ¿qué será de nosotros?

Mis esperanzas se vieron frustradas por completo. Mi propia madre me quería persuadir de que soportara los abusos de mi padre, su marido. ¿Dónde estaba la justicia en todo aquello?

Aquella noche me subió la fiebre hasta los 40º. Me volvieron a llevar al hospital, donde he permanecido hasta ahora. Esta vez no tuve que hacer nada por provocar la enfermedad. Sencillamente sufrí un colapso. Mi corazón se había colapsado. No tengo la menor intención de volver a lo que los demás llaman hogar.

Querida Yulong, ésta es la razón por la que no deseo ver a mi padre. ¿Qué clase de padre es? Mantengo la boca cerrada por mi hermano pequeño y mi madre (aunque ella no me quiere); sin mí siguen siendo la familia de antes.

¿Por qué dibujé una mosca, y por qué la hice tan bella?

Porque echo de menos a una madre y a un padre de verdad; a una familia en la que poder ser niña y llorar en los brazos de mis progenitores; en la que poder dormir sana y salva en mi propia cama; en la que unas manos amorosas acaricien mi cabeza para consolarme después de una pesadilla. Desde mi más tierna infancia, jamás he sentido este amor. Lo esperaba y anhelaba con todas mis fuerzas, pero nunca lo tuve; y ya nunca lo tendré, pues tan sólo tenemos una madre y un padre.

Una vez, una pequeña y adorable mosca me enseñó el roce de unas manos cariñosas.

Querida Yulong, no sé qué haré después de esto. Tal vez iré a cuidarte, y a ayudarte como pueda. Sé hacer muchas cosas, y no tengo miedo a las privaciones, siempre y cuando pueda dormir tranquila. ¿Te importa que vaya a verte? Por favor, escríbeme y hazme saber tu decisión.

Me gustaría saber cómo estás. ¿Todavía practicas el ruso? ¿Tienes medicinas? Vuelve el invierno y tienes que cuidarte.

Espero que me des una oportunidad de hacer las paces contigo y de hacer algo por ti. No tengo familia, pero espero poder ser una hermana pequeña para ti.

¡Te deseo felicidad y salud de todo corazón!

Te echo de menos.

Hongxue, 23 de agosto de 1975

Esta carta me conmovió profundamente y me resultó muy difícil mantener la compostura durante la emisión de la noche. Más tarde, muchos oyentes me escribieron preguntándome si había estado enferma.

Después de que hubiera finalizado mi programa, llamé a unos amigos para pedirles que pasaran por mi casa y vieron si mi hijo y su niñera estaban bien. Luego me acomodé en la oficina vacía y ordené los recortes. Y fue entonces cuando leí el diario de Hongxue.

27 de febrero. Nieve abundante

¡Qué feliz soy hoy! Mi deseo ha vuelto a cumplirse: He vuelto al hospital.

Esta vez no ha resultado tan duro, ¡pero ya sufro mucho, tal como están las cosas!

Quiero dejar de pensar. «¿Quién soy? ¿Qué soy?» Estas preguntas no sirven de nada, como todo lo demás en mí: mi cerebro, mi juventud, mi ingenio y mis ágiles dedos. Ahora lo único que deseo es dormir larga y profundamente.

Espero que los médicos y las enfermeras se muestren un poco flexibles y no inspeccionen las salas con demasiada diligencia en sus rondas de esta noche.

La habitación del hospital es cálida y confortable para escribir en ella.

2 de marzo. Soleado

La nieve se ha fundido muy rápidamente. Ayer por la mañana todavía estaba de un blanco impoluto; hoy, cuando salí del edificio, la poca nieve que quedaba se había tornado amarilla y sucia, manchada como los dedos de mi compañera de habitación, la vieja madre Wang, que fuma como una chimenea.

Me encanta cuando nieva densamente. Todo está blanco y limpio; el viento esboza dibujos en la superficie de la nieve, los pájaros saltarines dejan sus huellas y la gente también deja, involuntariamente, hermosas huellas en la nieve. Ayer salí varias veces a hurtadillas. El doctor Liu y la supervisora de las enfermeras me regañaron: «¡Debes de estar loca, salir así con la fiebre que tienes! ¿Acaso pretendes quitarte la vida?» No me importa lo que me digan. Puede que sus lenguas sean duras, pero yo sé que en el fondo son personas muy dulces.

Es una pena que no tenga una cámara. Sería bueno poder hacer una foto del paisaje cubierto de nieve.

17 de abril. Brilla el sol (¿se levantará el viento más tarde?)

Hay una paciente aquí que se llama Yulong: su reuma crónico la lleva al hospital varias veces al año. La enfermera Gao siempre chasquea la lengua con simpatía, preguntándose cómo una chica tan guapa y lista puede haber cogido una enfermedad tan molesta.

Yulong me trata como a una querida hermana pequeña. Cuando ella está ingresada suele hacerme compañía en el patio siempre que me permiten abandonar la habitación. (Los pacientes tenemos prohibido visitar otras secciones. Temen que podamos infectarnos mutuamente o que pueda afectar al tratamiento.) Jugamos al voleibol, al bádminton o al ajedrez; o charlamos. No quiere que me quede sola. Cuando tiene algo bueno que comer o algo a lo que jugar, siempre lo comparte conmigo.

Otra razón por la que me gusta Yulong es que es muy guapa. Hace mucho tiempo oí a alguien decir que, después de un tiempo, los amigos empiezan a parecerse. Si yo pudiera tener la mitad de la belleza de Yulong, estaría más que satisfecha. No soy la única que aprecia a Yulong: todo el mundo la quiere. Si ella necesita que le hagan algo, todos se muestran dispuestos a ayudarla. También le hacen favores especiales que no hacen a los demás. Por ejemplo, a ella le cambian las sábanas dos veces por semana en lugar de una sola vez, se le permite recibir visitas en la habitación y nunca tiene que esperar a que la atiendan las enfermeras. Los enfermeros siempre encuentran alguna excusa para visitar su habitación. También estoy convencida de que a Yulong le ofrecen mejor comida que a los demás.

Realmente la envidio. Como dice la vieja madre Wang, su rostro es su fortuna. Sin embargo, a la vieja madre Wang no le gusta Yulong. Dice que es como el zorro de las leyendas, que se sirve de tretas para conducir a los hombres a la muerte.

Me levanté secretamente para escribir, pero la doctora Yu me descubrió en su ronda. Me preguntó si tenía hambre y me invitó a un tentempié nocturno. Me dijo que el estómago lleno me ayudaría a conciliar el sueño.

En la sala de guardia, la enfermera Gao encendió la cocina y se puso a preparar fideos con cebollas tiernas fritas. De pronto se fue la luz. La única luz provenía de la cocina. La doctora Yu se apresuró a visitar a los pacientes con una linterna. La enfermera Gao siguió cocinando. Parecía estar acostumbrada a trabajar en la oscuridad y pronto el aroma a cebollas fritas inundó la estancia. La simpática enfermera Gao sabía que me encantan las cebollas fritas, por lo que retiró dos cucharadas especialmente para mí. Pronto volvió la luz y la doctora Yu volvió a la sala y las tres nos sentamos a comer. Mientras disfrutaba de la segunda cucharada conté a la doctora Yu cómo la enfermera Gao me había mimado seleccionando las mejores cebollas para mí.

De repente, la doctora Yu apartó mi cuchara y me preguntó:

—¿Te has tragado alguna?

Asentí con la cabeza, perpleja:

—Ésta es mi segunda cucharada.

La enfermera Gao también estaba confusa:

—¿Qué pasa? ¿Por qué nos asustas de esta manera?

La doctora Yu señaló preocupada hacia las cebollas derramadas en el suelo. Entre las cebollas tiernas aparecieron innumerables moscas muertas, crujientes después de la fritura. El calor y la luz de la cocina habían atraído a las moscas. Debilitadas por el frío del invierno, se habían caído en la sartén. Nadie se había dado cuenta en medio de la oscuridad.

La doctora Yu y la enfermera Gao eran buenas profesionales sanitarias; rápidamente encontraron una medicina que solucionaría el problema. Ellas se tomaron dos pastillas cada una y a mí me dieron cuatro, tragadas con un poco de solución de glucosa. Los fideos que instantes antes habían despedido un aroma tan maravilloso fueron arrojados al váter. Intentaron convencerme de que no enfermaría.

Mi cabeza está llena de las moscas que tragué ayer. ¿Había roto sus huesos y aplastado sus cuerpos con mis dientes? ¿O me las había tragado enteras?

¡Dios mío! ¡Al menos he escrito una historieta divertida!

21 *de abril. Sirimiri*

He decidido tener una mosca bebé como mascota.

El domingo pasado no tenía ningún gota a gota puesto, por lo que dormí hasta que me despertó un leve estremecimiento sobre la piel. Medio despierta, la pereza me impidió moverme y me quedé tendida pensando a qué se debería aquella sensación. Fuera lo que fuese lo que la había causado, seguía allí, moviéndose afanosamente arriba y abajo por mi pierna, pero no me asustó ni molestó lo más mínimo. Sentí como si un par de manitas me estuvieran acariciando dulcemente. Me sentí muy agradecida por aquel par de manitas y quise saber a quién pertenecían. Abrí los ojos y miré.

¡Era una mosca! ¡Qué horror! ¡Las moscas están cubiertas de suciedad y de gérmenes!

Pero nunca pensé que las patas de una mosca pudieran ser tan suaves y dulces al tacto, aunque estuvieran sucias.

Durante varios días estuve esperando aquellas «manitas», pero nunca volvieron.

Mientras me hacían una radiografía tras un preparado de sulfato de bario tomado por la mañana, me acordé súbitamente de la vez que visité el laboratorio del hospital y de los animalitos que los doctores criaban para sus experimentos médicos. ¡Podía criar una mosca limpia! Encontraría una mosca bebé y la mantendría en mi mosquitero.

25 de abril. Nublado

Resulta muy difícil encontrar una mosca bebé. El mundo está lleno de moscas grandes zumbando por todos lados, que aterrizan sobre las cosas más sucias y malolientes, pero no me atrevo a tocarlas. Me gustaría pedirle consejo al doctor Zhong. Es experto en biología y sin duda sabrá dónde encontrar una cría de mosca. Pero si se lo pregunto, creerá que estoy loca.

8 de mayo. Soleado

Estoy tan cansada, tan terriblemente cansada...

Hace dos días, finalmente, cacé una cría de mosca. Es muy pequeña. Estaba luchando por desprenderse de una telaraña en un pequeño manzano entre los matorrales que hay detrás de la cantina. Cubrí la mosca y la telaraña con una bolsa de gasa hecha de una mascarilla y me la llevé a la habitación. Cuando pasaba junto a la sala de tratamientos, el enfermero Zhang me preguntó qué había cazado. Solté lo primero que me vino a la mente: que era una mariposa. Luego corrí a mi habitación y me sumergí en la mosquitera. En cuanto estuve dentro, abrí la bolsa de gasa. Para mi sorpresa, las fibras de la gasa habían despegado la telaraña y la cría de mosca pudo moverse libremente. Pensé que estaría muy cansada y hambrienta después de haber estado atrapada durante Dios sabe cuánto tiempo, por lo que salí corriendo hacia la sala de guardia, robé un pedacito de gasa y lo empapé de glucosa. Luego corrí a la cocina y saqué un pedazo de carne de la cazuela donde guardaban los restos. Cuando volví a mi mosquitera, la cría de mosca no parecía haberse movido. Sus minúsculas alas se agitaban débilmente; parecía hambrienta y cansada. Envolví el pedacito de carne en la gasa azucarada y la acerqué suavemente a la cría de mosca. Sólo entonces oí el traqueteo del carro de la medicina. Era la hora del tratamiento de la tarde. Tenía que encontrar algo con lo que cubrir a la mosca; no podía permitir que la descubrieran. Me gusta coleccionar pequeños recipientes, por lo que me resultó fácil encontrar una caja con una tapa transparente donde meter la mosca y su «nido» de gasa. Acababa de conseguirlo cuando el enfermero Zhang entró con su carro.

El enfermero Zhang dijo:

—¿Qué ha sido de tu mariposa? Veamos si es o no bonita.

—P... p... p... pensé que no era tan bonita y dejé que se escapara —mentí entre tartamudeos.

—No importa. La próxima vez te cazaré una que sea bonita —dijo él para consolarme.

Le di las gracias, aunque apenas podía esperar a que acabase y se fuese. Estaba preocupada por mi cría de mosca.

Resulta mucho más difícil cuidar a una cría de mosca que a un gatito. A todo el mundo le gustan los gatitos, por lo que, si tienes uno, hay mucha gente que se ofrece para ayudarte. Pero a nadie le gustan las moscas. Temo que alguien la mate o que se escape. No me he atrevido a salir a hacer ejercicio en los últimos días, porque tengo miedo de que la cría pueda tener un accidente. Me preocupa que los médicos y las enfermeras puedan ahuyentarla. Escucho sus pasos y saco el brazo del mosquitero antes de que les haya dado tiempo a entrar, para que puedan tomarme el pulso y la temperatura sin levantar la red. Así ha sido cada día durante los últimos días. Estoy realmente cansada.

De todos modos, es mucho mejor que dormir en casa. Además, mi cría de mosca tiene mucho mejor aspecto ahora. Crece muy lentamente, apenas parece crecer. Pero eso está bien, no me gustan nada esas enormes moscas de cabeza verde. La cría de mosca siempre aterriza sobre mí; me encanta notar esa agradable, a veces cosquilleante sensación sobre la piel. También me gusta cuando juega en mis mejillas, pero no le permito que me bese.

11 de mayo. Soleado

No me han tenido que poner el gota a gota durante los últimos días. El doctor Zhong dice que me tendrán unos cuantos días más en observación y que me someterán a un nuevo tratamiento. No me importa lo que hagan, siempre y cuando pueda quedarme aquí y no tenga que irme a casa.

Mi cría de mosca es maravillosa.

Le he hecho una casa donde pueda estar segura y a la vez moverse: se trata de una cubierta de gasa, del tipo que utilizan en la cantina para cubrir la comida. El jefe de cocina me la dio porque le dije que llevaría puesto un gota a gota cada día y que no podría comer a las horas convenidas y que necesitaba algo para evitar que las moscas y los bichos se pasearan por mi comida. El jefe de cocina es una buena persona. Estuvo de acuerdo conmigo enseguida, e incluso me cosió una bolsita de gasa para que guardara en ella los boles y los cubiertos limpios. Y, de esta manera, la mosquita tiene su propia casa especial, pero lo más importante es que está muy segura allí dentro. Nadie puede siquiera imaginar que haya una mosca dentro de una cubierta antimoscas. Además, no me veo obligada a recurrir a la cantina en busca de comida para ella: puede disfrutar del arroz y las verduras conmigo.

Vuelvo a poder dormir en paz.

Hoy el día ha amanecido maravillosamente soleado. He metido la mosca en su casa, a los pies de mi cama, y le he pedido prestada la lupa a la vieja madre Wang para poder ver cómo come azúcar.

La mosca parece un anciano tras la lupa. ¡Es muy peluda! Me he asustado tanto al verla que he tenido que retirar la lente de aumento. No quiero verla tan fea. A simple vista es tan mona... Su cuerpo es minúsculo, es imposible dilucidar si es gris, parda o negra (a lo mejor es estampada); sus alas brillan bajo el sol como dos pequeños diamantes; sus patas son tan delgadas que me recuerdan a las de un bailarín; sus ojos son como pequeñas bolas de cristal. Nunca he logrado encontrar sus pupilas; nunca parece mirar nada.

Mi cría de mosca tiene realmente un aspecto divertido sobre la gasa azucarada: sus patas delanteras están constantemente ocupadas, moviéndose hacia adelante y hacia atrás, y ella no para de frotárselas, como si estuviera lavándose las manos constantemente.

9 de junio. Nublado, más tarde despejado

El último par de días me he sentido muy débil, pero cuando llega la hora del reconocimiento diario no tengo fiebre ni mi tensión arterial es especialmente baja. Hoy apenas podía ver la pluma jugando al bádminton con Yulong; de hecho, en una ocasión estuve a punto de desmayarme al intentar devolver su saque. Mi visión se ha nublado, todo parece estar envuelto por un párpado. Afortunadamente, el doctor Zhong estaba de servicio. Cuando le expliqué mi situación, me dijo que tendría que volver al hospital central para que me hicieran otro análisis de sangre.

Vale, no escribiré más. Veo doble.

Tampoco soy capaz de ver a mi mosquita adecuadamente. Es demasiado pequeña. Hoy parece que haya dos en lugar de una.

El enfermero Zhang me dijo que hoy me traería algo bonito, pero estoy a punto de acostarme y todavía no ha venido. Debe de haber querido tomarme el pelo. No voy a escribir nada más, tengo demasiado sueño. Buenas noches, querido diario.

11 de junio. ?

Hace apenas un instante que he dejado de llorar. Nadie sabía por qué lloraba. Los médicos, las enfermeras y los demás pacientes, todos creyeron que tenía miedo a morir. Lo cierto es que no tengo miedo a morir, la vieja madre Wang dice que «la vida y la muerte están separadas por un hilo». Creo que debe de ser cierto. La muerte debe de ser como un sueño; y a mí me gusta dormir y estar lejos de este mundo. Además, en caso de que muriera, ya no tendría que preocuparme por que me envíen a casa. Tan sólo tengo diecisiete años, pero creo que es una buena edad para morir. Seré joven para toda la eternidad y nunca me convertiré en una anciana como la vieja madre Wang, con un rostro atravesado por las arrugas.

Lloraba porque mi cría de mosca ha muerto.

La tarde de anteayer apenas había escrito unas líneas en mi diario, cuando de pronto me sentí tan mareada que fui incapaz de seguir. Me levanté para ir al baño, y, cuando estaba a punto de volver a meterme en la cama, vi un par de ojos demoníacos mirándome fijamente desde la cabecera de mi cama. Sentí tanto miedo que empecé a gritar y me desmayé.

El doctor Liu me contó que estuve delirando durante más de seis horas, gritando algo sobre moscas, demonios y ojos.

La vieja madre Wang dijo a los demás pacientes que estaba poseída, pero la supervisora de las enfermeras le pidió que dejara de decir bobadas.

El doctor Zhong conocía la razón de mi desfallecimiento y dio una terrible reprimenda al enfermero Zhang. El enfermero Zhang se había pasado horas intentando cazar una enorme y abigarrada mariposa que quería regalarme. Había clavado la mariposa a la cabecera de mi cama, esperando darme una bonita sorpresa, sin imaginar siquiera que podía provocarme un gran susto.

Mientras estuve delirando no pude cuidar de mi cría de mosca. En ese tiempo, alguien había dejado algunas cosas sobre mi mesa camilla, y había aplastado a mi mosquita en el interior de su bolsa de gasa. Me costó mucho encontrarla, pero, cuando finalmente lo hice, su cuerpecito ya se había secado.

Pobre mosquita, murió incluso antes de haber alcanzado la edad adulta.

Deposité suavemente a la mosquita en una caja de cerillas que hacía bastante tiempo que guardaba. Saqué un poco de relleno de algodón de mi bata y rellené la cajita con él. Quería que mi mosquita durmiera más cómodamente.

Mañana enterraré a la mosquita en el bosque que hay en la colina, detrás del hospital. No lo visita demasiada gente, es un lugar muy tranquilo.

12 de junio. Encapotado, luego nublado

Esta mañana el cielo estaba oscuro y encapotado. También las salas estaban pesadamente grises: todo a mi alrededor reflejaba mis sentimientos. Estuve constantemente al borde del llanto, pensando en la mosquita que ya nunca volvería a jugar conmigo.

El doctor Zhong dice que el número de glóbulos blancos en mi sangre es demasiado bajo, y que por eso me siento débil. A partir de hoy me administrarán tres botellas de una nueva medicina a través del gota a gota. Cada botella es de 500 ml y tarda dos horas en ser administrada; por tanto, tres botellas tardarán alrededor de seis horas en vaciarse. Será muy duro estar aquí sola, contando cada gota de medicina. Echaré de menos a mi mosquita.

Por la tarde salió el sol con indecisión, pero siguió escondiéndose detrás de las nubes. No sé si jugaba al escondite maliciosamente o si estaba demasiado enfermo o le daba pereza arrojar sus rayos sobre nosotros. ¿A lo mejor también su corazón estaba dolido por el destino de la mosquita y lloraba en secreto?

No acabé las botellas hasta después de la cena, pero no tenía demasiado apetito. Quería enterrar a mi mosquita mientras todavía hubiera luz.

Envolví la caja de cerillas en mi pañuelo favorito y, tomando el camino más largo para evitar la sala de guardia, me escabullí por la puerta del hospital y me dirigí al bosquecillo. Escogí un lugar cerca de una roca que podría contemplarse desde el pie de la colina y decidí enterrar la mosca allí. Quería utilizar la roca como lápida, de manera que pudiera verla fácilmente desde la entrada trasera del hospital. El suelo estaba muy duro, así que no sirvió de nada cavar con las manos. Intenté utilizar una ramita, pero era difícil y por tanto decidí buscar una rama más gruesa. Dejé la caja de cerillas sobre la roca y trepé colina arriba en busca de una.

De pronto oí a alguien respirar profundamente, y luego un extraño grito lastimero. Poco después vi a una mujer y a un hombre rodando entrelazados por una parcela de hierba en medio del bosque. No pude verlos con claridad, pero parecían estar luchando. Su respiración sonaba como el último suspiro de una persona agonizante.

Empecé a temblar de miedo. No sabía qué hacer: había visto escenas como aquélla en las películas, pero jamás en la vida real. Sabía que estaba muy débil y que no tenía la fuerza suficiente para ayudar a la mujer que tenía que vérselas a solas con el hombre. Pensé que lo mejor sería buscar ayuda. Cogí rápidamente la caja de cerillas —no podía dejar sola a mi cría de mosca— y volví corriendo al hospital.

La primera persona que vi al alcanzar el pie de la colina fue la supervisora de las enfermeras, que había estado buscándome cerca de la entrada del hospital. Yo estaba tan cansada y resoplaba con tanta fuerza que me resultó imposible decir nada, aunque sí logré señalar en dirección a la colina. El doctor Zhong, que acababa de finalizar su guardia y estaba a punto de abandonar el hospital, salió y me preguntó qué había pasado.

No sabía qué decir para hacerles comprender:

—¡Creo que alguien va a morir!

El doctor Zhong salió corriendo en dirección a la colina y la supervisora me administró oxígeno. Estaba tan exhausta que me dormí mientras lo inhalaba.

Cuando desperté, me dirigí a la sala de guardia. Quería saber si la mujer del bosque se había salvado y cómo se encontraba.

Extrañamente, la enfermera Gao, que estaba de guardia, no me contó nada. Se limitó a darme unas palmaditas en la cabeza y dijo:

—¡Oh, tú...!

—¿Qué pasa conmigo?

Me sentí muy enojada. Todavía no sé qué ocurrió.

13 de junio. Soleado

He encontrado un lugar seguro para la cría de mosca: una de las enfermeras me regaló una caja de bombones de licor esta tarde. Me encantan los bombones de licor: me gusta hacerles dos agujeros con una aguja y luego sorberles el licor (no puedes sorberlo si sólo les haces un agujero). Hoy, mientras lo hacía, tuve una idea repentina. Podía introducir la cría de mosca en un bombón de licor vacío y meterlo en la nevera de la sala de guardia (la supervisora me ha dicho que puedo usarla para conservar comida). Así pues, puse la cría de mosca en un bombón de licor, que sin duda habría disfrutado comiéndose. De este modo podré visitarla a menudo.

¿A que soy ingeniosa? Al menos eso creo.

23 de junio. Calor y mucho viento
Mañana darán de alta a Yulong. No quiero que se vaya. Claro que es bueno para ella abandonar el hospital.

¿Qué puedo darle como regalo de despedida?

24 de junio. Calor y humedad
Yulong se ha ido. No he podido despedirme de ella porque llevaba un gota a gota. Justo antes de marcharse le dieron permiso para entrar en mi habitación y decirme adiós. Acarició mi mano, que estaba cubierta de pinchazos de aguja, y me habló afectuosamente. Me aconsejó que no me lavara las manos en agua fría, sino que las remojara en agua caliente para que los vasos sanguíneos se curaran con mayor rapidez.

También me regaló un par de guantes que había tejido especialmente para mí. En realidad, había pensado regalármelos más tarde, cuando llegara el invierno. Echó un vistazo a mi habitación, llena de instrumental médico, y me elogió por lo ordenada y limpia que la mantenía.

Le pregunté si sabía lo que había pasado con la mujer de la colina. No sabía de qué le hablaba, por lo que le conté lo que había visto. Yulong se quedó muy callada y sus ojos se llenaron de lágrimas.

Le regalé un dibujo que había hecho de una bella cría de mosca y que luego había enmarcado con caucho viejo, pedazos de celofán y cartulina. Yulong me dijo que nunca había visto una mosca tan bien dibujada, y también elogió la originalidad del marco.

Me despedí de ella deseándole lo mejor, aunque secretamente deseaba que volviera pronto al hospital para hacerme compañía.

16 de julio. Lluvia

Nunca jamás habría podido imaginar que podría ser la responsable de arruinar la vida de Yulong.

Hoy he recibido una carta de Yulong desde su aldea:

Querida Hongxue:

¿Estás bien? ¿Todavía te administran medicina a través del gota a gota? Tu familia no puede cuidarte y tendrás que aprender a cuidar de ti misma. Afortunadamente, los médicos y las enfermeras del hospital te quieren todos, al igual que los pacientes. Todos esperamos que puedas volver pronto al lugar en el que deberías estar, entre tus familiares y amigos.

Me han expulsado de la academia militar y me han devuelto a mi aldea bajo escolta: todos los aldeanos dicen que he frustrado sus esperanzas.

Nunca te había contado que soy huérfana. Mis padres murieron con muy poco tiempo de diferencia —uno por culpa de una enfermedad y el otro probablemente de hambre— poco después de nacer yo. Los aldeanos se apiadaron de mí y me criaron por turnos. Vivía de la comida de cien familias y crecí vistiéndome con la ropa de cien familias. La aldea era extremadamente pobre. Los aldeanos permitieron que sus propios hijos prescindieran de ir a la escuela para enviarme a mí: fui la primera niña de mi aldea que acudió a la escuela. Hace cuatro años, la academia militar viajó a la región para reclutar a estudiantes entre los campesinos y los trabajadores. El secretario local del Partido me acompañó durante el viaje nocturno al campamento del ejército para pedir a los dirigentes que me admitieran. Les dijo que era el deseo más anhelado por todos los habitantes de nuestra aldea. Los dirigentes narraron mi historia a sus compañeros y al final me concedieron un permiso especial para participar en el adiestramiento práctico y, más tarde, ingresar en la academia militar.

Estudié ruso y comunicaciones militares en la academia, donde prácticamente todos mis compañeros de clase provenían del campo. Puesto que el requerimiento principal para ser admitido en la academia era tener los antecedentes políticos adecuados, había enormes diferencias en cuanto a nuestro nivel educacional. Yo era la mejor estudiante de la clase, porque había asistido un año al instituto de enseñanza media. Además, parece que tengo don de lenguas, pues mis notas de ruso siempre fueron muy buenas. Todos los instructores del departamento decían que yo tenía madera de diplomática y que no tendría ningún problema para convertirme al menos en intérprete. Trabajé duramente y nunca dejé de estudiar, a pesar del reuma que había sufrido desde la infancia. Quería corresponder a la amabilidad de los aldeanos que me habían criado.

Hongxue, hace un año ya no fui capaz de eludir la evidencia de que me había hecho mayor, y fui dolorosamente consciente de ser una mujer madura. Tú todavía no lo entiendes, pero lo entenderás dentro de muy pocos años.

Hermanita, yo era la mujer que tú pretendiste «salvar» en la colina detrás del hospital.

No me estaban haciendo daño, estaba con mi novio...

El doctor Zhong y los demás nos enviaron ante el Departamento de Disciplina Militar. Mi novio fue encarcelado e interrogado, y a mí me enviaron de vuelta al hospital, bajo arresto domiciliario, porque necesitaba tratamiento médico. Aquella noche, mi novio, que tiene un pronunciado sentido del honor, se quitó la vida. Al día siguiente llegaron unos oficiales del Departamento de Disciplina Militar, de la Oficina de Seguridad Pública —así como de otros departamentos, o eso creo— al hospital para investigar. Dijeron que yo había suministrado a mi novio los «medios para cometer el crimen de robarle su vida al Partido y al pueblo para siempre» (dijeron que el suicidio es un crimen). Me negué a declarar que había sido violada y, en cambio, juré amor eterno a mi novio.

El precio que he tenido que pagar por mi amor es ser devuelta a esta pobre aldea y trabajar en el campo. Ahora los aldeanos me rechazan. No sé si hay sitio para mí aquí.

Mi novio era un buen hombre, lo amaba profundamente.

No te escribo esta carta para reprocharte lo que hiciste, nada más lejos de mi intención. Sé que todavía eres joven, intentabas salvar a alguien con todo tu corazón. Prométeme que no te sentirás mal por ello. De ser así, el precio que estoy pagando sería aún más alto.

Finalmente, hermanita, te ruego que me respondas a estas preguntas:

¿Por qué no quieres ver a tu padre?

¿Qué te llevó a dibujar una mosca, y por qué la hiciste tan bella?

Espero que pronto seas feliz y te recuperes.

Te echo de menos.

YULONG

A la luz de una vela, atardecer, 30 de junio de 1975.

Ahora sé por qué mucha gente me ha estado ignorando últimamente. Todos conocen el trágico final de Yulong y saben que soy la culpable, la criminal que le ha traído tanta infelicidad.

Yulong, te he hecho algo imperdonable.

¿Quién podrá perdonarme?

30 de julio. Calor sofocante antes de la tormenta
Apenas he salido durante los últimos días. No quiero ver a nadie. Cada una de las palabras de la carta de Yulong ha quedado grabada en mi cerebro. Sus preguntas no quieren desaparecer.

«¿Por qué no quieres ver a tu padre?»

«¿Qué te llevó a dibujar una mosca, y por qué la hiciste tan bella?»

Para responder a Yulong tendré que recordar y volver al

infierno. Pero Yulong ha sido desterrada al infierno por mi culpa. Por lo que debo hacer el viaje. No puedo negarme.

La mosquita sigue durmiendo en el corazón del bombón de licor; ya nada podrá hacerle daño.

Al contemplarla hoy sentí una terrible envidia.

8 de agosto. *Calor*

Durante los últimos quince días no ha dejado de hacer un calor tremendamente húmedo. No sé lo que está cocinándose en los cielos para hacer sudar de esta manera a la gente que está aquí abajo.

Necesito valor, valor para recordar. Necesito fuerza y necesito fuerza de voluntad.

Al vadear a través de mis recuerdos, el dolor se pega a mí como el lodo; de pronto, el odio que se había ido apagando en este mundo blanco de enfermedad vuelve a mí con toda su fuerza.

Quiero contestar a Yulong, pero no sé por dónde empezar. No sé cómo contestar a sus preguntas de una manera clara. Sólo sé que será una carta muy larga.

Durante los últimos tres días no me he atrevido a mirar a mi cría de mosca. Me habla en sueños... ¡Oh, hace demasiado calor!

18 de agosto. *Fresco*

Por fin los cielos han dado rienda suelta a sus sentimientos. Los cielos otoñales son altos y el aire es límpido y fresco. Todo el mundo parece haber suspirado aliviado y ha expulsado la melancolía de tantos días sofocantes. Ahora, los pacientes que antes se asfixiaban en el hospital, temerosos del calor, encuentran razones para salir.

No tengo ganas de ir a ninguna parte. Tengo que escribir a Yulong. Sin embargo, esta mañana he sacado la mosquita de la nevera para darle una vuelta de media hora en una caja de cerillas. Pero me dio miedo que el chocolate se fuera a derretir y pudiera hacerle daño, por lo que devolví la mosquita a la nevera en cuanto pude.

Ayer, el doctor Zhong me hizo una advertencia durante su visita. Me dijo que aunque el análisis de sangre había mostrado que no sufría ninguna enfermedad sanguínea grave, mi sangre era anormal debido a la fiebre repetida y a los efectos de las medicinas. Si no descansaba lo suficiente, corría el riesgo de sufrir de septicemia. La enfermera Gao me asustó diciendo que la gente se muere de septicemia. También señaló que después de diez horas enganchada al gota a gota no debería sentarme a la mesa a escribir sin haber descansado ni hecho ejercicio antes. El enfermero Zhang creyó que estaba escribiendo otro artículo para la revista del Ejército de Liberación del Pueblo, o para la de las Juventudes Chinas, y me preguntó muy interesado sobre qué estaba escribiendo. He conseguido que me publicaran varios artículos y el enfermero Zhang debe de ser uno de mis lectores más entusiastas.

24 *de agosto. Soleado*
Hoy he enviado una carta con acuse de recibo a Yulong. La carta era muy gruesa y su envío se llevó todo el dinero que había cobrado por uno de mis artículos.

Solía soñar con que mi dolor podía desaparecer de alguna manera, pero ¿puedo hacer desaparecer mi vida? ¿Puedo hacer desaparecer mi pasado y mi futuro?

A menudo examino mi rostro detenidamente en el espejo. Parece suave y joven, pero sé que está marcado por las cicatrices de la experiencia: descuidado por la vanidad, a menudo aparecen dos líneas en el entrecejo, señales del terror que siento día y noche. Mis ojos están desposeídos del lustre o la belleza de una muchacha, y en sus profundidades se esconde un corazón que se bate en desesperación. Mis labios amoratados han perdido toda esperanza de poder sentir algo alguna vez; mis oídos, débiles por culpa de la vigilancia constante, ni siquiera son capaces de soportar el peso de unas gafas;

mi pelo ha perdido la vida por las preocupaciones, cuando en realidad debería brillar de salud.

¿Es éste el rostro de una muchacha de diecisiete años?

¿Qué son las mujeres exactamente? ¿Deberían los hombres clasificarse en la misma especie que las mujeres? ¿Por qué son tan distintos?

Los libros y las películas dicen que es preferible ser mujer, pero no puedo creerlo. Nunca me ha parecido que fuera cierto y nunca me lo parecerá.

¿Por qué la enorme mosca que entró en la habitación zumbando esta tarde siempre aterriza sobre el dibujo que acabo de terminar? ¿Acaso reconoce a la cría de mosca en el dibujo? La ahuyenté, pero no tiene miedo. En cambio me temo que... ¿y si es la madre de la mosquita?

Esto es muy serio. Voy a tener que...

25 de agosto. *Soleado*

Ayer no había terminado cuando llegó la hora de apagar las luces.

Hoy, al despertarme, la mosca grande seguía en la habitación. Es muy lista. En cuanto entra alguien se esconde, no sé dónde. Y, en cuanto no hay moros en la costa, o bien aterriza sobre el dibujo, o bien zumba a mi alrededor. No sé qué está haciendo. Tengo la sensación de que no quiere abandonarme.

Esta tarde, el doctor Zhong me dijo que si mi situación se estabiliza, será prueba de que el tratamiento ha surtido efecto y me darán de alta para que me fortalezca en casa con un tratamiento médico. La supervisora de enfermeras me ha dicho que en otoño andarán escasos de camas y que los pacientes con enfermedades persistentes tendrán que abandonar el hospital.

¿Volver a casa? ¡Sería terrible!

Tengo que pensar en una manera de quedarme.

26 de agosto. Encapotado

Anoche apenas dormí. Pensé en varias soluciones, pero todas me parecen imposibles. ¿Qué puedo hacer?

Probablemente, lo más rápido sea infectarme con alguna enfermedad, pero el acceso a las salas de enfermedades contagiosas está restringido.

Hoy mi cabeza se abotargó tanto intentando buscar una manera para quedarme, que me salté un peldaño de la escalera que da a la cantina. Mi pie se quedó suspendido en el aire y me caí. Tengo un enorme morado en el muslo y un corte en el brazo. Cuando hubo cambio de turno, la doctora Yu ordenó a la enfermera que me untara un poco más de ungüento en el brazo. Dijo que yo tenía una constitución débil y que fácilmente podía contraer septicemia, y urgió al enfermero para que estuviera al acecho de las moscas cuando me cambiara el vendaje, porque las moscas son grandes portadoras de enfermedades.

Por la noche, el enfermero que estaba de guardia dijo que había moscas en mi habitación y quiso fumigarlas con un spray.

Yo no quería que se muriera la mosca grande y le conté que era alérgica a los insecticidas. Él contestó que entonces aplastaría las moscas al día siguiente. No sé dónde se ha escondido la mosca grande. Pienso dejar la ventana abierta esta noche para que pueda escapar. No sé si eso la salvará.

27 de agosto. Llovizna

No pude salvar a la mosca grande. A las 6.40 de la mañana la doctora Yu entró para inspeccionar la habitación y la aplastó sobre mi dibujo. Arguyendo que quería guardar el dibujo, conseguí que la doctora Yu no se deshiciera de la mosca grande, y la introduje en la nevera junto con la cría. No sé por qué, pero siempre he sentido que entre ellas había una relación especial.

Creo que la herida que tengo en el brazo está ligeramente infectada. Se ha hinchado y está roja y me resulta muy incómodo escribir. Pero le conté a la estudiante de enfermería que me habían cambiado el vendaje, que estaba bien y que no hacía falta que me aplicara más ungüento. ¡Para mi sorpresa me creyó! El pijama de mangas largas cubre mi brazo por completo. Espero que funcione.

«Las moscas son grandes portadoras de enfermedades.» Las palabras de la doctora Yu me han dado una idea que he decidido llevar a cabo. No me importan las consecuencias, incluso la muerte es preferible a volver a casa.

Pienso frotarme el corte del brazo con la mosca grande.

30 de agosto. Soleado

¡Victoria! No ha dejado de subirme la fiebre durante los últimos dos días. Me siento muy mal, pero soy feliz. El doctor Zhong está sorprendido por el empeoramiento de mi estado de salud, piensa hacerme otro análisis de sangre completo.

Los últimos días no he visitado a mi querida mosquita. Tengo calambres en todo el cuerpo.

Querida mosquita, lo siento.

7 de septiembre

Ayer por la noche me trasladaron al hospital central.

Estoy muy cansada y soñolienta. Echo de menos a mi mosquita, de verdad que la echo de menos.

Y no sé si Yulong ha respondido a mi carta...

Terminé de leer este diario cuando empezaron a entrar los primeros rayos de sol y el ruido de la gente llegando al trabajo empezó a filtrarse desde las oficinas vecinas. Hongxue murió de septicemia. Dentro de la caja, alguien había incluido un certificado de defunción con fecha del 11 de septiembre de 1975.

¿Dónde estaba Yulong? ¿Supo de la muerte de Hongxue? ¿Quién era la mujer de mediana edad que me había dejado la caja? ¿Serían los artículos que había escrito Hongxue tan bellos como las anotaciones de la caja? ¿Al conocer el suicidio de su hija, sintió el padre de Hongxue remordimientos? ¿Despertaron los instintos maternales de la madre de Hongxue, que la había tratado como objeto de sacrificio?

No conocía las respuestas a estas preguntas. No sabía cuántas muchachas que habían sufrido abusos sexuales estarían llorando aquella mañana entre las miles de almas soñadoras de la ciudad.

3

La estudiante universitaria

Hongxue me perseguía. Parecía mirarme fijamente con ojos impotentes y expectantes, como suplicándome que hiciera algo. Un incidente que tuvo lugar un par de días más tarde me ayudó a encontrar una forma de hacer que mi programa de radio fuera más útil a las mujeres.

Cerca de las diez de aquella mañana, cuando acababa de llegar en bicicleta a la emisora, una colega del turno anterior me cerró el paso. Me contó que una pareja de ancianos se había presentado en la emisora despotricando y asegurando que tenían cuentas pendientes conmigo.

—¿Por qué? —pregunté sorprendida.

—No lo sé. Parece que van diciendo por ahí que eres una asesina.

—¿Una asesina? ¿Qué significa eso?

—No lo sé, pero creo que deberías quitarte de en medio y evitarlos. Cuando unos oyentes se ponen así, no hay manera de razonar con ellos —dijo con un bostezo—. Tengo que irme a casa a dormir. Es una tortura tener que entrar a las cuatro y media para las primeras noticias. Adiós.

Me despedí de ella distraídamente.

Estaba ansiosa por descubrir lo que estaba pasando, pero tuve que esperar a que la Oficina de Asuntos Externos despachara el asunto conmigo.

Finalmente, a las nueve de aquella noche la oficina me hizo llegar una carta que la pareja de ancianos les había entregado. El colega que la entregó me dijo que se trataba de la nota de suicidio de la única hija de la pareja, una muchacha de diecinueve años. Temerosa de estar demasiado trastornada para iniciar la emisión, me metí la carta en el bolsillo de la chaqueta.

Era pasada la una y media de la noche cuando abandoné el estudio. Hasta que no estuve en la cama, en casa, no me atreví a abrir la carta. Estaba salpicada de lágrimas.

> Querida Xinran:
>
> ¿Por qué no contestaste a mi carta? ¿Acaso no te diste cuenta de que tenía que decidirme por la vida o la muerte?
>
> Lo amo, pero jamás hice nada malo. Jamás tocó mi cuerpo, pero un vecino lo vio besándome la frente y le contó a todo aquel que quiso escucharle que yo era una mala mujer. Mi madre y mi padre están muy avergonzados.
>
> Quiero mucho a mis padres. Desde que era pequeña, mi mayor deseo fue que se sintieran orgullosos de mí, contentos de tener a una hija inteligente y bonita en lugar de sentirse inferiores por no tener un hijo.
>
> Ahora he hecho que perdieran toda esperanza y se avergonzaran. Pero no sé qué es lo que he hecho mal. Sin duda, el amor no es inmoral ni una ofensa contra la decencia pública.
>
> Te escribí para preguntarte qué hacer. Creí que me ayudarías a darles una explicación a mis padres. Sin embargo, tú también me diste la espalda.
>
> A nadie le importa cómo me siento. No tengo ninguna razón para seguir viviendo.
>
> Adiós, Xinran. Te amo y te odio.
>
> Una fiel oyente en vida,
>
> XIAO YU

Tres semanas más tarde llegó la primera carta de Xiao Yu pidiendo ayuda. Me sentí aplastada por el peso de esta tragedia. Odiaba pensar en el número de muchachas chinas que puede haber tenido que pagar con sus vidas su curiosidad juvenil. ¿Cómo podía equipararse el amor con la inmoralidad y la ofensa de la decencia pública?

Quería hacer esta pregunta a mis oyentes, y pedí permiso a mi jefe para recibir llamadas sobre el tema estando en el aire.

Él se alarmó:

—¿Cómo piensas dirigir y controlar el debate?

—Señor director, ¿acaso no ha llegado la hora de reformarse y abrir las propias fronteras? ¿Por qué no lo intentamos? —dije en un intento de justificar mi iniciativa utilizando el vocabulario sobre apertura e innovación que recientemente se había puesto de moda.

—Reforma no es igual a revolución, apertura no es igual a libertad. Somos los portavoces del Partido, no podemos emitir lo que nos dé la gana.

Mientras hablaba gesticulaba como si fuera a cortarse el cuello. Al ver que no estaba dispuesta a rendirme, me sugirió que grabara un programa sobre el tema. Esto significaría que el guión y cualquier entrevista grabada podrían ser minuciosamente revisados en la emisora, y que el programa editado sería enviado al departamento de control. Debido a que todos los programas grabados tienen que pasar por tantas fases de edición y examen, se consideran absolutamente seguros. En las emisiones en directo tienen lugar muchos menos controles: todo depende de la técnica y de la habilidad del presentador a la hora de alejar el debate de los terrenos problemáticos. Los directores solían escuchar estos programas con el corazón palpitante, pues cualquier error podría costarles el trabajo, e incluso la libertad.

Estaba decepcionada por no poder recibir llamadas estando en el aire. Si me tenía que ceñir al formato de un programa grabado tardaría dos y hasta tres veces más en realizarlo, pero al menos podría hacer uno que estuviera relativamente libre de los tintes del Partido. Puse manos a la obra grabando una serie de entrevistas telefónicas.

Contrariamente a mis expectativas, cuando el programa fue emitido no hubo respuesta por parte del público. Incluso recibí una carta con una crítica muy hostil, anónima, por supuesto:

Antes los programas de radio no eran más que sartas de eslóganes y jerga burocrática. Por fin se ha alcanzado un tono ligeramente distinto, con un cierto toque humano, así que, ¿a qué se debe esta regresión? El tema es digno de ser tratado, pero la presentadora eludió sus responsabilidades con su actitud fría y distante. Nadie quiere escuchar a alguien declamando sabiduría desde la lejanía. Ya que éste es un tema digno de debate, ¿por qué no se le permite hablar libremente a la gente? ¿Por qué la presentadora no muestra la valentía suficiente para recibir llamadas de la audiencia?

El efecto distanciador que este oyente descontento había descrito era el resultado del largo proceso de edición. Los radioescuchas, utilizados durante tanto tiempo para trabajar en cierto sentido, habían suprimido todas las secuencias del guión en las que yo había intentado introducir un tono más personal en mis comentarios. Eran como los cocineros de un gran hotel: sólo hacían un tipo de platos y ajustaban todas las expresiones a su acostumbrado «sabor».

El viejo Chen se dio cuenta de que me sentía herida y resentida.

—Xinran, no vale la pena enfadarse. Déjalo atrás. Cuando entras por la puerta de esta emisora de radio, te embargan la valentía. O te conviertes en una persona importante o en un cobarde. No importa lo que los demás digan o lo que tú misma pienses, nada de ello importa. Sólo puedes ser una u otra cosa. Lo mejor que puedes hacer es asumirlo.

—De acuerdo, pero ¿tú qué eres entonces? —le pregunté.

—Yo soy ambas cosas. Para mí soy muy importante, y para los demás soy un cobarde. Sin embargo, las categorías siempre son más complejas de lo que pueden parecer a primera vista. Tú pretendías debatir la relación entre amor, tradición y moralidad. ¿Cómo podríamos distinguir estos tres conceptos? Cada cultura, cada sensibilidad los percibe de forma diferente. Las mujeres que han sido educadas de una manera muy tradicional se sonrojan al ver el pecho de un hombre. En los clubes nocturnos, en cambio, hay muchachas que se pavonean medio desnudas.

—¿No te parece que estás exagerando?

—¿Exagerando? El mundo real de las mujeres está lleno de contrastes aún mayores. Si realmente deseas profundizar en tu comprensión de las mujeres, deberías encontrar la manera de salir de esta emisora de radio y observar la vida. No es bueno estar encerrada en una oficina y un estudio todo el día.

El viejo Chen me había inspirado. Tenía razón. Tenía que saber más de las vidas de las mujeres normales y corrientes, y dejar que madurasen mis puntos de vista. Sin embargo, en un tiempo en que los desplazamientos estaban restringidos, incluso para los periodistas, no iba a resultar fácil. Empecé a buscar ocasiones en cuanto podía, recogiendo información sobre las mujeres durante mis viajes de negocios, visitas a amigos y familiares, y cuando me iba de vacaciones. Entretejí esta información en mis programas y tomé nota de las reacciones que provocaba en mis oyentes.

Un día volvía a toda prisa a la emisora de radio desde la universidad a la que me habían invitado a dar una conferencia. El campus era un hervidero de actividad a la hora del almuerzo, y tuve que empujar la bicicleta a través de una multitud de estudiantes. De pronto oí a varias chicas conversando sobre algo que parecía tener que ver conmigo:

—Dice que las mujeres chinas son muy tradicionales. No estoy de acuerdo. Las mujeres chinas tienen una historia, pero también tienen futuro. ¿Cuántas mujeres son, hoy por hoy, tradicionales? Además, ¿qué significa tradicional?

¿Abrigos acolchados que se abrochan en los lados? ¿El pelo recogido en un moño? ¿Zapatos bordados? ¿La cara cubierta ante los hombres?

—Yo creo que la tradición a la que ella se refiere debe de ser un concepto, unos preceptos transmitidos de nuestros ancestros, o algo así. No escuché el programa de ayer y no estoy segura.

—Nunca escucho los programas dirigidos a mujeres. Sólo escucho los programas musicales.

—Yo sí lo escuché, me gusta dormirme escuchando su programa. Pone música bonita y su voz resulta tranquilizante. Pero no me gusta la manera que tiene de darle vueltas y más vueltas a la docilidad de las mujeres. ¿No puede realmente pensar que los hombres son unos salvajes?

—Creo que sí, al menos un poco. Debe de ser el tipo de mujer que se comporta como una princesita mimada entre los brazos de su marido.

—¿Quién sabe? También podría ser el tipo de mujer que obliga a su hombre a postrarse ante sus pies para poder descargar su ira sobre él.

Me quedé muda de asombro. No sabía que las jóvenes hablaran así. Tenía prisa y, por tanto, no me paré a preguntarles acerca de sus opiniones, como hubiera hecho normalmente, pero decidí dedicar algún tiempo a hablar con estudiantes universitarias. Puesto que de vez en cuando trabajaba en la universidad en calidad de profesora invitada, me resultaría fácil organizar entrevistas allí, prescindiendo de cualquier contrariedad burocrática. Las revoluciones siempre tienen su inicio entre estudiantes. Estos jóvenes se encuentran en la cresta de la ola del cambio de la conciencia moderna china.

Alguien me habló de una joven que era miembro destacado de la «camarilla» de la universidad, conocida por su iniciativa, sus ideas y sus modernas opiniones. Su nombre tenía, además, un significado que le venía como anillo al dedo: Jin Shuai, «general dorado». La invité a que se reuniera conmigo en una casa de té.

Jin Shuai parecía más una ejecutiva de relaciones públicas que una estudiante. A pesar de que sus rasgos eran muy normales, la muchacha llamaba la atención. Llevaba un traje azul marino de buen corte que favorecía su figura, una camisa elegante, y unas seductoras botas altas de cuero. Su larga cabellera estaba suelta.

Sorbimos té Dragon Well en pequeñas tazas bermejas vidriadas.

—Bueno, Xinran, ¿eres tan culta como dice la gente? —dijo Jin Shuai invirtiendo así nuestros papeles al hacer ella la primera pregunta.

Deseosa de impresionarla, enumeré algunos de los libros de historia y economía que había leído.

No estaba impresionada.

—¿Qué pueden enseñarte esos viejos tomos polvorientos sobre las necesidades y los deseos humanos? No hacen más que dar vueltas a teorías vacías. Si quieres leer libros que te sean útiles, inténtalo con *Gestión comercial moderna*, *Estudio de las relaciones personales* y *Vida de un empresario*. Al menos, éstos te ayudan a ganar dinero. Pobrecita, dispones de todos esos contactos importantes, sin contar a tus miles de oyentes, y todavía sigues trabajando día y noche a cambio de un sueldo miserable. Has perdido tanto tiempo leyendo todos esos libros que has dejado pasar tu oportunidad.

Me puse a la defensiva.

—No, todo el mundo toma sus propias decisiones en la vida...

—Eh, no te lo tomes a mal. ¿Acaso tu trabajo no consiste en responder a las preguntas de los oyentes? Permíteme que te haga unas cuantas más: ¿Qué filosofía tienen las mujeres? ¿Qué es la felicidad para una mujer? Y ¿qué convierte a una mujer en una buena mujer?

Jin Shuai se acabó la taza de un sorbo.

Decidí pasarle las riendas a Jin Shuai con la esperanza de que revelara sus verdaderos pensamientos. Le dije:

—Quiero saber lo que piensas tú.

—¿Yo? Pero si yo soy una estudiante de ciencias, no tengo ni idea de ciencias sociales.

De pronto se había vuelto extrañamente modesta, pero yo sabía que podía hacer que continuara hablando.

—Pero tus opiniones no se limitan a las ciencias.

—Bueno, sí, sí tengo alguna que otra opinión.

—No sólo alguna que otra. Eres conocida por tus opiniones, sobre todo entre los estudiantes de la Universidad de Nanjing.

—Gracias.

Por primera vez adoptó el tono respetuoso que yo había creído que utilizaban todos los estudiantes universitarios.

Aproveché la ocasión para hacerle una pregunta.

—Eres inteligente, joven y atractiva. ¿Te consideras una buena mujer?

—¿Yo? —dijo, mostrándose por un instante ligeramente irresoluta. Luego contestó con firmeza—: No.

Había despertado mi curiosidad.

—¿Por qué? —le pregunté.

—Camarera, otros dos tés Dragon Well, por favor.

La confianza con que Jin Shuai hizo el pedido puso en evidencia una facilidad nacida de la riqueza.

—No poseo la suficiente docilidad y perseverancia. Una buena mujer china está condicionada para comportarse de una manera dulce y sumisa, y se llevan este comportamiento a la cama. El resultado es que sus maridos acaban diciendo que no tienen atractivo sexual y las mujeres se someten a la opresión, convencidas de que es culpa suya. Tienen que soportar el dolor de la menstruación y de los partos, y trabajar igual que los hombres para mantener a sus familias cuando sus maridos no ganan suficiente dinero. Los hombres clavan fotos de mujeres bonitas sobre la cabecera de la cama para estimularse, mientras que sus esposas se culpan a sí mismas de sus cuerpos ajados. De todos modos, a los ojos de los hombres, no existe la buena mujer.

Me pregunté si esto era cierto o no. Jin Shuai no necesitó que la animara a seguir.

—Cuando las hormonas de los hombres se encabritan, te prometen amor eterno. Esta condición ha dado lugar a cantidades ingentes de poesía a través de los tiempos: amor tan profundo como los océanos, o lo que sea. Sin embargo, los hombres que aman así sólo existen en los cuentos. Los hombres de verdad se excusan diciendo que no han conocido a una mujer digna de tal sentimiento. Son expertos en utilizar las debilidades de las mujeres para controlarlas. Unas pocas palabras de amor o de elogio pueden mantener felices a algunas mujeres durante largo tiempo, pero no es más que una ilusión.

»Fíjate en esas viejas parejas que llevan décadas juntas. A primera vista pensarías que el hombre está satisfecho, ¿no es así?, pero dale la oportunidad y verás cómo rechazará a la vieja para casarse con una nueva. La razón que está obligado a dar es que su esposa no es buena. Y a los ojos de los hombres que tienen amantes, existen aún menos mujeres buenas. Estos hombres simplemente consideran a la mujer como un juguete. Engañan a sus esposas y desprecian a sus amantes, porque de no ser así hace tiempo que se habrían casado con ellas.

Jin Shuai hizo una pausa y se puso solemne:

—¿Sabes qué tipo de mujer desean los hombres?

—No soy una experta —repliqué, en honor a la verdad.

Jin Shuai me contestó en un tono autoritario:

—Los hombres quieren a una mujer que sea una esposa virtuosa, una buena madre capaz de hacerse cargo de todas las tareas domésticas, como una criada. Fuera del hogar debe ser atractiva y cultivada, y debe honrarlo. Y en la cama debe mostrarse como una ninfómana. Y lo que es más: los hombres chinos también necesitan a sus esposas para administrar sus finanzas y ganar un montón de dinero para que ellos puedan mezclarse con los ricos y poderosos. Los hombres chinos modernos suspiran por culpa de la abolición de la poligamia. Aquel anciano Gu Hongming de finales de la dinastía Qing dijo en una ocasión que «el hombre está hecho para tener cuatro mujeres, al igual que una tetera está hecha para cuatro tazas». Y los hombres chinos modernos quieren otra taza para llenarla de dinero.

—Cuéntame entonces cuántas mujeres chinas son capaces de satisfacer todas estas exigencias. Según estos presupuestos, todas las mujeres son malas.

Dos hombres que ocupaban la mesa de al lado se volvieron varias veces para mirar a Jin Shuai. Ella continuó hablando, impertérrita.

—¿Alguna vez has oído el dicho «Las esposas de los demás siempre son mejores, pero tus propios hijos son siempre los mejores»?

—Sí —dije, aliviada porque al fin podía demostrar que sabía alguna cosa.

Se quedó pensativa y dijo:

—Una vez leí un libro sobre el amor que decía: «Un león hambriento se comerá un conejo si no hay nada mejor, pero en cuanto haya dado buena cuenta del conejo lo abandonará para cazar una cebra...» Lo realmente trágico es que haya tantas mujeres que acepten que los hombres las juzguen como «malas mujeres».

Sintiendo que Jin Shuai me contaba entre estas mujeres, me ruboricé ligeramente. Ella no se dio cuenta.

—Xinran, ¿sabes que las que tienen suerte son las mujeres realmente malas? Yo creo en el dicho: «El dinero hace malos a los hombres; la maldad convierte a las mujeres en dinero.» No creas que aquí todas somos unas pobres estudiantes. Muchas de nosotras vivimos a la moda, sin recibir ni un céntimo de nuestros padres. Algunas chicas no podían siquiera permitirse comer carne en la cantina cuando llegaron a la universidad, pero ahora llevan jerséis de cachemira y joyas. Toman taxis para ir a cualquier lugar y se hospedan en hoteles. No me malinterpretes, por favor; estas muchachas no necesariamente venden sus cuerpos.

Jin Shuai se dio cuenta de que parecía escandalizada y prosiguió con una sonrisa en los labios.

—Hoy en día, los hombres ricos se están volviendo cada vez más exigentes en cuanto a la compañía que desean. Quieren lucir una «secretaria personal» o «acompañante» con cultura. Con la actual escasez de talento que hay en China, ¿dónde crees que pueden encontrar tantas «secretarias personales», si no es en la universidad? Una mujer sin títulos ni diplomas sólo podrá atraer a algún hombre de negocios menor; cuanta mejor educación has recibido, más posibilidades tienes de cazar a un gran empresario. Una «secretaria personal» trabaja para un solo hombre, una «acompañante» lo hace para varios. Hay tres niveles de compañía. El primer nivel implica acompañar a los hombres a restaurantes, clubes nocturnos y karaokes. El segundo nivel va más allá e incluye acompañarlos a otros eventos, tales como funciones de teatro, de cine, etcétera. A estos niveles los denominamos «vende arte pero no te vendas a ti misma». Naturalmente, dejar que estos hombres manoseen tu ropa forma parte del trato. El tercer nivel implica estar a disposición día y noche, también para el sexo. Si perteneces a este tipo de «secretaria personal», no duermes en el dormitorio de la universidad, excepto en el caso improbable de que tu jefe tenga que desplazarse a su hogar. Incluso entonces, el hombre acostumbra a dejarte ocupar la habitación de hotel que ha alquilado, para que le resulte más fácil encontrarte a la vuelta. Una «secretaria personal» tiene cubiertas todas sus comidas, sus ropas, el alojamiento y los viajes. Nadie se atreve a contrariarla estando tan cerca de su jefe, ¡está por debajo de un hombre pero por encima de miles! Si es lista, pronto conseguirá tener poder real; y si es realmente astuta, ya nunca tendrá que volver a preocuparse por el dinero.

Se sirvió más té.

—¿Acaso no dicen que «los tiempos hacen al hombre»? La «secretaria personal» en China es una creación de la política de reformas y apertura de Deug Xiaoping. En cuanto China se abrió al exterior, todo el mundo empezó a perseguir el dinero, todo el mundo quería ser jefe. Muchos soñaron con la riqueza, pero pocos la alcanzaron. ¿Te has fijado en que el título que todo el mundo imprime en sus tarjetas de visita es «Director general» o «Director»? No importa el tamaño del negocio, sus compañías siempre tienen nombres grandiosos.

»¿Y cómo iban todos estos hombres a poner en marcha una empresa sin una secretaria? ¿No perderían prestigio a los ojos de los demás? Una secretaria contratada durante ocho horas al día no es suficiente, tiene que haber siempre alguien para arreglar las cosas. Añádele a esto la ley de la atracción sexual, y las oportunidades abundarán para las mujeres jóvenes y atractivas. Hay mujeres jóvenes vestidas a la moda que no hacen más que correr entre los distintos departamentos gubernamentales mal ventilados, acelerando así el ritmo del desarrollo económico de China.

»También los extranjeros que luchan por hacerse un hueco en nuestra economía necesitan «secretarias personales». No entienden absolutamente nada de China y de nuestras costumbres. Si no fuera por la ayuda de sus secretarias, los corruptos funcionarios chinos los habrían hecho picadillo hace ya mucho tiempo. Para ser secretaria de un extranjero también tienes que saber hablar una lengua extranjera.

»La mayoría de las «secretarias personales» son bastante realistas en cuanto a las perspectivas. Saben que sus jefes jamás abandonarán a sus familias. Sólo una tonta confundiría sus dulces palabras con el amor. No obstante, hay algunas tontas y creo que no tendré que contarte cuál es el resultado.

Había escuchado boquiabierta la exposición que Jin Shuai hizo sobre el mundo de las «acompañantes» y las «secretarias personales». Sentía que proveníamos de siglos distintos, abandonadas a la buena de Dios en un mismo país.

—¿Realmente es así? —tartamudeé.

—¡Por supuesto! Deja que te cuente una historia verídica. Tengo una buena amiga, Ying'er, una muchacha preciosa y atenta, alta y delgada, de rostro y voz dulces. Ying'er era una estudiante de mucho talento en la Facultad de Arte. Cantaba y tocaba cualquier tipo de instrumento y por eso siempre había música, sonrisas y risas a su alrededor. Tanto los hombres como las mujeres gustaban de su compañía. Hace dos años, cuando Ying'er estaba en su segundo curso de carrera, conoció al director de una compañía taiwanesa llamado Wu en una sala de baile. Era guapo y elegante. La inmobiliaria que dirigía en Shanghai iba bien y por eso quería abrir una sucursal en Nanjing. Pero cuando llegó aquí se encontró con problemas a la hora de enfrentarse a las regulaciones comerciales. Se gastó miles de dólares americanos, pero tras seis meses de arduos intentos todavía se hallaba lejos de poner en marcha la sucursal.

»Ying'er se apiadó de él. Gracias a su ingenio, a su agradable forma de ser y a sus buenos contactos solucionó los trámites y el papeleo con la oficina comercial, la oficina de hacienda, el ayuntamiento y el banco. Pronto la sucursal empezó a funcionar. Wu estaba lleno de gratitud por sus gestiones. Alquiló una suite en un hotel de cuatro estrellas para Ying'er y se hizo cargo de todos sus gastos. Ying'er era una mujer de mundo, pero se dejó vencer por el comportamiento caballeroso de Wu. Él no se comportaba como esos tíos que creen que el dinero lo compra todo. Ying'er decidió dejar de acompañar a otros hombres y dedicarse exclusivamente a ayudar a Wu en sus negocios en Nanjing.

»Un buen día, alrededor de las tres de la mañana, Ying'er me llamó con una voz exultante de felicidad:

»—Esta vez es de verdad. Pero no te preocupes, no le he contado lo que siento por él. Sé que está casado. Me dijo que su esposa era una buena mujer. Me mostró las fotos de su boda. Hacen buena pareja. No quiero destrozar su familia, me basta con que me trate bien. Es tan cariñoso. Cuando estoy triste o pierdo los estribos, nunca se enfada. Cuando le pregunté por qué era tan paciente, me contestó: «¿Cómo puede un hombre llamarse hombre si se enfada con una mujer que está triste?» ¿Alguna vez habías escuchado algo tan tierno? De acuerdo, no te molestaré más, simplemente no quería ocultarte nada. Buenas noches, querida.

»Me costó una barbaridad dormirme, preguntándome una y otra vez si tal amor ideal entre un hombre y una mujer realmente podía existir. Deseaba de todo corazón que Ying'er lo demostrara y me diera un poco de esperanza.

»No volví a ver a Ying'er durante los siguientes meses, ya que se dedicó a disfrutar de la dicha del amor. Cuando nos reencontramos me impresionó su aspecto ojeroso y su extrema delgadez. Me contó que la esposa de Wu había escrito una carta a su marido exigiéndole que escogiera entre el divorcio o abandonar a Ying'er. Ying'er creyó, ingenuamente, que Wu la elegiría a ella, puesto que había dado muestras de ser incapaz de vivir sin ella. Además, la fortuna de Wu era tan inmensa que dividirla no afectaría demasiado a su negocio. Sin embargo, confrontado a su mujer, que vino de Taiwan, Wu le anunció que no podía dejar ni a su esposa ni su fortuna y le ordenó a Ying'er que desapareciera de su vida. Él y su esposa le dieron diez mil dólares en señal de gratitud por su ayuda en los negocios de Nanjing.

»Ying'er estaba destrozada y pidió estar a solas con Wu para hacerle tres preguntas. Le preguntó si su decisión era definitiva. Wu le contestó que así era. Le preguntó si realmente habían significado algo sus anteriores declaraciones de afecto hacia ella. Él contestó que sí. Finalmente, Ying'er le preguntó cómo podían haber cambiado sus sentimientos. Él respondió con descaro que el mundo se hallaba sometido a cambios constantes, y luego le anunció que su tanda de preguntas había finalizado.

»Ying'er volvió a su antigua vida de «acompañante», esta vez firme en su convicción de que el amor verdadero no existía. Este año, apenas dos meses después de haberse licenciado en la universidad, se casó con un americano. En la primera carta que me envió de América escribió: «No pienses jamás en un hombre como en un árbol a cuya sombra puedes descansar. Las mujeres no son más que abono descomponiéndose para fortalecer el árbol... No existe el amor verdadero. Las parejas que parecen amarse permanecen unidas para provecho propio, ya sea por dinero, poder o influencia».

»Qué pena que Ying'er se diera cuenta de ello demasiado tarde.

Jin Shuai se quedó callada, conmovida por el destino de su amiga.

—No le he dado demasiadas vueltas. No logro entender el amor. Tenemos un profesor que abusa de su poder a la hora de dar las notas de los exámenes. Convoca a las estudiantes bonitas a una «charla cara a cara»; la charla conduce a una habitación de hotel. Es un secreto a voces, todo el mundo lo sabe, salvo su esposa. Ella se pasa el tiempo hablando satisfecha de cómo la mima su marido; él le compra todo lo que ella desea y se ocupa de todas las tareas domésticas, aduciendo que no puede soportar que lo haga ella. ¿Puedes creer que el profesor lascivo y el marido devoto sean la misma persona?

»Dicen que «las mujeres valoran los sentimientos, los hombres la carne». Si esta generalización es cierta, ¿por qué casarse? Las mujeres que permanecen al lado de sus maridos infieles son estúpidas.

Yo repliqué que las mujeres a menudo son esclavas de sus sentimientos y hablé a Jin Shuai de una profesora universitaria que conocía. Años atrás, su marido, también académico, había visto a mucha gente ganar mucho dinero poniendo en marcha sus propias empresas. Estaba impaciente por dejar el trabajo y hacer lo mismo. Su esposa le dijo que no tenía ni los conocimientos de dirección ni los recursos empresariales para competir, y le recordó sus habilidades: dar clases, investigar y escribir. El marido la acusó de despreciarlo y se propuso demostrarle que estaba equivocada. Su negocio fue un fracaso espectacular: agotó los ahorros de la familia y no tenía nada con que contrarrestarlo. La mujer se convirtió en el único sostén de la familia.

Su marido en paro se negó a ayudarla en las tareas de la casa. Cuando ella le pedía que la ayudara en las labores domésticas, él protestaba aduciendo que era un hombre y que no podía exigirle que se dedicara a tareas femeninas. La mujer solía salir de casa pronto por la mañana y volvía tarde, tambaleándose de cansancio. Su marido, que nunca se levantaba de la cama antes de la una del mediodía y se pasaba el día mirando la televisión, pretendía que él estaba más cansado por el estrés que le producía estar en paro. No lograba dormir bien y tenía poco apetito, por lo que necesitaba comida buena y sana para recuperar las fuerzas.

La esposa pasaba todo su tiempo libre dando clases particulares a niños con el fin de ganar algo más de dinero, y a cambio no recibía más que críticas de su marido por estar agotada. Él no se molestaba siquiera en pensar de dónde salía el dinero para alimentar y vestir a la familia. Poco dispuesta a gastar dinero en maquillaje o ropa nueva para ella, la profesora nunca permitió que el marido renunciara a llevar buenos trajes y zapatos de cuero. Él se mostraba poco dispuesto a agradecer los esfuerzos de ella, y en cambio se quejaba de que su esposa no fuera tan bien vestida y elegante como antes, comparándola desfavorablemente con muje-

res atractivas y más jóvenes. A pesar de la educación recibida, parecía un campesino preocupado por demostrar su
poder y posición como hombre.

Los colegas de la universidad de la mujer le recrimina-
ron que mimara en exceso a su marido. Algunos de sus estudiantes también le expresaron su desaprobación. Le preguntaron por qué se sometía a tanto estrés por un hombre
tan despreciable. La mujer contestó impotente: «Solía que-
rerme mucho.»

Jin Shuai se enfureció con mi historia, pero reconoció
que se trataba de una situación harto común.

—Creo que más de la mitad de las familias chinas están
formadas por mujeres agotadas por el trabajo y hombres que
suspiran por sus ambiciones frustradas, culpando a sus
mujeres y sufriendo ataques de rabia. Y lo que es más,
muchos hombres chinos creen que decir un par de palabras cariñosas a sus esposas está por debajo de su digni-
dad. Simplemente no lo entiendo. ¿Qué ha sido del amor
propio de un hombre que es capaz de vivir de una mujer
débil y quedarse con la conciencia tranquila?

—Te expresas como una feminista —dije, para provo-
carla.

—No soy feminista. Sencillamente, no he encontrado
ningún hombre de verdad en China. Dime, ¿cuántas mujeres han escrito a tu programa para decir que son felices con
sus maridos? ¿Y cuántos hombres chinos te han pedido que
leyeras una carta en la que confesaban lo mucho que aman
a su esposa? ¿Por qué los hombres chinos creen que pro-
nunciar las palabras «te quiero» mina su estatus masculino?

Los dos hombres de la mesa vecina nos señalaban con el
dedo y gesticulaban. Me pregunté qué debían pensar de la
fiera expresión del rostro de Jin Shuai.

—Bueno, eso es algo que dicen los hombres occidentales debido a su cultura —dije, en un intento de defender el
hecho de que nunca había recibido una carta de este tipo.

—¿Qué? ¿Entonces crees que se trata de una diferencia cultural? No, si un hombre no tiene la valentía suficiente para decir estas palabras a la mujer que ama delante de la gente, no puedes llamarlo hombre. Desde mi punto de vista, no hay hombres en China.

Afortunadamente, los dos hombres se habían ido. Yo me había quedado sin palabras. Enfrentada al corazón joven y, sin embargo, frío como un témpano de una mujer, ¿qué podía decir? Pero Jin Shuai se rió.

—Mis amigos dicen que finalmente China ha alcanzado al resto del mundo en cuanto a los temas de conversación. Puesto que ya no tenemos que preocuparnos por la comida y la ropa, nos dedicamos a debatir la relación entre hombres y mujeres. Pero yo creo que el asunto de las mujeres y los hombres es aún más complejo en China, si cabe. Aquí tenemos que vérnoslas con más de cincuenta grupos étnicos, incontables cambios políticos, y patrones de comportamiento, porte y vestimenta de la mujer. Incluso tenemos más de diez palabras diferentes para decir esposa.

Por un momento, Jin Shuai pareció una muchacha despreocupada e inocente. El entusiasmo le sentaba mejor que el caparazón de experta en relaciones públicas, y así me gustaba más.

—Eh, Xinran —me dijo—, podríamos hablar de los dichos y proverbios que hablan de las mujeres. Por ejemplo, «Una buena mujer no se va con un segundo hombre». ¿Cuántas viudas en la historia de China han considerado siquiera la posibilidad de volver a casarse a fin de preservar la reputación de sus familias? ¿Cuántas mujeres se han visto obligadas a «emascular» su naturaleza femenina por guardar las apariencias? Oh, ya lo sé, «emascular» no es un verbo que pueda aplicarse a las mujeres, pero eso es lo que es. Todavía hay mujeres así en el campo. Y luego está el del pez...

—¿Qué pez? —pregunté. Jamás había oído ese giro y me

di cuenta de que debía de parecer muy ignorante a los ojos de la generación más joven.

Jin Shuai suspiró ostentosamente y tamborileó sobre la mesa con sus uñas pintadas.

—Oh, pobre Xinran. Ni siquiera tienes claras las distintas categorías de mujer. ¿Cómo pretendes siquiera entender a los hombres? Deja que te explique. Cuando los hombres han bebido, suelen sacar a colación una batería de definiciones de la mujer. Las amantes son «peces espada» sabrosas pero de espinas afiladas. Las «secretarias personales» son «carpas», cuanto más las guisas mejor sabor tienen. Las mujeres de otros hombres son «peces globo japoneses», probar un bocado podría significar tu fin, aunque arriesgar la vida es motivo de orgullo.

—¿Y qué dicen de sus propias esposas?

—Bacalao salado.

—¿Bacalao salado? ¿Por qué?

—Porque el bacalao salado se conserva durante mucho tiempo. Cuando no hay otra comida, el bacalao salado resulta barato y práctico, y con un poco de arroz es todo un plato... Bueno, tengo que ir a «trabajar». No deberías haberme escuchado enrollándome como una persiana. ¿Por qué no has dicho nada?

Me había quedado muda, preocupada por la sorprendente comparación de las esposas con el bacalao salado.

—No olvides responder a mis tres preguntas en tu programa: ¿Qué filosofía tienen las mujeres? ¿Qué es la felicidad para las mujeres? Y ¿qué es lo que convierte a una mujer en una buena esposa?

Jin Shuai se terminó el té, cogió su bolso y se fue.

Estuve sopesando las preguntas de Jin Shuai durante un buen rato, pero finalmente tuve que admitir que no conocía las respuestas. Parecía haber un enorme abismo entre su generación y la mía. Durante los siguientes cinco años tuve la oportunidad de conocer a muchas estudiantes universitarias. El temperamento, la actitud y el estilo de vida de la nueva generación de mujeres chinas que se habían criado durante el período de Reforma y Apertura eran totalmente distintos a los de sus padres. Pero a pesar de que defendían teorías pintorescas sobre la vida, había una gruesa capa de vacuidad tras sus ideas.

Aunque, ¿podemos reprochárselo? No lo creo. En su educación faltaba algo, y eso era lo que las convertía en lo que eran. Nunca habían gozado de un entorno normal y cariñoso en el que desarrollarse libremente.

Desde las sociedades matriarcales de un pasado muy lejano, la mujer china siempre ha ocupado el peldaño más bajo del escalafón social. Eran clasificadas como objetos, como parte de una propiedad, repartidas de la misma forma que se reparte la comida, las herramientas y las armas. Más tarde se les permitió la entrada al mundo de los hombres, pero sólo podían existir postradas a sus pies. Dicho de otro modo, totalmente sometidas a la bondad o crueldad de un hombre. Si se estudia la arquitectura china, se observa que tuvieron que pasar muchos años hasta que una minoría muy reducida de mujeres pudo trasladarse de las dependencias accesorias del patio familiar (donde guardaban las herramientas y dormían los criados) a los aposentos contiguos a las estancias principales (donde vivían el amo de la casa y sus hijos).

La historia de China es muy larga, pero hace muy poco que a las mujeres se les concedió la oportunidad de ser ellas mismas, y que los hombres empezaron a conocerlas.

En los años treinta, cuando las mujeres occidentales ya estaban reclamando la igualdad entre los sexos, las mujeres chinas apenas habían empezado a poner en duda la sociedad dominada por los hombres, pero ya no estaban dispuestas a que les vendaran los pies, o a aceptar los matrimonios concertados por sus padres. De todos modos, las mujeres chinas desconocían los derechos y obligaciones de su sexo, y no sabían cómo hacer para ganarse un mundo propio. Buscaban inútilmente las respuestas en su propio espacio reducido y angosto, y en un país en el que toda la educación estaba manipulada por el Partido. El efecto que ha producido en la generación más joven es preocupante. Para poder sobrevivir en un mundo cruel muchos jóvenes han adoptado el duro caparazón de Jin Shuai y han suprimido sus sentimientos y sus emociones.

4

La trapera

Cerca del muro de la emisora de radio, no muy lejos de los guardias de seguridad, había una hilera de pequeñas chabolas hechas de chatarra, fieltro para techar y bolsas de plástico. Las mujeres que las habitaban se ganaban la vida recogiendo desechos y vendiéndolos. Muchas veces me había preguntado de dónde serían, qué las habría unido y cómo habrían llegado hasta allí. Sea como fuere, había sido una decisión inteligente levantar sus chabolas en un lugar relativamente seguro, a escasos metros de los guardias armados, al otro lado del muro.

Entre aquellas desparramadas cabañas destacaba la más pequeña: los materiales utilizados para su construcción no eran diferentes a los del resto, pero la choza había sido cuidadosamente diseñada. Las paredes de chatarra estaban pintadas con el color de la puesta de sol, y el fieltro para techar había sido doblado con la forma de un torreón. Había tres pequeñas ventanas hechas de bolsas de plástico rojas, amarillas y azules, y la puerta estaba hecha de cartón, entretejido con láminas de plástico a las que no les costaría demasiado dejar fuera el viento y la lluvia. Me conmovió el cuidado y el gusto por el detalle con el que obviamente había sido construida aquella frágil choza, y encontré especialmente enternecedoras las campanillas hechas de cristales rotos que, movidas por el viento, tintineaban dulcemente sobre la puerta.

La propietaria de este castillo de chatarra era una mujer

frágil y delgada de cincuenta y tantos años. No sólo su chabola era única; su propio aspecto también la diferenciaba de las demás traperas. La mayoría de las mujeres llevaba el pelo despeinado y la cara sucia, y parecía terriblemente andrajosa, pero ésta iba siempre aseada, y sus ajadas ropas estaban siempre limpias y bien remendadas. Excepto por la bolsa que llevaba para recoger basuras, jamás se hubiera dicho que se trataba de una trapera que se dedicaba a recoger basuras. Parecía cuidarse mucho.

Cuando comenté a mis colegas lo que había observado de la mujer trapera, todos, uno detrás de otro, quisieron intervenir para decir que también se habían fijado en ella, arrebatándome toda posibilidad de sentirme original y única. Uno de mis colegas incluso me contó que las traperas eran oyentes entusiastas de mi programa. No supe distinguir si me estaban tomando el pelo o no.

Desde la retaguardia, el Gran Li, que informaba sobre asuntos sociales, golpeó su escritorio con un bolígrafo, señal de que estaba a punto de dar una clase magistral a sus colegas más jóvenes.

—No deberías sentir pena por las traperas. Ni siquiera son pobres. Sus almas trascienden los asuntos mundanos de un modo que la gente de a pie no es capaz de imaginar. No hay sitio en sus vidas para posesiones terrenales, por lo que sus deseos materiales se satisfacen fácilmente. Y si tomáis el dinero a modo de patrón para juzgar a la gente, descubriréis que algunas de estas mujeres no andan peor que la gente que tiene otros trabajos.

Nos contó que había visto a una trapera en un caro club nocturno, cubierta de joyas y bebiendo coñac francés de una copa de cien yuanes.

—¡Anda ya, vaya tontería! —replicó Mengxing, que trabajaba en el programa musical. Para ella, la sola diferencia de edad que la separaba del Gran Li provocaba que no creyera nada de lo que él decía.

Inesperadamente en un hombre tan cauteloso como él, en aquella ocasión el Gran Li se rebeló y propuso a Mengxing que se apostara algo. A los periodistas les encanta provocar, por lo que todos empezaron a meter baza encantados, aportando sugerencias sobre cuál debía ser el montante de la apuesta. Se decidieron por una bicicleta.

A fin de tirar adelante la apuesta, el Gran Li mintió a su mujer y le dijo que pasaría algunas noches realizando varios reportajes nocturnos, y Mengxing contó a su novio que iba a tener que salir a investigar música contemporánea. Cada noche, durante varios días consecutivos, acudieron juntos al club nocturno del que el Gran Li había afirmado que era frecuentado por la mujer que recogía basura.

Mengxing perdió la apuesta. Mientras se tomaba un whisky, la trapera había contado a Mengxing que ganaba 900 yuanes al mes vendiendo desechos. El Gran Li nos contó que Mengxing había permanecido en estado de shock durante varias horas. Mengxing ganaba cerca de cuatrocientos yuanes al mes y era considerada una de las empleadas más favorecidas de su categoría. A partir de entonces, la joven dejó de mostrarse exigente con el valor artístico de un trabajo; mientras pudiera ganar dinero, aceptaría cualquier cosa. Todo el mundo en la oficina decía que la pérdida de la bicicleta había traído consigo este nuevo pragmatismo.

Aparte de haberme fijado en la mujer aseada que vivía en el castillo de chatarra, no había prestado demasiada atención a la manera en que las traperas pasaban los días. Francamente, una parte de mí las rehuía. Sin embargo, tras el descubrimiento de Mengxing, cada vez que veía a alguien removiendo basuras intentaba adivinar si realmente era un «ricachón». Tal vez las chabolas de las traperas no eran más que su lugar de trabajo, y sus hogares eran pisos ultramodernos.

El embarazo de mi colega Xiao Yao fue el que me instó a conocer a la trapera. En cuanto Xiao Yao descubrió que iba a tener un hijo, empezó a buscar una niñera. Yo comprendía perfectamente que iniciara la búsqueda nueve meses antes del nacimiento de su hijo, porque encontrar a alguien fiable para cuidar a un niño y hacer las tareas domésticas no es fácil.

Mi niñera era una muchacha de campo, de diecinueve años, cariñosa, honesta y diligente, que había huido sola a la gran ciudad para escapar de un matrimonio forzoso. Tenía cierta inteligencia innata que, sin embargo, nunca había sido estimulada mediante la educación. Este hecho ponía muchos obstáculos en su camino: era incapaz de distinguir los billetes de banco o de entender los semáforos. En casa se deshacía en lágrimas si no conseguía sacar la tapa del hervidor eléctrico de arroz, o si confundía los huevos en vinagre con los huevos podridos y los echaba a la basura. Una vez señaló hacia un cubo de basura en un lado de la calzada y me contó totalmente en serio que había echado mi carta al «buzón». Cada día solía dejarle instrucciones minuciosas sobre lo que tenía que hacer, y la llamaba desde la oficina para comprobar que todo estuviera bien. Afortunadamente, nunca llegó a pasar nada realmente grave, y ella y PanPan mantenían una muy buena relación. Hubo una vez, no obstante, en la que fui incapaz de contener mi enfado. Era invierno y volví a casa después de mi programa. Allí encontré a PanPan, que por entonces sólo tenía dieciocho meses, sentado en el descansillo del quinto piso, apenas vestido con un pijama. Tenía tanto frío que sólo podía llorar con débiles gemidos. Lo tomé en mis brazos rápidamente y desperté a la niñera, que dormía plácidamente, reprochándome a mí misma no ser capaz de ofrecer a mi hijo el tiempo y los cuidados que debería como madre.

Jamás he discutido con mis colegas mis dificultades para ocuparme del cuidado de mi hijo, pero he escuchado muchísimas historias terribles de otra gente. Los diarios están llenos de ellas. Criadas descuidadas que han dejado caer a

los niños desde la ventana de un cuarto piso; otras, ignorantes y estúpidas, que los han metido en la lavadora para
lavarlos o los han encerrado en la nevera mientras jugaban
al escondite. Se han dado casos de niños que han sido secues-
trados por dinero, o azotados.

Pocas son las parejas dispuestas a pedir ayuda a sus
padres en el cuidado de los niños, puesto que esto supon-
dría tener que vivir bajo el mismo techo. La mayoría está dispuesta a complicar un poco su vida a fin de evitar las miradas críticas de sus mayores. Las suegras chinas, sobre todo
las tradicionales o las menos instruidas, son legendarias por
aterrorizar a las esposas de sus hijos, a pesar de haber tenido que soportar, en su tiempo, a sus propias suegras. Por
otro lado, resulta poco factible para una mujer dejar el trabajo para dedicarse a ser madre a tiempo completo, ya que
es prácticamente imposible mantener a una familia con un
único salario medio. Y la idea del hombre como amo de casa
es inconcebible.

Al escuchar las solicitudes de ayuda de Xiao Yao para
encontrar a una niñera digna de confianza, cariñosa y bara-
ta, el viejo Chen respondió de un modo sorprendente:

—Hay tantas mujeres recogiendo chatarra... ¿Por qué no
pides a una de esas pobres mujeres que trabaje para ti? No
tendrías que preocuparte por que se escapara, ni tampoco
tendrías que pagarle gran cosa.

La gente dice que los hombres son buenos a la hora de
hacer una composición de conjunto, mientras que las mujeres son buenas en los detalles. Al igual que todas las genera-
lizaciones, jamás he creído que fuera cierto, pero los comentarios lanzados por el viejo Chen me asombraron por ese aire
de genialidad-que-bordea-la-idiotez que a veces se encuentra en los hombres. No fui la única en pensar de esta manera. Varias colegas también estaban fuera de sí de entusiasmo:

—¡Claro! ¿por qué no lo pensamos antes?

Las célebres palabras del presidente Mao —«Una sola

chispa es capaz de provocar el incendio de una pradera»— se confirmaron inmediatamente. Durante varios días, el febril tema de conversación de mis colegas femeninas no fue otro que el de coger a una trapera como niñera. Puesto que los hijos de cada una eran de edades muy diferentes, pensaron que a lo mejor encontrarían a una mujer que pudieran compartir. Hicieron planes detallados de cómo supervisarla y evaluarla, y de qué tipo de normas habría que establecer.

Poco después me convocaron a una «reunión de mujeres» en la pequeña sala de reuniones contigua a los lavabos de mujeres. Apenas había tomado asiento y preguntado suavemente si no habían convocado a la persona equivocada, cuando me anunciaron que me habían elegido por unanimidad para elegir a una niñera de entre las traperas que vivían junto a la emisora de radio. En un tono que no admitía lugar a réplica me expusieron los criterios que las habían llevado a elegirme a mí como representante. Era la primera vez que obtenía la aprobación de mis colegas mujeres. Me dijeron que parecía una persona sincera, que mi trato era humano y que tenía sentido común, y que era meticulosa, considerada y metódica. Aunque sospechaba que tenían otros motivos, me conmovió la valoración que hicieron de mi persona.

Durante los primeros días que siguieron empecé a inventarme excusas para acercarme a las chabolas de las traperas. Sin embargo, los resultados de mis indagaciones fueron decepcionantes: viéndolas buscar por todas partes materiales reciclables, resultaba difícil imaginar que aquellas mujeres pudieran ser personas cariñosas y razonables, por no hablar siquiera de pensar en dejarlas entrar en tu casa. Dejaban los mocos en cualquier cosa que tuvieran al alcance, y las que tenían hijos los llevaban bajo el brazo para tener las manos libres para recoger basura. Y se aliviaban en la cuneta con sólo una hoja de papel como protección.

La única trapera que valía la pena considerar era la propietaria del castillo de chatarra. Parecía desplegar amabilidad, limpieza y cordialidad en su actividad diaria. Tras varios arranques en falso conseguí reunir el suficiente valor para dirigirme a ella cuando volvía a su casa.

—¡Hola! Me llamo Xinran, trabajo en la emisora de radio. Perdone, pero ¿podría hablar con usted?

—Hola. Te conozco. Eres la presentadora de «Palabras en la brisa nocturna». Escucho tu programa cada noche. ¿Qué puedo hacer por ti?

—Bueno, el caso es que...

Yo, la locutora de radio capaz de hablar sin parar delante de un micrófono, me volví de pronto tan incoherente que apenas podía seguir mi propio discurso balbuciente.

La trapera captó rápidamente lo que en realidad pretendía decirle. Me contestó calmada pero con rotundidad:

—Por favor, dé las gracias a sus colegas por la buena opinión que guardan de mí, pero me resultaría muy duro aceptar su generosa oferta. Me gusta vivir una vida sin trabas.

Con una sola frase reposada, aquella mujer anulaba todos los talentos para la persuasión que mis colegas me habían atribuido.

Cuando les transmití la negativa, mis colegas no podían dar crédito a sus oídos: «La gran locutora de radio ni siquiera es capaz de convencer a una trapera...»

No había podido hacer nada. La mirada de la trapera rechazaba cualquier argumento. Sentí que su mirada encerraba algo más que una simple negativa, pero no sabía qué.

A partir de entonces, observar el castillo de chatarra y a su propietaria se convirtió en parte de mi rutina diaria. Finalmente, una noche del segundo mes de otoño, tuve ocasión de volver a acercarme a la pequeña chabola. Tras haber finalizado mi programa pasé junto a las chabolas, como de costumbre. Cuando llegué a la altura del castillo de chatarra, me llegó el débil sonido de una canción. Era la canción popu-

lar rusa *Praderas*. Me asaltó la curiosidad. Tras la Revolución Cultural, China había atravesado una segunda guerra
fría con Rusia, por lo que eran pocos los que conocían la canción, y aún menos los que eran capaces de cantarla. Mi madre
había estudiado ruso en la universidad y me había enseñado a cantarla. ¿Cómo la habría aprendido la trapera?

Me acerqué un poco más al castillo de chatarra. De pronto el canto se interrumpió y la ventana especialmente diseñada se abrió silenciosamente. La dama de las basuras,
envuelta en un camisón hecho a mano, me preguntó:

—¿Qué pasa? ¿Puedo hacer algo por ti?

—Lo... lo siento, sólo quería escucharte cantar, ¡cantas
muy bien!

—¿De verdad? Xinran, ¿te gusta la canción?

—¡Sí, sí! Me gusta mucho. Me encanta la letra y también
la música, sobre todo de noche. Es como un cuadro de composición perfecta.

—¿Te la sabes?

—Un poco, pero no la canto bien. No logro comunicar
su esencia.

—Vosotros, la gente de la radio, sois raros. Dais vida a las
palabras pero no sabéis cantar. Entonces, ¿cuál es la esencia de
una canción? ¿Cuál es su sabor? ¿Dulce? ¿Acre? ¿Amargo?

—Perdona, ¿cómo debo dirigirme a ti?

—Todos nos llamáis traperas, ¿no es así? Creo que es una
buena manera de dirigirse a nosotras, así que puedes llamarme Trapera. Trapera está bien.

—¿No te parece algo inapropiado?

—No te preocupes, Xinran. Puedes llamarme Trapera
«A», «B» o «C». No importa. O sea que simplemente me escu-
chabas cantar. ¿Querías algo más?

—No, simplemente pasaba por aquí de camino a casa
después del programa. Cuando te oí cantar la canción popular rusa me pareció algo fuera de lo normal. Perdóname, pero
¿puedo preguntarte cómo es que la conoces?

—Mi marido me la enseñó. Estudió en Rusia.

La trapera no dijo mucho más, ni me invitó a entrar en su castillo, pero no me importó, porque la canción rusa me había dado una pequeña llave para sus recuerdos.

Tras nuestra conversación aquella noche, la trapera no se mostró especialmente amable al verme. Mi cabeza zumbaba con preguntas: Su marido había estudiado en el extranjero, entonces ¿cómo había acabado viviendo esta vida de pordiosera? Su forma de hablar y sus gestos eran tan refinados... ¿de qué clase de familia provenía? ¿Qué tipo de educación había recibido? ¿Tenía hijos? Si así era, ¿dónde estaban?

Poco después, cuando el Año Nuevo quedaba cerca, hice un viaje de trabajo a Beijing. Una amiga de Radio Beijing me propuso que visitáramos el Centro Lufthansa, un centro comercial que vendía productos extranjeros de marca. Encontré una caja de bombones de licor rusos. Era cara pero decidí comprarla a pesar de todo. Mi amiga se horrorizó por mi ignorancia: los mejores bombones de licor son suizos, ¿quién había oído hablar alguna vez de bombones de licor rusos? Sin embargo, yo quería comprárselos a la trapera. Estaba convencida de que alguien capaz de cantar una canción popular rusa tan bien sabría apreciarlos.

De vuelta de Beijing no pude contenerme y me dirigí al castillo de chatarra en lugar de ir a casa directamente. Antes de llamar a la puerta de la casa de la trapera vacilé. Los chinos dicen: «En este mundo no hay amor sin razón, no hay odio sin causa.» ¿Cómo podía explicarle la intención que había detrás de mi regalo, cuando ni siquiera era capaz de explicármelo a mí misma?

La trapera recibió la caja de bombones con gran respeto, profundamente conmovida. De natural impasible, en esta ocasión se la vio claramente conmocionada al descubrir los bombones. Me contó que a su marido le encantaban

esta clase de bombones de licor —tal como había esperado, la gente de esa generación pensaba que lo mejor provenía de la Unión Soviética— y que no los había vuelto a ver
desde hacía más de treinta años.

La calma volvió gradualmente a su rostro y al final me
preguntó por qué le hacía un regalo tan caro.

—Porque ambas somos mujeres y quiero conocer tu
historia —dije con una franqueza que hasta a mí me sorprendió.

—¡De acuerdo pues! —dijo la trapera, que parecía haber
tomado una decisión trascendental—. Pero aquí no, aquí no
hay paredes. Nadie, y aún menos una mujer, permitiría que
cualquiera viera las cicatrices de su pecho.

Anduvimos hasta llegar a una colina pequeña del jar-
dín botánico, donde tan sólo los árboles y yo pudimos escuchar el relato de la trapera.

Me explicó una historia fragmentada. No se extendió en
causas o consecuencias y tuve la sensación de que todavía
no estaba del todo dispuesta a airear por completo sus experiencias. Sus palabras no hicieron más que abrir la caja en
la que se escondía, pero no retiraron el velo de su rostro.

De joven, el marido de la trapera había estudiado en
Moscú durante tres años, y poco después de su vuelta entró
en política. Su retorno coincidió con los terribles sucesos
del Gran Paso Adelante. Bajo la atenta mirada y el auspi-
cio del Partido, que tiró de los hilos y construyó puentes por
él, se casó con la trapera. Justo cuando toda su familia celebraba la llegada de su segundo hijo, el marido murió repentinamente de un ataque al corazón. A finales del año siguiente, su hijo más pequeño murió por culpa de la escarlatina.
El dolor por la pérdida de su marido y de su hijo hizo que
la trapera perdiera todas las ganas de seguir viviendo. Un
buen día se llevó al hijo que le quedaba a la orilla del río Yangzi para reunirse con su marido y su primer hijo en la siguiente vida.

Al llegar a la orilla del Yangzi, cuando todavía se estaba preparando para decir adiós a la vida, su hijo le preguntó inocentemente:

—¿Vamos a ver a papá?

La trapera estaba conmocionada: ¿Cómo era posible que un niño de cinco años pudiera saber lo que encerraba su corazón? Entonces le preguntó al hijo:

—¿Tú qué crees?

Él respondió en voz alta:

—¡Claro que vamos a ver a papá! ¡Pero olvidé traer mi coche de juguete para enseñárselo!

Ella se puso a llorar y ya no hizo más preguntas al niño. Se dio cuenta de que él sabía muy bien lo que ella sentía. Comprendía que su padre ya no se encontraba en el mismo mundo que ellos pero, al igual que todos los niños pequeños, no discernía claramente la diferencia entre la vida y la muerte. Las lágrimas reavivaron su sentimiento maternal y del deber. Lloró con su hijo entre los brazos, dejando que el río se llevara su debilidad y le diera fuerzas. Luego recogió su nota de suicidio y se llevó a su hijo a casa.

El niño le preguntó:

—Pero ¿no vamos a ver a papá?

Ella le respondió:

—Papá está demasiado lejos y tú eres demasiado pequeño para ir hasta allí. Mamá te ayudará a crecer para que puedas llevarle más y mejores cosas.

Después de esto, la trapera hizo todo lo que una madre sola puede hacer por dar a su hijo lo mejor. Y luego contó que él se había ido para lograr el éxito.

Pero ¿por qué su hijo, que sin duda por entonces estaría casado y establecido, permitía que su madre, que toda la vida había trabajado duro por él, se viera reducida a la condición de pordiosera?

—¿Dónde está tu hijo? ¿Por qué...? —pregunté con la voz quebrada.

La trapera no me respondió directamente. Lo único que me dijo fue que nadie puede describir el corazón de una madre. Dejó entrever con firmeza que no estaba dispuesta a responder a más preguntas.

Las celebraciones de Año Nuevo habían quedado atrás y se acercaba el Festival de Primavera. Ésta es la fiesta más importante del año para los chinos, y mucha gente la utiliza como una oportunidad para establecer sus contactos de negocios. Cada año, los funcionarios de los medios de comunicación sacan gran provecho de los festejos. Sin prejuicio del rango que ocupen, reciben montones de regalos y docenas de invitaciones para asistir a fiestas de sociedad. A pesar de que, por aquel entonces, yo no era más que una humilde locutora sin poder oficial, era solicitada por gente rica e influyente debido a la popularidad de mi programa. Sus atenciones no se fundaban en el reconocimiento de mis logros personales, sino en la importancia de mis oyentes. Todos los funcionarios de China conocen el antiguo proverbio transmitido desde los tiempos de la dinastía Tang: «El agua soporta un barco, pero también puede volcarlo.» La gente de a pie como mis oyentes son el agua y los funcionarios el barco.

Entre las brillantes invitaciones púrpuras y doradas que recibí había una de un hombre muy ambicioso, recién nombrado miembro del ayuntamiento. Los rumores decían que este hombre era un joven muy competente, y que tenía esperanzas de convertirse en uno de los pocos elegidos que serían delegados políticos en el ámbito provincial. Yo tenía mucho interés en saber qué cualidades especiales poseía aquel hombre —que apenas tenía un par de años más que yo— para ser capaz de abrirse camino a través del laberinto de la política china. Así que decidí asistir a la recepción que él daba. La invitación especificaba que se ofrecería un bufé libre de estilo occidental, lo cual suponía una verdadera novedad.

La cena se celebraba en la casa del político, y, aunque no era una mansión, resultaba impresionante. Sólo el salón tenía el tamaño de cuatro o cinco estudios para solteros como yo. Puesto que llegué bastante tarde, la estancia ya estaba ocupada por la charla de la multitud y el tintineo de las copas. La anfitriona me presentó solícitamente a varios personajes importantes, según su rango. De pronto me vino a la mente un pensamiento irreverente: cuando estos personajes eminentes iban al lavabo, ¿lo hacían por orden jerárquico? Si así era, los de rango inferior debían de sufrir terriblemente.

El bufé occidental era suntuoso y parecía auténtico, si es que las fotografías que había visto en las revistas eran dignas de confianza. Para demostrar que estaba ofreciendo un trato especial a las mujeres de los medios de comunicación, la diligente anfitriona, en una muestra de intimidad, congregó en su dormitorio a las pocas periodistas que había y sacó una caja de bombones de licor que había apartado especialmente para nosotras.

Me quedé pasmada: los bombones eran idénticos a los que yo había regalado a la trapera. La anfitriona abrió la caja. En la parte interior de la tapa apareció la letra de la canción popular rusa *Praderas*, que yo misma había copiado a mano para la trapera como gesto de buena voluntad para el nuevo año.

Esta poderosa familia estaba tan lejos del castillo de chatarra de la trapera como el cielo lo estaba de la tierra. ¿Cómo habían llegado los bombones hasta allí? Las preguntas se agolpaban febrilmente en mi cabeza y mi pulso se aceleró. Ya no tenía ningún deseo de permanecer más tiempo en aquel banquete, por lo que inventé una excusa socorrida y salí inmediatamente hacia el castillo de chatarra, corriendo como una posesa.

La trapera no estaba. Estuve esperando mucho tiempo hasta que regresó, a una hora muy avanzada de la noche. En cuanto me vio dijo llena de entusiasmo:

—El Año Nuevo y el Festival de Primavera son la temporada más ajetreada para la recolección de basura. En todos los cubos de basura, sean grandes o pequeños, encuentras un montón de comida todavía empaquetada y útiles objetos de uso diario que la gente ha tirado. Francamente, estos tiempos que vivimos... La gente ha olvidado cómo son los tiempos difíciles.

Ya no podía contenerme más y la interrumpí para preguntarle directamente:

—¿Por qué acabo de ver la caja de bombones que le regalé en la casa de un prometedor político? ¿Alguien se la robó? ¿Qué es lo que está pasando?

La trapera escuchó mi torrente de preguntas con una extraña expresión en la cara. Temblaba visiblemente, pero, haciendo un gran esfuerzo, logró controlarse y contestó:

—Después del Festival de Primavera fijaremos una cita y te lo contaré.

Luego cerró la puerta y ya no me prestó más atención. Me quedé ahí pasmada. Finalmente, las campanillas que tintineaban al frío viento me despertaron del letargo y me fui a casa.

El Festival de Primavera parecía hacerse interminable. Estaba llena de remordimientos. Viviendo sola en aquella chabola endeble azotada por el viento y la lluvia, sin amigos ni familia, lo último que necesitaba la trapera era tener que soportar la carga de mis insensibles preguntas. Barajé la posibilidad de ir a verla, pero sabía que sus palabras habían sido terminantes: sería una vez pasado el Festival de Primavera.

El primer día de trabajo después de las vacaciones acudí muy temprano a la oficina. Al pasar por delante del castillo de chatarra descubrí que la puerta estaba cerrada con un candado. La trapera siempre salía muy temprano de su casa. No me sorprendía. ¿Quién iba a querer dormir hasta tarde en una chabola endeble que no protegía ni del frío ni del calor? En la entrada de la emisora de radio, el guardia me llamó para decirme que alguien me había dejado una carta el día anterior. Muchos oyentes se tomaban la molestia de entregar sus cartas personalmente. Parecían creer que era más seguro y que así llamarían mi atención más fácilmente. Di las gracias al guardia, pero no presté demasiada atención a la carta y la dejé en mi bandeja de entrada al pasar por mi mesa.

Aquel día salí brevemente cuatro o cinco veces para controlar el castillo de chatarra, pero la puerta estuvo siempre cerrada y a la trapera no se la vio por ningún sitio. Empezaba a sentirme ligeramente enojada porque no había cumplido con su palabra, pero estaba determinada a esperarla. Quería disculparme y aclarar el incidente de los bombones. Decidí quedarme en la oficina hasta el último turno leyendo mis cartas.

A las ocho y veinte de la tarde aproximadamente volví a salir, pero la puerta seguía cerrada con candado. Me extrañó que todavía no hubiera vuelto. ¿Realmente había tantas sobras en los cubos de basura? De vuelta en mi oficina, reemprendí la lectura de las cartas. La siguiente carta que abrí estaba escrita con una letra delicada y bonita. La remitente era obviamente una mujer muy culta, una mujer que había recibido la mejor educación posible. Lo que entonces leí me dejó paralizada.

Estimada Xinran:

Gracias. Gracias por tu programa: lo escucho cada día. Gracias por tu sinceridad: hacía muchos años que no tenía una amiga. Gracias por la caja de bombones rusos: me ha recordado que antaño fui una mujer casada.

Regalé los bombones a nuestro hijo. Pensé que los disfrutaría tanto como solía hacerlo su padre.

Resulta muy difícil para un hijo convivir con su madre, y muy difícil también para su esposa. No quiero alterar la vida de mi hijo, ni complicársela intentando mantener el equilibrio entre su esposa y su madre. Sin embargo, me resulta imposible escapar de la naturaleza femenina y de los hábitos de toda una vida de madre. Vivo como vivo a fin de estar cerca de mi hijo, a fin de vislumbrarlo cuando se dirige a su trabajo cada mañana. Por favor, no se lo cuentes. Él cree que he estado viviendo en el campo todo este tiempo.

Xinran, lo siento, pero me voy. Soy profesora de idiomas y debería volver al campo para dar clases a más niños. Como dijiste tú una vez en tu programa, la gente mayor debería disponer de un espacio propio en el que tejer una hermosa tercera edad.

Por favor, perdóname la frialdad que te he mostrado. Le he ofrecido todo mi calor a mi hijo, su padre sigue viviendo en él.

Deseándote un feliz y tranquilo Festival de Primavera se despide

LA TRAPERA

La cabaña de chatarra.

Entendía que la trapera se hubiera ido. Me había permitido mirar en su corazón y su vergüenza no le permitía volver a enfrentarse a mí. Me dolía haberla ahuyentado de su mundo cuidadosamente construido, pero también me apenaba que se hubiera consumido para dar la vida a sus hijos, y que su única recompensa fuera tener que resignarse a ser desechada. Tan sólo confiaba en su identidad de madre.

Mantuve el secreto de la trapera y nunca expliqué a su hijo cómo ella lo había vigilado. Pero nunca volví a su casa, puesto que la trapera, cuya memoria yo atesoraba, jamás llegó a cruzar su umbral. Aunque él parecía muy poderoso, ella era la realmente rica.

5

Las madres que soportaron
un terremoto

Cuando mi colega Xiao Yao tuvo a su hijo organicé una visita al hospital junto con otras mujeres de la oficina. Mengxing estaba muy ilusionada, pues nunca había estado en una sala de maternidad. El director Zhang, de la Oficina de Asuntos Externos, le advirtió que no fuera: en China se cree que las mujeres que no han dado a luz dan mala suerte a los recién nacidos. Mengxing rechazó el consejo aduciendo que no era más que un cuento de viejas, y se dirigió al hospital adelantándose a las demás.

Acudimos al hospital cargadas de comida para Xiao Yao: azúcar moreno y ginseng para la sangre, pies de cerdo y pescado para ayudarla a dar el pecho, y pollo y fruta para fortalecerla. Cuando entramos en la habitación vimos a Mengxing charlando con Xiao Yao. Estaba comiéndose uno de los huevos duros que se habían teñido de rojo para simbolizar la felicidad por el nacimiento del nuevo bebé.

Los padres y los suegros de Xiao Yao también estaban allí, y la habitación estaba llena de regalos. Xiao Yao parecía feliz y sorprendentemente fresca tras la hazaña. Supuse que haber dado a luz a un bebé era una de las razones de su gran bienestar.

Durante incontables generaciones, en China se ha tenido por cierto el siguiente proverbio: «Existen treinta y seis virtudes, pero no tener herederos es una maldición que las niega todas.» Una mujer que ha tenido un hijo es intachable.

Cuando Xiao estaba de parto había compartido sala con

otras siete mujeres. Xiao Yao había pedido varias veces a su marido que la trasladara a una habitación individual, pero él se había negado. Al recibir la noticia de que había tenido un hijo, su marido organizó inmediatamente su traslado a una habitación individual.

La estancia era pequeña pero estaba bien iluminada. Cada una de nosotras encontró un sitio donde sentarse y mis colegas empezaron a hablar animadamente. No se me da bien este tipo de conversaciones, pues no disfruto hablando de mi vida, que es una historia de familias incompletas. Siendo una niña me separaron de mi madre y de mi padre, y, ya de adulta, ni siquiera tengo mi propia familia. Tan sólo un hijo. Mientras escuchaba en silencio, doblé un pedazo de papel de regalo con el dibujo de un conejo.

Por encima de la conversación de mis colegas oí unas voces que provenían del pasillo.

Un hombre hablaba en voz baja pero decidida:

—Por favor, cambia de opinión. Sería demasiado peligroso.

—No tengo miedo. Quiero vivir la experiencia de un parto —replicó una mujer.

—Tal vez tú no tengas miedo, pero yo sí. No quiero que mi hijo sea huérfano de madre.

—Si el parto no es natural, ¿cómo voy a poder llamarme madre?

La voz de la mujer sonaba impaciente.

—Pero sabes que en tu estado no puedes...

—¡Los médicos no han dicho que fuera cien por cien imposible! —lo interrumpió la mujer—. Lo único que quiero es tener a mi hijo...

Sus voces se extinguieron a medida que se alejaban.

Cuando ya me iba, la suegra de Xiao Yao me deslizó furtivamente un retal de tela roja en la mano y me pidió que lo quemara para «espantar las malas influencias traídas por Mengxing». No osé desobedecerla. Cuando abandoné el hospital arrojé el retal en el horno de un puesto de comida rápida de la calle, pero no se lo conté a Mengxing porque ella odiaba admitir las derrotas.

Tres meses más tarde recibí una invitación a un funeral de una familia que no conocía. A menudo, los oyentes me invitaban a celebraciones familiares, pero solía tratarse de bodas. No suele invitarse a extraños a los funerales, y estaba desconcertada. La cena del funeral se celebraría en un restaurante, y no en el salón de una funeraria o de un crematorio, y en la invitación se solicitaba a los invitados que llevaran consigo el nombre de un niño. Jamás había tropezado con prácticas como aquéllas.

Decidí acudir y pensé en el nombre «Tianchi» (la llave del cielo). El anfitrión recibió a los invitados con un bebé de un mes en los brazos. Su esposa había muerto durante el parto. Cuando descubrió quién era yo, me preguntó deshecho en lágrimas por qué su esposa había rechazado que le hicieran una cesárea, sabiendo que su vida corría peligro. ¿Acaso la experiencia de un parto natural era más importante que la vida?

Me pregunté si podía tratarse de la pareja que había oído por casualidad en el hospital. Estaba conmocionada por la decisión de la mujer desconocida, pero en algún lugar profundo de mi ser comprendía su deseo de tener aquella experiencia única. Al contrario que el afligido marido, que ni lo podía ni lo sabía comprender. Me preguntó si yo podía ayudarlo a entender a las mujeres.

No sé si a su hijo le pusieron el nombre de Tianchi, pero cuando abandoné el funeral deseé que aquel hijo fuera realmente una llave llovida del cielo para él, capaz de abrirle las puertas de la mente femenina.

Sin embargo, no llegué a comprender lo que verdaderamente significa ser madre hasta que en 1992 visité la ciudad industrial de Tangshan, que había sido reconstruida tras su total destrucción durante el colosal terremoto del 28 de julio de 1976, en el que perdieron la vida trescientas mil personas.

Puesto que la emisora de radio de Nanjing era una de las más importantes de China, a menudo tenía que asistir a conferencias regionales sobre el desarrollo de la programación de radio y televisión. El único propósito de estas conferencias era más bien repetir las consignas del Partido que comprometerse en algún debate genuino. A fin de compensar por la falta de estímulo intelectual, a menudo los organizadores preparaban visitas a los alrededores para los participantes de las conferencias, lo que me brindó múltiples oportunidades de entrevistar a mujeres de diferentes zonas de China.

Durante una de estas conferencias en Tianjin tuve ocasión de visitar de cerca Tangshan. El terremoto que afectó a la ciudad en 1976 fue especialmente conocido porque provocó el derrumbe total de las comunicaciones en la China de aquella época. En 1976 el gobierno chino estaba intentado hacer frente a la muerte de tres figuras cruciales: Mao Zedong, el primer ministro Zhouenglai, y el líder militar Zhu De. Su preocupación por esta crisis, sumada a las deficiencias de la tecnología china provocaron que el terremoto pasara en un principio completamente inadvertido. La noticia no se supo hasta que un ciudadano de Tangshan recorrió todo el camino hacia Beijing; pero incluso entonces muchos creyeron que se trataba de un lunático. La agencia de noticias locales de Xinhua, encargada de cubrir el territorio de Tangshan, no se enteró del terremoto por la oficina central del gobierno, sino por la prensa extranjera, que había recibido información sobre el terremoto gracias a los más sofisticados centros de control de movimientos terrestres de otros países.

Mientras estuve en Tangshan oí hablar de un orfanato cercano fundado y dirigido por madres que habían perdido a sus hijos durante el terremoto. Me contaron que lo financiaban con el dinero de la indemnización que habían recibido. Llamé para concertar una visita. El orfanato había sido construido con la ayuda de la guarnición militar de la zona, y estaba situado en un suburbio, cerca de un sanatorio militar. Al acercarme a su baja valla de madera y a los arbustos que lo rodeaban oí voces de niños. Era un orfanato sin funcionarios, algunos lo llamaban «una familia sin hombres». Allí vivían unas cuantas madres y varias docenas de niños.

Me encontré a los niños haciendo ejercicio en el patio, y a las madres haciendo la masa de los raviolis. Las mujeres me saludaron con las manos harinosas y me dijeron que les encantaba mi programa. Todavía con los delantales puestos, me llevaron a dar una vuelta por el orfanato.

Cada madre vivía con cinco o seis niños en una gran estancia, sencillamente amueblada pero acogedora. Las viviendas de este tipo son muy comunes en el norte de China: la mitad de la estancia está ocupada por un *kang*, una especie de cama-estufa de ladrillos, o de tierra. En invierno, se puede encender un fuego debajo del *kang* para mantenerlo caliente, y por la noche todos los miembros de la familia duermen en él. Unos edredones individuales delimitan las áreas de descanso. Durante el día, los edredones permanecen enrollados a un lado y se coloca una pequeña mesa sobre el *kang*, que hace las veces de sala de estar y comedor de la familia. La otra mitad de la estancia está ocupada por armarios, un sofá y sillas para recibir a las visitas.

A diferencia de otras casas, las estancias del orfanato estaban decoradas con un derroche de colores, acordes a los gustos de los niños. Cada estancia tenía su propio estilo de decoración, aunque había tres cosas que estaban presentes en todas las habitaciones. La primera era un marco con fotos de todos los niños que habían pasado por el orfanato. La segunda era el tosco dibujo de un ojo rebosante de lágrimas,

con dos palabras escritas en la pupila: «el futuro». La tercera era un libro en el que se recogía la historia de cada uno
de los niños.

Las mujeres estaban muy orgullosas de los niños y me
obsequiaron con historias de sus proezas, aunque eran las
historias de las mujeres las que prefería escuchar.

Durante mi primera visita sólo conseguí entrevistar a
una madre, la señora Chen. Había trabajado en el ejército y
había tenido tres hijos. Hablé con ella mientras la ayudaba
a hacer los raviolis para los niños, tratándola de «tía», como
si perteneciera a la generación de mis padres.

—Tía Chen, ¿puedo preguntarle lo que pasó el día del
terremoto? Lo siento, sé que los recuerdos deben de ser muy
dolorosos...

—Está bien. No pasa un solo día sin que piense en aquello. No creo que nadie que haya sobrevivido al terremoto
pueda olvidarlo alguna vez. Fue todo tan irreal... Aquella
mañana, antes de que se hiciera de día, me despertó un extraño ruido, una especie de trueno que retumbaba y ululaba,
como si un tren estuviera entrando en casa. Creí que estaba
soñando (los sueños son tan extraños...) pero cuando estaba a punto de gritar se desplomó la mitad del dormitorio,
junto con mi marido, que estaba en la cama. De pronto, como
si fuera un escenario, apareció ante mis ojos la habitación
de los niños, que se hallaba en el otro extremo de la casa. Mi
hijo mayor se había quedado boquiabierto; mi hija lloraba
y gritaba extendiendo los brazos hacia mí, y mi hijo pequeño todavía dormía dulcemente.

»Fue todo tan rápido... El decorado que tenía ante mí desapareció de pronto como si hubiera caído el telón. Estaba
aterrorizada, pero creí que estaba teniendo una pesadilla.
Me pellizqué con fuerza, pero no desperté. En la desesperación me clavé unas tijeras en la pierna. Al sentir el dolor
y ver la sangre me di cuenta de que no era un sueño. Mi marido y mis hijos habían caído en un abismo.

»Grité como una loca, pero nadie me oyó. El sonido de paredes derrumbándose y de muebles quebrándose inundaba el aire. Me quedé ahí de pie, con la pierna sangrando, y contemplando el agujero abierto que, instantes antes, había sido la otra mitad de mi casa. Mi marido y mis preciosos hijos habían desaparecido ante mis ojos. Quise llorar, pero no tenía lágrimas. Simplemente no quería seguir viviendo.

Sus ojos se habían llenado de lágrimas.

—Lo siento, tía Chen... —tartamudeé, completamente sobrecogida.

Ella sacudió la cabeza.

—De eso hace ya casi veinte años, pero casi cada mañana, al amanecer, oigo un tren retumbante y ululante, y los gritos de mis hijos. A veces esos sonidos me dan tanto miedo que me acuesto muy temprano con los niños y pongo el despertador debajo de la almohada para que me despierte antes de las tres. Cuando suena me incorporo y me quedo sentada allí hasta que se hace de día; a veces vuelvo a dormirme después de las cuatro. Pero, pasados unos días, echo de menos esos sonidos de pesadilla porque entre ellos también están las voces de mis niños.

—¿Te hace sentir mejor tener a tantos niños a tu alrededor?

—Mucho mejor, sobre todo de noche. Los contemplo mientras duermen y me siento reconfortada, de una manera que no logro explicar. Me siento a su lado y me llevo sus manos al rostro. Los beso y les doy las gracias por mantenerme con vida.

—Los niños te lo agradecerán cuando sean mayores; es un ciclo de amor.

—Es cierto, de viejo a joven y de vuelta. Bueno, ya están hechos los raviolis; debo llamar a los niños. ¿Quieres un poco?

Me excusé diciendo que volvería al día siguiente. Mi corazón estaba demasiado afligido para permitirme hablar con alguien más. Abandoné el lugar sintiéndome emocional y físicamente agotada.

A la mañana siguiente, muy temprano, escuché en mis sueños el retumbo del tren y los gritos de los niños que tía Chen había descrito, y me desperté bañada en un charco de sudor. Los rayos de sol atravesaban las cortinas y el sonido de los niños de camino al colegio se filtraba por ellas hasta mí. Me sentí aliviada.

La reunión de aquel día terminó temprano. Rechacé educadamente una invitación para comer de unos amigos de Tianjin y tomé a toda prisa el tren a Tangshan. Una vez en el orfanato, hablé con una mujer que se llamaba señora Yang y que se encargaba de las comidas de los niños. Cuando llegué estaba supervisando la cena de los pequeños.

—Mire cómo los niños disfrutan de la comida —me dijo.

—Debe de ser porque es una buena cocinera.

—No necesariamente. Los niños disfrutan de ciertas cosas, como de la comida con formas especiales. Aunque no se trate más que de pan cocido, si tiene forma de conejito o de cachorro, comerán más. También les gustan las cosas dulces, y por tanto disfrutan con los platos agridulces y con el cerdo asado cantonés. Les gusta la comida que resulta fácil de masticar, como las albóndigas o las bolitas de verduras. Los niños siempre creen que lo que tienen sus amigos es mejor, y por eso debes dejar que elijan su comida y se la intercambien como quieran. Estimula su interés por ella. Mi hija era exactamente igual. Si le ofrecías una porción de la misma cosa sobre distintos platos se emocionaba.

La señora Yang sacudió la cabeza.

Yo le dije, indecisa:

—Tengo entendido que su hija...

—Te contaré la historia de mi hija si quieres, pero no lo haré aquí. No quiero que los niños me vean llorar. Resulta tan reconfortante verlos comer y reír así de felices, realmente me hacen...

Interrumpió su discurso, de pronto su voz se había roto por el llanto.

Intenté consolarla amablemente.

—¿Tía Yang?

—Aquí no, vayamos a mi habitación.

—¿A su habitación?

—Sí, soy la única que tiene habitación propia porque mi otra tarea es cuidar de los informes médicos y las pertenencias personales de los niños. No podemos permitir que los niños se acerquen a ellos.

La habitación de la señora Yang era muy pequeña. Una de las paredes estaba casi cubierta por completo por una fotografía que había sido ampliada hasta tal punto que parecía un cuadro de puntos de color. Mostraba una joven de ojos vivaces, con los labios separados como si fuera a hablar.

Clavando la mirada en la foto, la señora Yang dijo:

—Ésta es mi hija. Sacaron la foto cuando acabó la escuela primaria. Es la única foto que tengo de ella.

—Es muy guapa.

—Sí. Incluso en la guardería, siempre estaba actuando y haciendo discursos.

—Debió de ser muy inteligente.

—Eso creo. Nunca fue la mejor de la clase, pero nunca me dio motivos para preocuparme —dijo la señora Yang mientras acariciaba la fotografía—. Hace ya casi veinte años que me dejó. Sé que no quería irse. Tenía catorce años. Sabía de la vida y de la muerte, no quería morir.

—Me han dicho que sobrevivió al terremoto, ¿no?

—Sí, así es. Pero hubiera sido preferible que hubiera muerto aplastada al instante. Estuvo agonizando durante dos semanas, dos semanas y dos horas, sabiendo que iba a morir. Y sólo tenía catorce años —dijo la señora Yang, derrumbándose.

Incapaz de retener las lágrimas, le dije:

—Tía Yang, lo siento —y la rodeé con mis brazos.

Ella sollozó durante unos minutos y añadió:

—Estoy... estoy bien. Xinran, no puedes imaginarte lo terrible que fue. Nunca olvidaré la expresión de su rostro —dijo volviendo a mirar la fotografía con una mirada llena de amor—. Su boca estaba entreabierta, igual que aquí...

Afligida por sus lágrimas le dije:

—Tía Yang, ha estado trabajando todo el día, está cansada. Ya hablaremos la próxima vez, ¿le parece?

La señora Yang se serenó y dijo:

—No, me han dicho que tienes poco tiempo. Has venido hasta aquí sólo para escuchar nuestras historias. No puedo permitir que te vayas sin nada.

—No importa, tengo tiempo —le aseguré.

Ella se mostró decidida.

—No, ni hablar. Te lo contaré todo ahora —dijo respirando profundamente—. Mi marido había muerto un año antes y mi hija y yo vivíamos en el quinto piso de un edificio de varias plantas que nos asignó la unidad de trabajo. Sólo disponíamos de una habitación y compartíamos cocina y baño con otros vecinos. No era una habitación grande pero a nosotras nos era suficiente. Puesto que no soporto las temperaturas extremas, ni mucho frío ni mucho calor, yo ocupaba la parte de la habitación cercana a la pared interior, mientras que mi hija ocupaba la de la pared exterior. Aquella mañana me despertó un repentino estruendo, un estallido y un violento temblor. Mi hija gritó e intentó salir de la cama para acercarse a mí. Yo intenté incorporarme, pero no conseguí mantenerme en pie. Todo se inclinaba, la pared venía hacia mí. De pronto, la pared exterior desapareció y nos encontramos al filo del abismo del quinto piso. Hacía mucho calor y sólo llevábamos puesta la ropa interior. Mi hija gritó y se echó los brazos alrededor del pecho, pero, antes de que pudiera volver a reaccionar, fue arrojada al vacío por otra pared derrumbada.

»Chillé su nombre mientras me agarraba a unos colgaderos en la pared. Cuando finalmente cesó el temblor y pude incorporarme sobre el suelo inclinado, me di cuenta de que habíamos sufrido un terremoto. Busqué desesperadamente alguna manera de bajar y salí tambaleándome mientras gritaba el nombre de mi hija.

»No me había dado cuenta de que no estaba vestida. También los demás supervivientes iban ligeros de ropa. Hubo incluso quienes estaban desnudos, pero nadie prestó atención a estas cosas. Todos corríamos desesperados en medio de la penumbra, llorando y gritando los nombres de nuestros familiares.

»En mitad de la cacofonía chillé hasta quedarme afónica, preguntando por mi hija a todo aquel que se cruzaba en mi camino. Algunos de ellos me preguntaban a su vez por sus parientes. Todo el mundo tenía los ojos desorbitados y gritaba, nadie parecía asimilar nada. A medida que la gente fue dándose cuenta del horror de la situación, fue sumiéndose en un doloroso silencio. Se habría podido oír el sonido de una aguja al caer. Tenía miedo de moverme, no fuera que volviera a temblar la tierra. Nos habíamos quedado paralizados, contemplando el escenario: edificios desplomados, tuberías de agua reventadas, boquetes abiertos en el suelo, cadáveres por doquier, echados en el suelo de cualquier manera, colgando de los travesaños. Se estaba levantando una cortina de humo. No había ni sol ni luna, nadie sabía qué hora era. Nos preguntábamos si todavía seguíamos en el reino de los vivos.

Animé a la señora Yang a que tomara un poco de agua.

—¿Agua? Ah, sí... No sé cuánto tiempo pasó, pero empecé a sentir sed después de haber gritado hasta la extenuación. Alguien se hizo eco de mis pensamientos con una voz queda, «Agua...», recordando a todo el mundo que había que ocuparse de la cuestión inmediata de la supervivencia. Un hombre de mediana edad dio un paso adelante y dijo: «Si queremos seguir vivos tendremos que ayudarnos mutuamente y organizarnos». Los demás agradecimos su iniciativa entre murmullos.

»Empezaba a clarear y todo a nuestro alrededor cambió haciéndose más terrible. De pronto alguien gritó: ¡Mirad allá! ¡Hay alguien que sigue vivo!». En la pálida luz vimos a una muchacha atrapada entre los muros derrumbados de dos edificios. A pesar de que su cabellera le tapaba el rostro y que la parte inferior de su cuerpo estaba atrapada y escondida, supe por el color y el diseño de su sujetador, y por el movimiento esforzado de su torso, que se trataba de mi hija. «¡Xiao Ping!», exclamé. Repetí su nombre una y otra vez, loca de alegría y de dolor. Ella seguía retorciéndose desesperadamente y me di cuenta de que no me veía ni me oía. Me abrí paso a través de la multitud, señalando hacia ella y sollozando con voz ronca que era mi hija. Los escombros me bloqueaban el camino. La gente empezó a ayudarme intentando escalar el muro que había encajonado a mi hija, pero tenía una altura de al menos dos pisos y no disponían de herramientas. Grité el nombre de Xiao Ping una y otra vez. Seguía sin oírme.

»Unas cuantas mujeres y luego algunos hombres se unieron a mis llamadas para ayudarme. Pronto todos empezaron a gritar: ¡Xiao Ping! ¡Xiao Ping!

»Por fin nos oyó. Levantó la cabeza y utilizó la mano que tenía libre, la izquierda, para retirarse el pelo del rostro. Sabía que me estaba buscando. Parecía confusa, no lograba encontrarme en medio de la multitud de gente desnuda o medio desnuda. Un hombre que tenía al lado empezó a empujar a un lado a la gente que me rodeaba. Nadie entendió al principio lo que pretendía, pero pronto se hizo evidente que intentaba crear un gran espacio a mi alrededor para que Xiao Ping pudiera verme. Funcionó. Xiao Ping gritó «¡Mamá!» y agitó la mano que había quedado libre.

»Le devolví el saludo, pero mi voz estaba ronca y débil. Alcé los brazos y los agité. No sé cuánto tiempo pasamos llamándonos y saludándonos. Finalmente alguien me obligó a sentarme. Todavía había un gran espacio libre a mi alrededor para que Xiao Ping me pudiera ver. Ella también estaba cansada, cabeceaba y le faltaba el aliento. Visto en retrospectiva, me pregunto por qué nunca me pidió que la salvara. Jamás dijo nada parecido a «Mamá, sálvame». Jamás.

—¿Cuándo empezaste a contar las dos semanas y dos horas de las que me hablaste?

—Alguien gritó a Xiao Ping: «Son las 5.30 de la mañana, ¡pronto vendrá alguien a rescatarte!» Pretendía consolarla, animarla para que aguantase. Pero pasaron los segundos, los minutos y las horas y nadie venía a rescatarla.

—Fue porque la gente tardó en darse cuenta de lo que había pasado —dije yo, recordando el tiempo que tardó en llegarnos la noticia.

La señora Yang asintió con la cabeza.

—¿Qué clase de país era éste en 1976? Una ciudad había quedado en ruinas y habían muerto trescientas mil personas, pero nadie lo sabía. ¡Qué país tan atrasado era China entonces! Creo que si hubiéramos sido un país más avanzado se hubiera podido evitar la muerte de muchas personas. Tal vez Xiao Ping hubiera sobrevivido.

—¿Cuándo llegó el equipo de rescate?

—No puedo decirlo con seguridad. Sólo recuerdo que el ejército llegó primero. Los soldados estaban sudorosos de tanto correr, pero nadie se detuvo a recuperar el aliento antes de dispersarse y emprender el rescate. Dos soldados, equipados con cuerdas y mosquetones, empezaron a escalar la pared bajo la cual estaba atrapada Xiao Ping. Parecía que fuera a derrumbarse en cualquier momento aplastándolos a todos. Apenas era capaz de respirar, pues los veía acercarse cada vez más a ella...

La señora Yang se tomó un respiro de unos minutos y prosiguió:

—Cuando Xiao Ping vio que alguien se disponía a rescatarla, echó a llorar. El primer soldado que la alcanzó se quitó la cazadora del uniforme y la cubrió. Ella tan sólo tenía un brazo libre, por lo que el soldado tuvo que envolverla a medias con la cazadora como si fuera una túnica tibetana. El otro soldado le acercó una botella de agua a la boca. Los dos empezaron a retirar los ladrillos y las piedras alrededor de Xiao Ping y pronto descubrieron su brazo derecho, que estaba cubierto de morados y sangre. Por alguna extraña razón, de pronto dejaron de cavar. Me dirigí a ellos a gritos, preguntándoles qué pasaba, pero no me oyeron. Un rato más tarde bajaron y se vinieron hacia mí. Gesticulando con sus brazos ensangrentados me contaron que la parte inferior del cuerpo de Xiao Ping estaba atrapada entre las planchas de hormigón reforzado del muro, y que no podían retirarlas a mano. Les pregunté por qué sus manos estaban cubiertas de sangre. Se llevaron las manos a la espalda y dijeron que no se les permitía utilizar herramientas para sacar a la gente por miedo a hacerles daño.

»Después de que todo aquello hubiera acabado descubrí que las uñas y las puntas de los dedos de muchos soldados estaban destrozadas de tanto cavar, pero que se habían envuelto las manos con trapos y habían proseguido el trabajo. Algunos soldados gritaban como locos mientras cavaban, porque oían gemidos y gritos de ayuda entre los escombros. ¿Cuánto podían hacer sólo con sus manos? Los equipos de rescate pesados no podían llegar a la ciudad porque las carreteras estaban destrozadas. ¿Cuánta gente murió esperando que la rescatasen?

La señora Yang suspiró y se secó las lágrimas.

—Xiao Ping debió de ser una chica muy fuerte.

—Sí. Solía aullar por un arañazo en el brazo y palidecer al ver sangre. Pero durante aquellas últimas dos semanas se mostró tan fuerte... Incluso llegó a consolarme diciendo: «¡Mamá, no siento nada, o sea que no me duele!» Cuando finalmente liberaron su cuerpo vi que sus piernas estaban aplastadas. La persona que la amortajó para el funeral dijo que su pelvis se había roto bajo la presión. Espero que realmente hubiera perdido la sensibilidad de la parte inferior de su cuerpo durante aquellas dos últimas semanas, cuando estuvo expuesta a los elementos. Conté cada minuto. Durante todo aquel tiempo, la gente probó todo tipo de métodos para rescatarla, a todas horas, sin descansar un instante, pero ninguno funcionó.

»Finalmente, los soldados me ayudaron a escalar el muro para llegar a Xiao Ping, y construyeron un asiento improvisado para que pudiera sentarme allí y tenerla entre mis brazos durante largos períodos de tiempo. Su pequeño y débil cuerpo estaba frío como el hielo a pesar de que era verano.

»Durante los primeros días, Xiao Ping todavía pudo hablarme, moviendo las manos mientras me contaba historias. Pasado el cuarto día fue debilitándose lentamente, hasta que apenas pudo levantar la cabeza. Aunque le traían comida y medicina cada día, y a pesar de que alguien iba a cuidarla, la parte inferior de su cuerpo debió de sangrar todo el tiempo y la gangrena debió de empezar a actuar. Cada vez había más gente preocupada por ella, pero nadie pudo hacer nada por salvarla. La ciudad entera de Tangshan estaba en ruinas: simplemente no había suficientes operarios ni equipamiento para dar abasto, y las carreteras que conducían a la ciudad estaban intransitables. Mi pobre hija...

—Tía Yang —murmuré. Ambas llorábamos.

—Estoy convencida de que durante los últimos días Xiao Ping ya sabía que no había esperanza, aunque la gente se inventaba todo tipo de excusas para animarla. Yacía indefensa entre mis brazos, incapaz de moverse. En la mañana del decimocuarto día logró incorporarse a medias y me dijo: «Mamá, siento que la medicina que me has dado está surtiendo efecto. Todavía me quedan fuerzas, ¿lo ves?»

»Cuando la vieron incorporarse, la gente que la había

estado observando atentamente durante los últimos catorce días empezó a aplaudir y a ovacionarla. Yo también creí que había tenido lugar un milagro. Al ver lo excitada que estaba la gente a su alrededor, Xiao Ping pareció recuperar las fuerzas. Su rostro, hasta entonces cadavéricamente pálido, recuperó el rubor y la muchacha habló a sus admiradores en voz alta y clara, dándoles las gracias y respondiendo a preguntas. Alguien sugirió que cantara una canción y la gente allí congregada aplaudió con aprobación. Al principio, Xiao Ping se mostró tímida, pero la gente la animó: «¡Canta una canción, Xiao Ping! ¡Xiao Ping, cántanos!» Al final asintió débilmente con la cabeza y empezó a cantar: «La estrella roja brilla con una luz maravillosa, la estrella roja brilla en mi corazón...»

»Entonces todo el mundo conocía aquella canción y hubo muchos que la acompañaron en su canto. Entre tanta desolación fue como el florecimiento de la esperanza. Por primera vez en muchos días, la gente sonrió. Tras unos pocos versos, la voz de Xiao Ping se quebró y se hundió lentamente entre mis brazos.

La señora Yang se quedó en silencio un largo rato. Finalmente se sobrepuso y continuó:

—Xiao Ping no volvió a despertar. Creí que estaba dormida, pero cuando descubrí mi error ya era demasiado tarde. No tuvo unas últimas palabras para mí. Su última experiencia en este mundo fue ver a la gente cantando y sonriendo a su alrededor. Cuando el doctor me dijo que había muerto me mostré calmada. Aquellas dos semanas y dos horas me habían exprimido hasta la última gota. Tuvieron que pasar otros cuatro días hasta que por fin lograron sacar el cuerpo de Xiao Ping, que ya había empezado a heder, y entonces fue cuando estallé en lágrimas. Su cuerpo estaba en un estado... mi propia sangre y mi propia carne... ¡Me dolía tanto, tanto!

Yo sollocé con ella:

—Lo siento, tía Yang, lo siento.

—Pobre niña, a sus catorce años sólo había visto tres películas, *Guerra en las galerías*, *Guerra de minas* y *La batalla entre el norte y el sur*, y ocho operetas. Jamás pudo posar los ojos en un vestido bonito o en un par de zapatos de tacón alto...

—Ésta es una gran pena en la historia de China. Yo también provengo de aquellos tiempos y prácticamente no experimenté ni la juventud ni la belleza.

La señora Yang suspiró.

—Algunos dicen que el terremoto fue un justo castigo divino por los acontecimientos de la Revolución Cultural. Pero ¿de quiénes se vengaron los dioses? Yo jamás hice nada que pudiera ofenderlos, ni nada inmoral. ¿Por qué acabaron con mi hija?

—¡Oh, tía Yang, no digas eso! La muerte de Xiao Ping no fue un castigo. No pienses eso. Si Xiao Ping, esté donde esté ahora, supiera que estás tan afligida, se preocuparía mucho. Tienes que vivir tan bien y tan feliz como puedas, ésta es la mejor recompensa por el sacrificio de Xiao Ping, ¿no estás de acuerdo conmigo?

—Sí, es cierto... pero yo... oh, bueno, no hablemos de ello. Tienes prisa, vete y ocúpate de tus cosas, no me hagas caso.

—Gracias, tía Yang —le dije apretando su mano—. Creo que ves mucha felicidad y muchas risas entre los niños de este orfanato. Estoy convencida de que, a medida que crezcan, los niños serán la continuación del espíritu de Xiao Ping y de las bellas cosas que legó al mundo.

Alcé la mirada para contemplar el rostro de Xiao Ping y sentí que me imploraba que no abandonara a su madre. Fue como si me hablara con la voz de PanPan.

Varios días más tarde volví a Tangshan para entrevistar a la directora del orfanato, la rectora Ding.

Ding había sido funcionaria civil en el ejército durante más de diez años. Su marido había abandonado el ejército por razones de salud y ella había vuelto a Tangshan desde el suroeste de China, junto con su familia, apenas un año antes del terremoto. En él había perdido a su hija y su hijo había perdido las piernas. Más tarde, su marido había muerto de un ataque al corazón. Había criado a su hijo mutilado con la ayuda del gobierno. Él había aprendido contabilidad por sí mismo y se había ofrecido voluntario para ayudar con las cuentas cuando varias madres discutieron la viabilidad de crear el orfanato. Poco después de mi visita, el chico murió a causa de una infección de las heridas.

Para librar a la rectora Ding de aquellos recuerdos tan dolorosos, intenté entrevistar a su hijo directamente. Sin embargo él me dijo que por entonces era muy joven y que no recordaba nada del terremoto. Me dijo que su madre nunca le había contado la verdad de la muerte de su hermana. Sólo había oído ciertos rumores vagos, según los cuales no había muerto en el terremoto, sino que se había suicidado posteriormente. Le hubiera encantado hablar con su madre de ello, pero, cada vez que abordaba el tema, ella lo hacía callar.

Por tanto, no quedaba más remedio que preguntar a la rectora Ding si estaba dispuesta a concederme una entrevista. Ella aceptó pero me sugirió que esperara a las vacaciones del Día Nacional para entrevistarla. Cuando le pregunté por qué, me dijo: «No tardaré mucho en contarte mi historia, pero me desequilibrará durante varios días. Necesitaré tiempo para recuperarme.» Aquel año, el Día Nacional caía justo antes de un fin de semana, por lo que teníamos tres días libres seguidos. En China, donde las vacaciones no son habituales, significaban muchos días de asueto.

El día antes de las vacaciones, cuando acababa de llegar a Tangshan, la rectora Ding me llamó para invitarme a encontrarme con ella.

Me acerqué al orfanato e intenté tranquilizarla diciéndole que podíamos detener la entrevista en cualquier momento, si se le hacía demasiado cuesta arriba.

Ella sonrió débilmente.

—Xinran, te agradezco el detalle, pero no olvides que soy soldado y que estuve en Corea.

Asentí con la cabeza y dije:

—He oído que no perdiste a ningún miembro de tu familia durante el terremoto.

—Así es, pero la supervivencia resultó ser un desastre para todos nosotros.

—¿Tengo razón al pensar que tu marido murió de pena por la desgracia de tu hija?

—Sí, tienes razón, y yo misma estuve a punto de morir. Fue la visión de mi hijo mutilado la que me impidió hacerlo. Me veía como una parte necesaria de él; sólo así pude seguir viviendo.

Con voz quebrada apunté:

—Tu hija se suicidó porque...

—Hasta hoy, tan sólo tres personas hemos sabido por qué: mi marido, mi hija y yo.

—Vaya.

—Sí. Debes de haber oído muchas veces la gran destrucción que causó el terremoto. No hace falta que te lo repita. De hecho, las palabras no pueden describir completamente la escena. Sólo sabes lo que supone encontrarte al borde del abismo cuando has estado allí. En una situación como ésta, lo primero que haces es pensar en tu familia.

»Las sacudidas finales apenas se habían desvanecido cuando mi marido y yo logramos abandonar el edificio en el que habíamos vivido, y que estaba a punto de derrumbarse. Descubrimos que la habitación en la que dormían nuestros hijos había sido arrancada de cuajo y que no se los veía por ninguna parte. Mi corazón se encogió de miedo. Gracias a que había un aeropuerto militar cerca de allí, fuimos rescatados rápidamente por la guarnición. Pronto consiguieron sacar a mi hijo de entre los escombros, pero por entonces sus piernas ya estaban aplastadas y tuvieron que amputárselas por encima de las rodillas, como habrás podido apreciar. Fue una suerte que lo rescataran a tiempo, porque, de no ser así, en un día tan caluroso como aquél sus heridas se habrían gangrenado y puesto su vida en peligro. Cuando, al cabo de dos días, mi hija seguía sin aparecer, sentí que estaba cerca de volverme loca. Cada día veía aparecer entre los escombros a gente herida, mutilada y muerta que era retirada por los equipos de rescate. Casi nunca se trataba de una persona entera a la que no le faltara algún miembro o que no estuviera herida.

»Cuando ya estaba a punto de perder toda esperanza, alguien me contó que muchos de los heridos habían sido trasladados a las pistas de aterrizaje del aeropuerto. Tenía que ir a verlos, aunque sólo hubiera un pequeño atisbo de esperanza.

»Pero cuando por fin llegué al aeropuerto me quedé sin habla por la impresión: las largas pistas de aterrizaje estaban cubiertas de cuerpos que gemían, dispuestos en cuatro o cinco hileras. Sólo entonces fui consciente de que el terremoto no sólo había hecho temblar nuestro edificio, sino que había destruido toda una ciudad de cientos de miles de habitantes. Totalmente aterrorizada, empecé a buscar a mi hija entre las hileras de gente muerta y herida. Sin duda, todos estaban vivos cuando llegaron, pero algunos habían muerto antes de que hubiera habido tiempo para administrarles los primeros auxilios. Resultaba difícil identificar a la gente: apenas llevaban ropa; los rostros de algunas de las mujeres estaban ocultos tras sus cabelleras; otros estaban cubiertos de barro. Al cabo de medio día no había llegado a repasar siquiera media pista de aterrizaje. Cuando cayó la noche me dirigí a las tiendas que la guarnición nos había proporcionado. Pensaba seguir buscando a la mañana siguiente.

»Había mucha gente durmiendo en la tienda en la que yo dormía. No se hacía distinción de sexos, ni tampoco entre pobres y ricos. La gente se dejaba caer allí donde hubiera un hueco, exhaustos tras la búsqueda desesperada que habían realizado, sin comer ni beber, movidos por la esperanza de encontrar a sus seres queridos.

»Cuando estaba a punto de dormirme, las voces de dos hombres me llegaron desde muy cerca:

»—¿Qué haces? ¿Todavía no duermes?

»—Estoy pensando en la chica...

»—¿Todavía?

»—No estoy pensando en *eso*. Tan sólo me preguntaba si habrá muerto después de que la arrojáramos a aquel lugar.

»—¡Maldita sea! ¡No lo había pensado!

»—Lo que hicimos ya estuvo mal, ¿qué pasa si se muere?

»—¿Qué quieres decir con eso? ¿Quieres ir a averiguarlo? Si es así, mejor que lo hagamos cuanto antes. Porque así todavía habrá sitio para nosotros cuando volvamos, si no, durmiendo a la intemperie, la lluvia nos calará hasta los huesos.

»Miré a mi alrededor para ver quién hablaba y me sobresalté al ver un pedazo de cuerda multicolor que pendía de los *shorts* de uno de los hombres. Parecía la cuerda con la que mi hija solía recogerse el pelo. No quería creer que estuvieran hablando de mi hija pero ¿y si así era? Me precipité hacia los dos hombres y les pregunté de dónde habían sacado la cuerda multicolor. No supieron darme una respuesta convincente, y aquello me hizo sospechar aún más. Les grité ferozmente, preguntándoles dónde estaba la muchacha de la que los había oído hablar. Asustados, murmuraron algo acerca de una zanja en una lejana pista de aterrizaje, y huyeron. Ya no pude preguntarles más detalles, y aún menos alcanzarlos. Todo lo que quería saber era si la muchacha era mi hija.

»Salí corriendo en la dirección que los hombres me habían indicado. Cuando hube alcanzado el borde de una zanja oí unos gemidos desmayados, pero no pude ver quién era en medio de la oscuridad. En ese preciso momento se acercaron a mí dos soldados que estaban de patrulla. Llevaban linternas y vigilaban a los heridos que yacían en las pistas de aterrizaje. Les pedí que iluminaran la zanja. A la débil luz de las linternas vimos a una muchacha desnuda. En aquel momento, mis sentimientos estaban totalmente confundidos: una parte de mí deseaba que fuera mi hija; la otra que no. Cuando los dos soldados me ayudaron a trasladarla a la pista de aterrizaje descubrí que realmente era mi hija.

»¡Xiao Ying, Xiao Ying!» grité, pero ella me miró completamente aturdida, sin mostrar la más mínima reacción. «¡Xiao Ying, soy mamá!» De pronto descubrí que la parte inferior de su cuerpo estaba pegajosa y mojada, pero no hubo tiempo para darle más vueltas y la vestí rápidamente con la ropa que nos prestaron los dos soldados. Por extraño que parezca, Xiao Ying volvió a bajarse los pantalones.

»Cuando le pregunté por qué lo había hecho, ella se limitó a cerrar los ojos y empezó a canturrear. Estaba muy cansada y pronto se quedó dormida. Yo estuve cabeceando largo tiempo hasta que finalmente me dormí también.

»Al amanecer me despertó el rugido de un avión. Al ver a Xiao Ying echada a mi lado me quedé muda de asombro: estaba quitándose los pantalones con una extraña sonrisa en los labios, y sus piernas e ingles estaban llenas de sangre. Sólo entonces recordé las palabras de los dos hombres. ¿Se habían aprovechado del desastre para violarla? No osaba creerlo. Y mi hija, una muchacha radiante y vivaz, había perdido la cabeza.

»El doctor dijo que Xiao Ying había sufrido un shock demasiado grande y nos contó a mi marido y a mí que sin duda había sido víctima de una violación múltiple. Eso fue todo lo que oí antes de desmayarme. Cuando volví en mí mi marido tenía cogida mi mano y las lágrimas corrían por su rostro. Nos miramos sin decir nada y lloramos: nuestra hija había sido agredida de la peor manera y había enloquecido, las piernas de nuestro hijo habían sido amputadas...

La rectora Ding se quedó callada.

—¿Puedo preguntarte si pusisteis a tu hija en tratamiento? —pregunté en voz queda.

—Sí, lo hicimos, pero no comprendimos que siguiera sintiendo terror aun después de recuperarse. Dos años y medio más tarde, precisamente cuando su memoria empezaba a volver a la normalidad, el día antes de su vuelta a casa, donde emprendería una nueva vida, se ahorcó en la habitación del hospital. En la carta que nos dejó decía:

> Queridos mamá y papá:
>
> Lo siento, no puedo seguir viviendo. No deberíais haberme salvado. No hay nada en mis recuerdos aparte del mundo hundiéndose y la crueldad y violencia de aquellos hombres. Es todo lo que me queda en este mundo, y no puedo vivir con esos recuerdos cada día. Recordar resulta demasiado doloroso. Me voy.
>
> Vuestra hija,
>
> XIAO YING

—¿Cuántos años tenía Xiao Ying entonces? —pregunté.

—Dieciséis, y su hermano once —dijo la rectora Ding, e hizo una pausa—. Mi marido se tiraba de los pelos a la vez que decía que él era quien había hecho daño a la niña, pero naturalmente la culpa no era suya. Aquella noche no vino a la cama hasta muy tarde. Yo estaba agotada y me fui a dormir, pero cuando desperté su cuerpo estaba frío y su rostro congelado en una mueca de tristeza. El certificado de defunción expedido por el doctor establece que murió de un ataque al corazón causado por agotamiento extremo.

De pronto me costó respirar y dije entre gemidos:

—Rectora Ding, resulta muy duro imaginarse cómo pudiste soportarlo.

Ella asintió resignada con la cabeza.

—¿Y no quiso que su hijo lo supiera?

—Él ya había tenido que soportar el dolor físico. ¿Cómo iba a soportar el mismo daño en su mente y en sus sentimientos?

—Sin embargo, usted siguió adelante valientemente.

—Seguí adelante, pero no fui realmente valiente. Yo soy de las que se muestran fuertes delante de la gente, lo que se dice un pilar para las demás mujeres, pero cuando me quedo a solas me paso la noche llorando: por mi hija, por mi marido, por mi hijo y por mí. A veces los echo tanto de menos que apenas soy capaz de seguir respirando. Hay quien dice que el tiempo cura todas las heridas, pero a mí no me las ha curado.

En el tren de vuelta a casa no paré de llorar. Volví a llorar cuando saqué la pluma para poner por escrito las experiencias de aquellas madres. Me resulta muy difícil comprender su coraje. Todavía están vivas. El tiempo las ha llevado al presente, pero cada minuto, cada segundo que han vivido, han luchado con imágenes que les ha dejado la muerte; y cada día y cada noche han soportado el doloroso recuerdo de haber perdido a sus hijos. No es un dolor que pueda borrar la voluntad de un ser humano: cualquier objeto doméstico, por insignificante que sea, una aguja y un hilo, un palillo y un bol, puede retrotraerlas a los rostros sonrientes y a las voces de las almas muertas. Sin embargo, deben permanecer vivas; tienen que abandonar sus recuerdos y volver a la realidad. Sólo ahora comprendo por qué había una fotografía de un ojo en cada habitación del orfanato —aquel ojo enorme, desbordado de lágrimas, el ojo con «el futuro» escrito en la pupila. No guardaron bajo llave la bondad maternal junto con el recuerdo de sus hijos; no se sumieron en un mar de lágrimas esperando compasión. Con la grandeza propia de las madres crearon nuevas familias para niños que habían perdido a sus padres. Para mí, estas mujeres son la prueba de la fuerza inimaginable de las mujeres chinas. Como madre puedo imaginarme la pérdida que debieron sufrir, pero no sé si yo hubiera sido capaz de mostrarme tan generosa en medio de su dolor.

Cuando presenté un programa de radio basado en estas entrevistas recibí más de setecientas cartas en tan sólo cinco días. Algunos oyentes me pidieron que presentara sus respetos a las madres del orfanato y les diera las gracias. Otros enviaron dinero, rogándome que comprara regalos para los niños. Compartieron los sentimientos que el programa había despertado en ellos: una mujer me dijo que se sentía agradecida por sus hijos; una chica me dijo que quería abrazar a su madre por primera vez en la vida; un chico que había abandonado su casa meses atrás me contó que había decidido volver con sus padres y pedirles perdón. Todos y cada uno de los escritorios de la oficina estaban cubiertos de estas cartas, y una enorme caja de cartón que había al lado de la puerta rebosaba de regalos para los niños y las madres. En la caja había cosas del viejo Chen, del Gran Li, de Mengxing, de Xiao Pao, del viejo Zhang... y de muchos otros colegas.

6

En lo que creen las mujeres chinas

No había olvidado las tres preguntas de la estudiante universitaria Jin Shuai: ¿Qué filosofía tienen las mujeres?, ¿qué significa la felicidad para una mujer? y ¿qué es lo que hace una buena mujer? En el transcurso de mis investigaciones para el programa intenté contestarlas.

Pensé que sería interesante pedir la opinión de mis colegas mayores y más experimentados, el Gran Li y el viejo Chen, acerca de la filosofía que guiaba la vida de las mujeres. Obviamente, en unos tiempos en que la fe en el Partido estaba por encima de todo lo demás, debía mostrarme cautelosa a la hora de plantearles la pregunta: «Naturalmente, las mujeres creen en el Partido por encima de todo —comencé diciendo—, pero ¿tienen otras creencias?»

Al viejo Chen le entusiasmó el tema.

—Las mujeres chinas tienen fe religiosa —dijo—, pero parecen capaces de creer en diferentes religiones a la vez. Las mujeres que confían en los ejercicios espirituales y físicos de *qigong* siempre están cambiando la clase de *qigong* que practican y el maestro al que siguen, y también sus dioses van y vienen. No puede reprochárseles: las miserias de la vida las hacen anhelar una salida. Como dijo el presidente Mao Zedong: «la pobreza da origen al deseo de cambio». Ahora creemos en Mao Zedong y en el comunismo, pero antes creíamos en el cielo, en el Emperador Celestial, en Buda, en Jesucristo y en Mahoma. A pesar de nuestra larga historia, no tenemos una fe nativa. Los emperadores y los gobernan-

tes eran considerados deidades, pero cambiaban constantemente y la gente se acostumbró a rendir culto a diferentes
dioses. Como dice el proverbio: «Para cien hombres existen
cien creencias.» De hecho podría decirse que no existe una
verdadera fe. Las mujeres son mucho más pragmáticas que
los hombres, por lo que tienden a cubrirse las espaldas. No
acaban de decidir qué dios tiene poder o qué espíritu es útil,
y por tanto creen en todos ellos, para estar del lado seguro.

Yo sabía que lo que decía era verdad, pero me preguntaba cómo la gente conseguía reconciliar las doctrinas
—entre sí antagónicas— de las diferentes religiones. El viejo Chen parecía haber adivinado mis pensamientos:

—Creo que prácticamente ninguna mujer entiende lo
que es la religión. La mayoría sólo intenta no ser menos
que los demás, por miedo a estar en desventaja.

El Gran Li estuvo de acuerdo con el viejo Chen. Señaló
que, sobre todo después de que se proclamara la libertad
de religión en 1983, había familias que tenían varios alta-
res dedicados a diferentes dioses. La mayoría de la gente que
rezaba sólo lo hacía para pedir riqueza u otros beneficios.
Nos habló de sus vecinos: en la familia, un abuelo era budis-
ta y el otro taoísta, por lo que siempre estaban discutiendo. Alejada de los palillos de incienso, la nieta cristiana había
colgado una cruz; los abuelos la regañaban constantemente
por ello, aduciendo que los había condenado a una muerte temprana. La madre de la muchacha creía en una especie
de *qigong* y el padre creía en el Dios de la Riqueza. Ellos también discutían sin parar: la mujer reprochaba al marido que
su codicia había dañado su estatus espiritual, y el marido
la acusaba a ella de que su mala influencia atentaba contra
su riqueza. El poco dinero que tenía esta familia se iba en
rituales religiosos o imágenes sagradas, pero no por ello eran
más ricos o más felices.

El Gran Li también nos habló de una empresaria de la que
se decía que era muy religiosa. En los discursos públicos solía

aclamar al Partido Comunista como la única esperanza de China, y en cuanto se bajaba del podio predicaba el budismo, advirtiendo a la gente que en su próxima vida se les recompensaría en función de sus acciones en ésta. Cuando cambiaba la dirección del viento, la mujer propagaba la noticia de alguna forma de *qigong* milagroso. Un miembro de su unidad de trabajo dijo en una ocasión que ella era capaz de llevar a la vez la insignia del Partido Comunista en la solapa del abrigo, una imagen de Buda en las braguitas y un retrato del gran maestro Zhang de la secta Zangmigong en el sujetador. Al ver mi incredulidad, el Gran Li me aseguró que esta mujer salía a menudo en los periódicos. Cada año era escogida la Trabajadora Modélica y en muchas ocasiones había sido elegida Miembro Destacado del Partido.

—En el Partido no deben de ver con buenos ojos su devoción religiosa —dije de forma algo irreverente.

El viejo Chen golpeó la mesa y dijo con severidad:

—Xinran, ándate con cuidado. Palabras como éstas podrían hacerte perder la cabeza.

—¿Seguimos teniendo que tener miedo?

—¡No seas ingenua! En los años cincuenta, el Partido hizo una llamada para que «dejéis que florezcan cientos de flores, dejéis que compitan cientos de escuelas de pensamiento». ¿Qué ocurrió entonces? Aquellos que contestaron a la llamada fueron encarcelados o enviados a aldeas pobres de las montañas. Algunos no hicieron más que expresar sus ideas en los diarios, pero también tuvieron que soportar la crítica pública y el encarcelamiento.

El viejo Chen era genuinamente un hombre bueno.

—No deberías hablar demasiado de religión y fe —me advirtió—. Lo único que conseguirás será llamar a la mala suerte.

A lo largo de los siguientes años entrevisté a un buen número de mujeres acerca de sus creencias, y confirmé que realmente eran capaces de creer en una amplia variedad de religiones a la vez. En Zhengzhou conocí a una dirigente del Partido retirada que había conseguido reconciliar la devoción que sentía hacia el Partido Comunista con una fuerte fe en el *fangxiang gong*, una derivación del *qigong* que consiste en hacer que el maestro emita una fragancia a través de la cual inhalas su bondad y desarrollas la fuerza de tu cuerpo. Anteriormente había creído en los ejercicios para mantenerse en forma y en las infusiones de hierbas. Cuando le pregunté si creía en el budismo me pidió que bajara la voz pero reconoció que sí, que creía. En su familia, los ancianos siempre habían dicho que era preferible creer en todo que en nada. También me contó que a finales de año solía creer en Jesucristo, que era el Padre Navidad y acudía a tu casa para ayudarte. Cuando expresé mi sorpresa al oír que Jesucristo era la misma persona que el Padre Navidad, me respondió que yo era demasiado joven para comprenderlo, y me pidió que no hablara a nadie de nuestra conversación:

—Nosotros decimos: «En casa, cree en tus propios dioses y haz lo que te plazca; fuera, cree en el Partido y ándate con cuidado con lo que haces.» Pero no me gustaría que nadie se enterara de lo que acabo de decir. No quiero que vuelvan a crearme problemas a mi edad.

—No te preocupes, no se lo contaré a nadie —le aseguré. La mujer parecía no estar convencida:

—Eso es lo que dices ahora, pero en estos tiempos ¿en quién puedes confiar?

Por entonces, la práctica del *qigong* estaba ganando terreno en China. La gente creía enteramente en los maestros que lo practicaban, pero yo recelaba de su poder. En 1995 conocí a una profesora de la Universidad de Beijing que era una ferviente seguidora de un nuevo tipo de *qigong* (llamado *falun gong*) o mejor dicho de su fundador, Li Hongzhi. Li Hongzhi enseñaba que el mundo estaba dividido en tres niveles: el nivel del guardián (es decir, él mismo); el nivel perteneciente a los espíritus de virtudes inusuales (es decir, el Dios cristiano, Buda, etc.), y el tercer nivel, donde habitaba la gente de a pie.

—El maestro Li es el dios que salvará a la humanidad del montón de basura en que se ha convertido este mundo —me dijo—. Él no se apoya en la magia para salvar a la gente, sino que le ofrece ejercicios espirituales para aumentar las virtudes de la verdad, la bondad y la tolerancia, y así prepararla para la ascensión a los cielos.

También me dijo que creía en el Dios cristiano, y pareció preocupada cuando le pregunté cómo era eso posible, si Li Hongzhi había dicho que para practicar el *falun gong* no había que llevar otros dioses ni otros espíritus en el corazón.

¿Y qué decir de la gente joven? En una ocasión conocí a dos jóvenes de unos veinte años delante de la iglesia protestante de la calle Taiping del Sur de Beijing. Una de ellas iba vestida a la moda y llevaba su larga y brillante cabellera suelta. La otra no iba tan bien vestida y llevaba el pelo recogido en una cola. Supuse que la muchacha elegante acudía a la iglesia porque estaba de moda y que su amiga lo había hecho por curiosidad, pero me equivoqué.

Les pregunté si acudían a la iglesia a menudo.

Mirando a la amiga, la muchacha bien vestida contestó:

—Es mi primera vez, ella me arrastró.

La muchacha de la cola de caballo dijo rápidamente:

—Ésta es mi segunda vez.

—¿La primera vez acudiste por iniciativa propia, o te trajo alguien? —pregunté.

—Vine con mi abuela, ella es cristiana —me contestó.

—Y tu madre también ¿no? —le preguntó la amiga.

—Bueno, mi madre dice que lo es, pero nunca ha ido a la iglesia.

Pregunté a las dos:

—¿Creéis en el cristianismo?

La muchacha bien vestida replicó:

—Jamás he creído, simplemente he oído que es bastante interesante.

—¿Qué quieres decir con «interesante»? —tanteé.

—Hay tanta gente en el mundo que cree en Jesucristo y en el cristianismo... Creo que algo tiene que tener.

—De acuerdo, pero también hay mucha gente que cree en el islam y el budismo, ¿qué me dices de ellos? —le pregunté.

Ella se encogió de hombros y dijo:

—No lo sé.

Su amiga dijo entonces:

—De todos modos, las mujeres tienen que creer en algo cuando llegan a los cuarenta.

Su razonamiento me dejó pasmada:

—¿Ah, sí? ¿Por qué?

—Fíjate en la gente que acude a las iglesias para rezar y encender incienso en los templos. Son todas mujeres de mediana edad.

—¿Por qué crees que es así?

La muchacha bien vestida interrumpió y respondió crípticamente:

—Los hombres trabajan duro por dinero, las mujeres trabajan duro porque ésa es su fe.

Su amiga dijo:

—Mi abuela dice que no creía en Dios cuando era joven, pero desde que empezó a creer, hubo muchas cosas que dejaron de preocuparla como solían hacerlo. Y mi madre dice que desde que empezó a creer en Dios dejó de pelearse con mi padre. Es cierto, solían discutir ferozmente, pero ahora, si mi padre pierde los papeles, mi madre se acerca a la cruz para rezar y mi padre se queda callado.

—De todos modos, las mujeres son incapaces de llevar a cabo algo grande. Rezar a un dios siempre será mejor que jugar al *mah-jong* —dijo la muchacha bien vestida.

Su frívolo comentario me dejó pasmada y le pregunté:

—¿Qué tiene que ver el *mah-jong* con la religión? ¿Cómo puede equipararse el *mah-jong* con la religión?

La muchacha de la cola de caballo dijo:

—No se trata de eso. Mi madre dice que la gente que no cree en nada vive la vida día a día. Si tuvieran dinero podrían pasárselo bien, pero no tienen suficiente para irse de viaje, ni siquiera para salir a tomar una copa. Por tanto, se quedan en casa jugando al *mah-jong*. Al menos así podrán ganar un poco de dinero.

—¿Y qué me dices de las mujeres religiosas? —pregunté.

—La gente que cree en algo es diferente —dijo la muchacha bien vestida sacudiendo la cabeza.

Su amiga confirmó sus palabras:

—Muy diferente. Las mujeres religiosas leen las escrituras, asisten a la iglesia y ayudan a los demás.

—¿Es decir que en cuanto cumpláis los cuarenta os haréis creyentes? —les pregunté.

La muchacha bien vestida se encogió de hombros evasivamente, pero su amiga contestó con firmeza:

—Si por entonces soy rica, no creeré. Pero si sigo tan pobre como ahora, creeré.

—¿Y a qué religión te encomendarás? —le pregunté.

—Eso dependerá de la religión que entonces esté de moda —contestó ella.

Las muchachas se marcharon y yo me quedé boquiabierta delante de la iglesia.

7

La mujer que amaba a las mujeres

Mis colegas solían decir: «Los periodistas se vuelven cada vez más tímidos.» A medida que fui adquiriendo experiencia en la radio e intenté ampliar los límites de mi programa, empecé a entender el significado de estas palabras. En cualquier momento, un periodista puede cometer un error que ponga en peligro su carrera e incluso su libertad. Viven cautelosamente circunscritos a un conjunto de normas, cuyo quebranto acarrea serias consecuencias. La primera vez que presenté un programa de radio, mi supervisor parecía tan angustiado que creí que se desmayaría. Más tarde, cuando me nombraron jefa de departamento, descubrí que, de acuerdo con las regulaciones de la televisión y la radio chinas, si una emisión se interrumpía durante más de treinta segundos, se hacía circular el nombre de la persona responsable del turno por todo el país: una medida disciplinaria que podía afectar gravemente futuras promociones. Aun los más insignificantes errores podían significar una reducción de la prima de aquel mes (que superaba con creces el sueldo), y a menudo los errores graves conducían a la degradación, si no al despido.

Los periodistas de la emisora de radio debían asistir dos o tres veces a la semana a clases de estudio político. Las sesiones de estudio comprendían las opiniones de Deng Xiaoping acerca de la política de reformas y apertura y la teoría económica de Jiang Zemin. Nos bombardeaban una y otra vez con los principios y la trascendencia política de las noticias, y no había sesión en la que no se condenara a varios colegas por alguna falta: por no anunciar los nombres de los líderes de acuerdo con el orden jerárquico establecido en un programa, por no transmitir lo esencial de la propaganda del Partido en un comentario, por falta de respeto hacia los mayores, por no revelar una relación amorosa al Partido, por comportamiento «impropio»... Todas estas infracciones y más eran criticadas. Durante estas sesiones sentía que China seguía en las garras de la Revolución Cultural: la política seguía dirigiendo todos los aspectos de la vida diaria, sometiendo a ciertos grupos de personas a la censura y a juicio para que los demás sintieran que conseguían algo.

Me resultaba muy difícil retener toda aquella información política en la cabeza, pero al menos tenía asegurado que me recordaran asiduamente el precepto más importante: «El Partido va a la cabeza en todo.» Y un día llego el momento en que mi comprensión de este principio fue puesta a prueba.

El éxito de mi programa dio lugar a grandes alabanzas. La gente se refería a mí como a la primera locutora que osaba «levantar el velo» de las mujeres chinas, la primera periodista de temas femeninos que se atrevía a hurgar en la verdadera realidad de sus vidas. La emisora de radio me había promocionado y yo había conseguido un considerable número de patrocinadores financieros. También logré, por fin, crear un programa de «línea caliente» y recibir llamadas de los oyentes en directo.

Todos los estudios de emisión en directo constaban de dos salas, una ocupada por la mesa del locutor, su música y sus notas, y la otra por una sala de control. Las llamadas a mi línea caliente me llegaban a través de la controladora de emisión, que manejaba el mecanismo temporizador. Éste le ofrecía diez segundos para decidir si una llamada era inapropiada para ser emitida y suprimirla sin que se dieran cuenta los oyentes.

Una noche, cuando me disponía a serenar mi programa con un poco de música suave —que era lo que solía hacer durante diez minutos al final de la emisión— recogí una última llamada:

—Xinran, hola, llamo desde Ma'anshan. Gracias por tu programa. Da mucho que pensar y me ayuda a mí y a muchas otras mujeres. Hoy me gustaría preguntarte qué piensas de la homosexualidad. ¿Por qué hay tanta gente que dispensa un trato discriminatorio a los homosexuales? ¿Por qué es ilegal la homosexualidad en China? ¿Por qué la gente no entiende que los homosexuales tienen los mismos derechos y opciones en la vida que los demás?...

La oyente seguía dando rienda suelta a sus preguntas y el sudor frío empezó a brotar en mi frente. La homosexualidad era un tema prohibido según el reglamento que rige los medios de comunicación, y yo me pregunté desesperadamente por qué la controladora no había suprimido la llamada inmediatamente.

No había forma de evitar la cuestión: miles de personas esperaban mi respuesta y yo no podía permitir que supieran que se consideraba un tema prohibido. Tampoco podía decirle que el tiempo se había agotado, pues todavía quedaban quince minutos para el final del programa. Subí la música mientras repasaba desesperadamente todo lo que había leído alguna vez acerca de la homosexualidad e intenté idear una manera de tratar el tema diplomáticamente. La mujer acababa de hacer una pregunta perspicaz que debió de perdurar en la mente de los oyentes:

—La homosexualidad tiene su propia historia, desde la Roma antigua en Occidente y las dinastías Tang y Song en China, hasta hoy. Existen argumentos filosóficos que establecen que cualquier cosa existe por una razón concreta. Entonces ¿por qué en China se considera la homosexualidad exenta de razón?

En aquel momento vi a través del tabique de cristal que

la controladora hablaba por el teléfono interno. Palideció e inmediatamente cortó la comunicación en medio de una frase de la oyente, sin reparar en la regla estricta que prohibía hacerlo. Segundos más tarde, el director en funciones irrumpió en la sala de control y me dijo a través del intercomunicador:

—¡Ten cuidado, Xinran!

Dejé que la música sonara durante más de un minuto antes de conectar el micrófono.

—Buenas noches, amigos de la radio, están escuchando «Palabras en la brisa nocturna». Me llamo Xinran y quiero debatir en directo el mundo de las mujeres con ustedes. Entre las diez y las doce cada noche pueden sintonizar historias de mujeres, escuchar sus corazones y aprender de sus vidas. —Hice todo lo que pude por rellenar el tiempo en antena mientras ordenaba mis ideas.

»Acabamos de recibir una llamada de una oyente que sabe mucho de la sociedad y la historia, y que comprende las experiencias de un grupo de mujeres que tienen un estilo de vida poco convencional.

»Por lo que sé, la homosexualidad no es sólo, como bien dijo la oyente, fruto de una sociedad moderna: hay constancia de su existencia en la historia de Oriente y Occidente. Dicen que durante las guerras de conquista en la Roma antigua los gobernantes incluso animaban a sus soldados a practicar la homosexualidad. Sin embargo, por aquellas épocas tal vez fuera más una cuestión de utilidad de la homosexualidad que de una aprobación de ella. Las relaciones homosexuales ayudaban a los soldados a soportar la guerra y la añoranza de los familiares. En una contienda cruel, los lazos emocionales establecidos entre los soldados les daban ímpetu para vengar a amantes muertos o heridos.

»En China, la homosexualidad no se limitó a las dinastías Tang y Song; ya hay constancia de ella en la antigua dinastía Wei. Los testimonios provienen todos de la corte im-

perial. Sin embargo, la homosexualidad nunca ha domina-
do la sociedad, tal vez porque el género humano tiene una
necesidad innata de que haya amor entre hombres y mujeres, y una necesidad de procreación. Como dijeron los hombres sabios de la China clásica: «Todo compite por encontrar su lugar y el cielo elige.»

»Estamos de acuerdo en que todo el mundo tiene derecho a elegir el estilo de vida que quiere seguir y a satisfacer
sus necesidades sexuales. Sin embargo, la humanidad se
encuentra en un estado constante de transición. Todos los
países, regiones y grupos étnicos se mueven hacia el futuro de la humanidad lo mejor que pueden en busca del sistema perfecto. Ninguno de nosotros puede todavía llegar a
una conclusión acerca de lo acertado y lo equivocado de este
viaje, y hasta que alcancemos la perfección necesitamos
gobiernos que puedan guiarnos. También necesitamos tolerancia y comprensión.

»No creo que la herencia sea el único factor que deter-
mina la homosexualidad, como tampoco creo que el entorno familiar pueda ser el único responsable. La curiosidad es
aún menos creíble como única explicación de la homosexualidad. Creo que sus fuentes son muchas y variadas. Todos
tenemos experiencias diferentes en la vida y tomamos decisiones similares, aunque diferentes. Reconocer las diferencias significa que no debemos esperar que los demás estén
de acuerdo con nuestras opiniones relativas a la homosexualidad: tales suposiciones podrían llevarnos a prejuicios
de otra índole.

»A nuestros amigos homosexuales que han experimentado los prejuicios de la sociedad quiero pedirles perdón en nombre de la gente inmisericorde con la que habéis
tropezado. Todos tenemos necesidad de comprensión en
este mundo.

Subí el volumen de la música, desconecté el micrófono
y respiré hondo. De pronto descubrí que la sala de control

al otro lado del tabique de cristal estaba atestada por los principales empleados de la emisora. El director y el director de programación entraron precipitadamente en el estudio, cogieron mis manos y las estrecharon vigorosamente.

—¡Gracias, gracias, Xinran! ¡Contestaste muy pero que muy bien! —dijo el director de la emisora, que tenía las palmas de las manos húmedas de sudor.

—¡Nos has salvado el pellejo! —tartamudeó el director de programación con las manos temblorosas.

—¡Ya basta de tanta charla, salgamos a tomar algo! Lo cargaremos a la cuenta de la oficina —dijo el viejo Wu, encargado de la administración. Me sentía arrollada por la atención que me prestaban.

Más tarde descubrí lo que había pasado. La controladora de emisión me contó que había estado preocupada por los exámenes de ingreso en la universidad y que no había prestado atención a la llamada hasta que el director en funciones la había telefoneado presa del pánico. El viejo Wu había estado escuchando el programa en casa, como solía hacer cada día, y, al darse cuenta de que el programa había entrado en terreno minado, llamó inmediatamente al director de programación, que se apresuró a llamar al director de la emisora: estar al corriente de la situación y dejar de dar cuenta de ello hubiera supuesto un fallo aún más grave. Todos se dirigieron a toda prisa a la emisora, escuchando mi programa de camino. Cuando finalmente llegaron a la sala de control, la crisis se había solucionado por sí sola.

La primera vez que oí hablar de la homosexualidad fue en la universidad. Debido a que tenía un buen cutis, las estudiantes me pusieron el mote de *Clara de Huevo* o *Bola de Nieve*, y a menudo acariciaban mis mejillas y mis brazos con muestras de admiración. Al observar este comportamiento, un instructor me dijo en broma:

—¡Cuidado con los ataques homosexuales!

Conocía la palabra «ataque» por lo que se refiere a agresión física, pero no tenía ni idea de lo que estaba hablando el instructor. Me explicó lo siguiente:

—La homosexualidad es una mujer que ama a otra mujer o un hombre que ama a otro hombre. Va en contra de la ley.

—¿Pero qué dices? ¿Va en contra de la ley que una madre ame a su hija o que un padre ame a su hijo? —contesté.

El instructor sacudió la cabeza.

—Estas relaciones son de sangre, no de amor sexual. Oh, no vale la pena hablar contigo. Es como tirar perlas a un cerdo. Olvídalo, olvídalo.

Más tarde oí hablar de la homosexualidad durante una reunión entre antiguas colegas de mi madre. Por lo visto, mi madre había trabajado en una ocasión con dos mujeres que compartían habitación. Cuando mejoraron las condiciones y la unidad de trabajo les asignó habitaciones separadas rechazaron la oferta. Se comportaban como hermanas, por lo que entonces nadie le prestó demasiada atención. Sus contemporáneos estuvieron ocupados con sus cortejos, matrimonios y niños, y luego con sus nietos. Llegados a un estado de agotamiento físico y mental por las exigencias de sus familias y alcanzada una edad avanzada, recordaron a las dos mujeres y envidiaron la vida de desahogo y relajación que habían compartido. Todo el chismorreo y las especulaciones que a nadie habían preocupado en la juventud emergieron en la madurez, y el grupo de antiguas compañeras de trabajo concluyó que las dos mujeres eran homosexuales.

Mientras escuchaba las conversaciones de aquellas señoras y las conclusiones a las que llegaban, pensé en cuán libres de preocupaciones estaban las dos mujeres: probablemente no abrigarían sentimientos amargos hacia los hombres, y desde luego no sentirían el profundo desasosiego de las madres por sus hijos. Tal vez la homosexualidad no fuera tan mala, al fin y al cabo —pensé—, tal vez no era más que otro camino que tomar en la vida. No comprendía cómo podía ir en contra de la ley, pero parecía que no había nadie a quien preguntarle sobre el asunto.

En una ocasión fui lo suficientemente valiente para plantearle la cuestión a la jefa de ginecología de un hospital.

Ella me miró sorprendida y me preguntó:

—¿Cómo se te ha ocurrido preguntar acerca de este tema?

—¿Por qué? ¿Acaso está mal preguntar? Sólo quiero saber qué es lo que hace que estas mujeres sean distintas a las demás.

—Aparte de algunas diferencias en la manera de pensar y el comportamiento sexual, no son diferentes a las demás mujeres normales y corrientes —dijo la ginecóloga, pasando de puntillas por encima del tema.

Yo seguí presionándola:

—Si la manera de pensar y el comportamiento sexual de una mujer son distintos a los de las demás mujeres, ¿sigue contando como una mujer normal?

La ginecóloga no supo explicármelo o no estaba preparada para hacerlo.

La tercera vez que me encontré con el tema de la homosexualidad fue cuando la emisora me encargó que cubriera una campaña de orden público puesta en marcha en la ciudad.

Cuando el organizador de la campaña me vio, exclamó:

—¿Cómo ha podido la emisora de radio enviar a una mujer? ¡Tiene que ser una equivocación! Bueno, ya que estás aquí puedes quedarte. Pero me temo que tendrás que hacer un reportaje de seguimiento y no uno en directo.

Sus colegas se rieron a carcajadas, pero yo me quedé igual, sin comprender a qué se debía su arrebato. En cuanto empezó la operación, el motivo de sus risas se hizo evidente: estaban realizando inspecciones sorpresa a lavabos públicos masculinos —que apestaban a mil demonios— y arrestan-

do a los hombres que sorprendían en actitudes homosexuales.

Yo tenía mis dudas en cuanto a la campaña: ¿acaso no
había suficientes ladrones y otros criminales a los que detener? Y sin duda no habría tantos hombres practicando sexo
en los lavabos públicos a la vez, ¿no? Increíblemente, aquella noche fueron arrestados más de cien hombres. Cuando
la operación estaba a punto de finalizar, pregunté aturdida
a uno de los miembros del departamento de orden público:

—¿También hay gente encargada de mantener el orden
en los lavabos de mujeres?

—¿Cómo se supone que vamos a realizar controles entre
las mujeres? Supongo que estarás de guasa, ¿no? —me contestó sacudiendo la cabeza, asombrado por mi ingenuidad.

La oyente que habló de la homosexualidad en mi programa en directo fue la primera persona que me ofreció una
disquisición veraz del tema.

Aproximadamente una semana después de su llamada, regresé a casa con la adrenalina bombeando por mis venas
después de haber presentado mi programa. De pronto, alrededor de las dos de la mañana, cuando finalmente parecía
que iba a quedarme dormida, sonó el teléfono.

—Xinran, ¿te acuerdas de mí? —dijo una voz de mujer—. Tienes que acordarte. El otro día te planteé una pregunta muy espinosa en la radio.

Enfadada e irritada, me pregunté cómo aquella mujer
habría conseguido mi teléfono privado. El sentido común
debería haber hecho desistir a quien quiera que fuera la persona de la emisora que le dio mi número de teléfono. De
todos modos, ya era demasiado tarde para hacer nada al respecto.

Yo echaba humo en silencio, cuando la mujer me dijo:

—Eh, sé lo que estás pensando. No le reproches a tu editor que me haya dado tu teléfono. Le dije que era una parien-

te de Beijing y que me habían robado el bolso al bajar del tren, con mi agenda dentro. Necesitaba que fueras tú a recogerme. No está mal, ¿verdad?

—No está mal, nada mal —dije fríamente—. ¿Puedo hacer algo por ti? Te recuerdo, tú eres de Ma'anshan, ¿verdad?

—Sí, sabía que no te olvidarías de mí. ¿Estás cansada?

Estaba agotada.

—Mmm, un poco. ¿Qué quieres?

Parecía haber entendido la indirecta.

—De acuerdo, estás cansada. No diré nada ahora. Volveré a llamarte mañana después de tu programa —dijo, y colgó.

A la noche siguiente casi me había olvidado por completo de la llamada, pero cuando ya llevaba una hora en casa sonó el teléfono.

—Xinran, hoy te llamo un poco más temprano, ¿verdad? Por favor, no te preocupes. No me extenderé mucho. Sólo quería decirte que te estoy muy agradecida por haber pedido disculpas a los homosexuales por los prejuicios que han tenido que soportar. Vale, esto es todo por ahora, ¡buenas noches!

Había vuelto a colgar sin darme ocasión de decir nada. Me consolé diciéndome que tenía buenas intenciones y que parecía una persona considerada.

La mujer estuvo llamándome a la misma hora durante tres semanas seguidas. Me contaba lo que pensaba de mi programa de aquella noche, me sugería libros y música que a lo mejor me resultarían útiles, o simplemente me daba consejos de sentido común acerca de la vida en general. Sólo hablaba durante un par de minutos cada vez y nunca me brindó la ocasión de intervenir. Nunca me dijo su nombre.

Un día, cuando abandonaba la emisora de radio alrededor de la una de la mañana, me encontré con un vecino esperándome en la verja. Aquello era muy extraño. Me contó que mi niñera le había pedido que fuera a buscarme porque había sufrido un susto de muerte. ¡Una mujer desconocida había estado llamando a casa e instándola a abandonar a Xinran!

Sentí una gran inquietud.

Aquella noche, exactamente a la misma hora que durante las últimas tres semanas, sonó el teléfono. Antes de que a la mujer le diera tiempo a decir nada, le solté:

—¿Fuiste tú quien llamó antes?

—Sí, hablé con tu niñera y le pedí que se fuera —dijo, totalmente calmada y dueña de sí misma.

—¿Por qué hiciste eso? —le pregunté enojada.

—¿Por qué no? No debería tenerte sólo para ella. Deberías pertenecer a más mujeres.

—Escucha —le dije—, me alegra poder intercambiar ideas o hablar de la vida en general contigo. Pero si interfieres en mi vida ya no podré tener nada más que ver contigo. Yo no interfiero en la vida de los demás; por lo tanto, los demás tampoco pueden interferir en la mía.

Se quedó un rato en silencio y luego dijo, en un tono suplicante:

—Haré lo que me pides, pero no puedes abandonar nuestro amor.

La sola idea de que aquella mujer pudiera estar enamorada de mí me hacía sentir muy angustiada. Dejé de contestar el teléfono durante varios días y pensé para mis adentros que probablemente, al igual que los fans obsesionados con una estrella de pop, su interés acabaría por extinguirse. Me dije que no había por qué preocuparse.

Una tarde, el director de la emisora me citó en su despacho y me dijo:

—Una presentadora de Radio Ma'anshan llamada Taohong ha intentado suicidarse. Su padre me ha enviado su nota de suicidio. En ella dice que te ama profundamente pero que tú la has rechazado.

Me quedé sin habla. Esta mujer llamada Taohong debía de ser la mujer misteriosa que solía llamarme. No tenía ni idea de que ella también fuera locutora de radio y, desde luego, nunca había imaginado que ignorar sus llamadas fuera a conducir a esto.

El director de la emisora me sugirió que me mantuviera escondida un tiempo. Por lo visto, lo primero que Taohong había dicho al recuperar el conocimiento era: «¡Tengo que ver a Xinran!»

Unos días más tarde, cuando me encontraba reunida con el departamento de planificación, entró un presentador para decirme que tenía una visita. Cuando llegué a la recepción acompañada por el presentador, me encontré con una mujer joven vestida con elegantes ropas masculinas. Llevaba el pelo al rape, por lo que, vista desde atrás, hubiera sido imposible adivinar que se trataba de una mujer. Antes de que le hubiera dado tiempo a mi acompañante a presentarnos, ella se acercó y me asió de los brazos con ambas manos y dijo emocionada:

—¡No digas nada, deja que lo adivine! ¡Supe inmediatamente que tú eras mi Xinran!

—¿*Tu* Xinran? —preguntó el presentador.

—¡Sí, mi Xinran! ¡Soy Taohong, tu Taohong!

Mi colega se marchó disimuladamente. Conocía la historia de Taohong, por lo que supuse que había ido en busca de ayuda.

Los ojos de Taohong estaban fijos en mí cuando retomó su discurso:

—Eres aún más hermosa de lo que había imaginado, tan femenina, tan suave... ¡Por fin te conozco! Ven, ven, siéntate. Deja que te vea bien. Ha pasado más de medio año... No he venido ni una sola vez en todo este tiempo. Quería conocerte y comprenderte a través de tu programa, y a través de la imagen que tengo de ti en mi corazón.

»Es cierto lo que dices, las mujeres son la fuerza creadora del universo. Confieren belleza, sentimiento y delicadeza al mundo. Son puras y transparentes. Las mujeres son las mejores criaturas del mundo...

Mi colega había vuelto acompañado de tres o cuatro presentadores más, y todos tomaron asiento cerca de nosotras, charlando mientras me vigilaban.

—Mira lo que te he traído. Estos libros están llenos de dibujos de mujeres. Mira lo hermosos que son sus cuerpos. Mira este dibujo, la expresión, fíjate en el encanto de esta boca. Los he traído especialmente para ti. Puedes quedártelos y echarles un vistazo cuando quieras. También te he traído esto... para que alcances el placer sexual. Y esto también. ¡Cuando frotes tu cuerpo con ello, te sentirás como si estuvieras en el paraíso!

Mis colegas miraban de soslayo los objetos que Taohong estaba exponiendo ante mí. La vergüenza me hizo sentir náuseas. Yo siempre había sostenido que el sexo sin amor era bestial; ni siquiera sabía que existieran artilugios para despertar sensaciones sexuales de esta manera mecánica.

Taohong seguía hablando sin parar:

—Con la ayuda de herramientas modernas podemos alcanzar cosas que nuestros ancestros deseaban pero no podían tener. A diferencia de ellos, nosotros podemos llevar nuestras sensaciones hasta donde queramos...

Intenté distraerla señalando hacia un montón de papeles que sostenía en la mano y que parecía ser material publicitario de algún tipo.

—Taohong, ¿qué es esto? No has dicho nada de ello.

—Oh, sabía que me lo preguntarías. Son los principios directores de la Asociación China de Homosexuales. ¿Has oído hablar de ella? Teníamos planeado celebrar una conferencia hace un año y medio. Los hoteles, el orden del día, todo estaba listo, pero el gobierno la reprimió. En realidad no importa, no te creas. Ya habíamos alcanzado casi todo lo que queríamos: durante varias cenas previas a la conferencia definimos nuestros principios, aprobamos resoluciones, debatimos nuestras necesidades físicas y estudiamos cómo sacarle más provecho al sexo...

Recordaba la conferencia de la que hacía mención Taohong. Estuve a punto de ir a Beijing para cubrirla. El día antes
de mi supuesta partida, alguno de la Agencia de Seguridad
Pública de Nanjing me llamó para contarme que pensaban
enviar personal para ayudar a la policía de Beijing a poner
fin a la conferencia. Iban a registrar y cerrar un gran hotel,
y a arrestar a varios miembros claves de la Asociación de
Homosexuales. Yo llamé inmediatamente a varios psicólo-
gos y doctores que sabía que habían sido invitados a la conferencia para advertirles que no asistieran; temía que todo
acabase en un baño de sangre.

Afortunadamente, tal como me contó Taohong, la disolución de la conferencia no provocó violencia. A fin de impedir que la situación se pusiera fea, la policía había filtrado
información deliberadamente acerca de la operación para
que la Asociación de Homosexuales abortara la conferencia. Ambos bandos habían alcanzado la mayoría de sus obje-
tivos: el gobierno tenía la situación bajo control y, a pesar
de todo, la asociación había conseguido reunirse durante
la organización de la conferencia. Los chinos se estaban volviendo más sofisticados en sus maniobras políticas.

Me sobrevino una oleada de náuseas al leer el título lla-
mativo de uno de los folletos que Taohong asía: «Técnicas
de sexo oral, cuarta parte: Uso de la mandíbula superior.»
Me resultaba muy difícil aceptar este tipo liberal de inter-
cambio de opiniones sobre sexo. Taohong se dio cuenta de
la expresión de asco de mi rostro y dijo en tono paciente:

—No te sientas obligada a echarle un vistazo ahora mismo. Inténtalo más tarde y descubrirás los placeres del sexo.

Mis colegas se rieron disimuladamente.

—Demos un paseo —dije, ávida de escapar de las risi-
tas de mis colegas.

—¿De verdad? Claro, teníamos que haber salido a dar
una vuelta por las calles antes. Haremos una buena pareja.

Abandonamos la emisora y Taohong me preguntó adónde íbamos. Le pedí que no lo preguntara. Lo sabría en cuanto llegáramos. Se animó aún más y dijo que era precisamente este tipo de aventuras, llenas de misterio, lo que le gustaba. Dijo que me adoraba más aún, si cabe, por ello.

La llevé al templo del Amanecer, un antiguo templo de Nanjing cuyas campanas se podían oír desde una gran distancia. Cuando estaba preocupada o baja de ánimos solía sentarme en la pagoda del Buda Sanador del templo. Escuchar las campanas mientras contemplaba el cielo azul y las nubes blancas me levantaba el ánimo y me devolvía el valor, la confianza y la alegría. Pensé que tal vez el sonido de las campanas también podrían conmover a Taohong. Cuando llegamos a la verja del templo, Taohong se detuvo y preguntó con inquietud:

—Si atravieso la puerta, ¿me purificaré? ¿Eliminará ciertas cualidades en mí?

—Todo lo que se elimina desaparece porque no tiene sentido. Las emociones y las intenciones no pueden ser barridas por la purificación. Eso es lo que pienso —dije.

En el instante en que Taohong traspasó la puerta, las campanas del templo empezaron a sonar. La muchacha reflexionó y luego dijo:

—Mi corazón se ha conmovido por un instante. ¿Por qué?

No supe cómo contestar a su pregunta.

Una vez nos hallamos en la pagoda, ninguna de las dos abrió la boca durante un buen rato. Cuando volvieron a sonar las campanas, planteé dos preguntas a Taohong: ¿Cuándo había empezado a amar a otras mujeres? y ¿quién había sido su primera amante?

La historia de Taohong fluyó como un torrente:

El padre de Taohong estaba muy apenado por no tener un hijo. Después de dar a luz, su madre había desarrollado cáncer de útero y ya no pudo tener más hijos; más tarde moriría por esa enfermedad. Su padre estaba afligido porque su estirpe había sido «amputada», pero no podía hacer nada al respecto. A partir de aquel momento había considerado a Taohong como su hijo y la había educado como si fuera un niño en todos los sentidos, desde la ropa que llevaba y el corte de pelo hasta los juegos que practicaba. Taohong nunca había utilizado los lavabos públicos, porque no sabía por cuál decidirse: si por el de señoras o por el de caballeros. Estaba orgullosa de su conducta masculina y entonces no sentía ningún cariño hacia las mujeres.

Sin embargo, cuando Taohong cumplió catorce años, los sucesos de una noche de verano la cambiaron por completo, a ella y la opinión que tenía de los hombres y de las mujeres. Era el verano antes de su ingreso en el instituto de enseñanza superior. Le habían contado que el instituto sería el período más atroz de su vida: allí se resolvería el curso de su vida, allí los logros conducirían a los futuros éxitos... Estaba decidida a disfrutar del verano plenamente antes de dedicarse en serio a los estudios durante los próximos tres años, y por eso pasó muchas noches con sus amigos.

Aquella noche en particular eran alrededor de las once cuando se disponía a volver a casa. No estaba lejos de allí y el camino que debía recorrer no estaba especialmente apartado ni desierto. Cuando se encontraba a apenas cuatro pasos de casa, cuatro hombres salieron de entre las sombras y se abalanzaron sobre ella.

Con los ojos vendados y amordazada, se la llevaron a un lugar que parecía ser el cobertizo para herramientas de una obra. Había otros tres hombres en la pieza, con lo que la banda estaba compuesta por un total de siete miembros. Dijeron a Taohong que querían ver qué era en realidad, un hombre o una mujer, y empezaron a quitarle la ropa. Los hombres se quedaron momentáneamente mudos al ver el cuerpo de una mujer joven pero, acto seguido, sus rostros se encendieron y los siete se abalanzaron sobre ella. Taohong perdió el conocimiento.

Cuando volvió en sí estaba echada sobre un banco de trabajo, desnuda y ensangrentada. Los hombres estaban dispersos por el suelo, roncando; algunos de ellos todavía llevaban los pantalones bajados por los tobillos. Taohong permaneció presa del pánico un tiempo hasta que finalmente consiguió bajar del banco con dificultad. Temblando y tambaleándose fue recogiendo lentamente su ropa del suelo. Al desplazarse de un lado a otro pisó la mano de uno de los hombres; su grito de dolor despertó a los demás. Paralizados por el sentimiento de culpa, se quedaron mirando cómo Taohong recogía la ropa y se la ponía, pieza por pieza.

Taohong no dijo nada durante los treinta minutos que tardó en vestirse penosamente.

A partir de entonces empezó a odiar a los hombres, incluso a su propio padre. Para ella, todos eran sucios, inmundos, lujuriosos, bestiales y brutos. Por aquel entonces, tan sólo había tenido el período dos veces.

Taohong siguió vistiéndose como un chico, por motivos que no sabía explicar, y nunca contó a nadie lo que había ocurrido. La violación colectiva le había dejado muy claro que era una mujer. Empezó a preguntarse cómo eran las mujeres. No creía poseer belleza femenina, pero deseaba verla.

Su primer intento fue con la chica más guapa de la clase, durante el primer año en el instituto. Dijo a su compañera de clase que tenía miedo de estar sola cuando su padre estaba de viaje de negocios, y le pidió que pasara la noche con ella.

Antes de irse a dormir, Taohong contó a la compañera que ella solía dormir desnuda. La muchacha se mostró algo incómoda por hacer lo mismo, pero Taohong ofreció hacerle un masaje y ella accedió a desnudarse. A Taohong le dejó pasmada la suavidad y flexibilidad del cuerpo de la muchacha, sobre todo la de sus pechos y caderas. El más ligero contacto con él precipitaba la sangre a su cabeza y le provocaba temblores. Justo cuando Taohong estaba fregando el cuerpo de la muchacha hasta faltarle el aire apareció el padre de Taohong.

Con una calma inesperada, Taohong cubrió sus cuerpos desnudos con un edredón y preguntó:

—¿Por qué has vuelto, no dijiste que estabas de viaje de negocios?

El padre, estupefacto, reculó sin decir nada.

Más tarde, al entrevistar al padre de Taohong por teléfono, él me contó que, a partir de aquel día, supo que Taohong ya era una mujer y que, además, había entrado a formar parte de un grupo especial. No se atrevió nunca a preguntar a Taohong el motivo de su homosexualidad, pero cada año le planteaba la pregunta a la madre muerta cuando limpiaba su tumba durante el Festival del Resplandor Puro.

A partir de entonces, Taohong trajo a menudo chicas a casa «para hacerles un masaje». Pensaba que las mujeres eran seres exquisitos, pero no había amor en sus sentimientos hacia ellas.

Se enamoró por primera vez durante los preparativos de la conferencia sobre la homosexualidad de la que me había hablado. Le fue asignada una habitación de hotel junto a una mujer catorce años mayor que ella. La mujer era elegante, reservada y muy amable. Preguntó a Taohong por qué asistía a la conferencia y pudo saber que a Taohong le gustaban las mujeres. Entonces le contó que el amor sexual era el estado mental más elevado, y que el de las mujeres era el más sublime de todos. Cuando la conferencia fue abortada, se llevó a Taohong a otro hotel para darle un curso de «instrucción sexual». Taohong experimentó el placer y la estimulación sexuales como nunca antes. La mujer también la aconsejó en temas de salud sexual y la orientó en el uso de aparatos para la estimulación. Le habló larga y tendidamente de la historia de la homosexualidad, en China y fuera de ella.

Taohong me dijo que se había enamorado de aquella

mujer porque era la primera persona con la que compartió ideas y conocimientos, la primera que la protegió y le dio placer físico. Sin embargo, la mujer dijo a Taohong que no la amaba ni podía amarla; no podía olvidar, y aún menos reemplazar, a su antigua amante, una profesora universitaria que había muerto muchos años atrás en un accidente de tráfico. Taohong se conmovió profundamente; dijo que, desde que era niña, siempre había sabido que el amor era más puro y sagrado que el sexo.

Una vez Taohong hubo contestado mis preguntas abandonamos el templo del Amanecer. Mientras paseábamos, Taohong me contó que había estado buscando a una mujer con la que poder compartir el mismo tipo de relación que había tenido con su primera amante. Leyó mucho, y ocho meses atrás superó el examen de presentadora para Radio Ma'anshan. Ella también presentaba un programa en directo sobre cine y televisión. Me contó que uno de sus oyentes le había escrito sugiriéndole que escuchara «Palabras en la brisa nocturna». Había sintonizado el programa durante seis meses, depositando todas sus esperanzas en mí, creyendo que yo podría ser su nueva amante.

Yo le recité un proverbio que repetía a menudo estando en directo: «Si no puedes hacer feliz a alguien, no le des esperanzas», y añadí con toda franqueza:

—Taohong, gracias. Estoy muy contenta de haberte conocido, pero yo no te pertenezco y no puedo ser tu amante. Créeme, hay alguien esperándote ahí fuera. Sigue leyendo y ampliando tu horizonte, y la encontrarás. No la hagas esperar.

Taohong se quedó pensativa, algo desanimada.

—Bueno, ¿puedo entonces considerarte mi segunda ex amante? —me preguntó arrastrando las palabras.

—No, no puedes —le dije—, porque no hubo amor entre nosotras. El amor debe ser mutuo. No basta con amar o ser amada por separado.

—Entonces ¿cómo debería pensar en ti? —dijo Taohong, aproximándose así a mi punto de vista.

—Piensa en mí como en una hermana mayor —le dije—. Los lazos de parentesco son los más fuertes.

Taohong me dijo que lo pensaría y nos separamos.

Cuando, unos días más tarde, recibí una llamada de una oyente que prefería mantener el anonimato, supe inmediatamente que era Taohong.

—Hermana Xinran —me dijo—. Ojalá todos tuvieran tu sinceridad, tu bondad y tu sabiduría. ¿Me aceptas como hermana pequeña?

8

La mujer cuya boda fue concertada por la revolución

Existe un proverbio chino que reza: «La lanza alcanza al pájaro que asoma la cabeza.» No llevaba mucho tiempo siendo presentadora de radio cuando empecé a recibir un gran número de cartas de los oyentes, y las promociones y premios recibidos provocaron cierto recelo entre mis colegas. Los chinos suelen decir: «Si te paras rectamente, ¿por qué temer a las sombras torcidas?», así que intenté permanecer alegre ante la posible envidia que podía suscitar. Al final, fueron las voces de las mujeres chinas las que me devolvieron la simpatía de mis colegas.

La estación de radio compró cuatro contestadores automáticos para mi programa, cada uno de ellos con una cinta de cuatro horas de duración. Cada noche, a partir de las ocho, estas máquinas estarían disponibles para mujeres que quisieran ofrecer su opinión al programa, pedir ayuda o contarme su historia. Mi saludo en el contestador las invitaba a desahogarse para que de esta forma pudieran caminar hacia su futuro con cargas más livianas, y les aseguraba que no era necesario que se identificaran, ni que dijeran de dónde provenían. Cada mañana, al llegar a la oficina, encontraba más y más colegas —editores, reporteros y locutores— esperando poder escuchar las historias que salían de las grabadoras; voces coloreadas por la vergüenza, la ansiedad y el temor.

Un día oímos lo siguiente:

—Hola, ¿hay alguien ahí? ¿Está Xinran? Oh, Dios mío, es sólo una cinta.

La mujer se detuvo algunos segundos.

—Xinran, buenas noches. Me temo que no soy una de tus oyentes habituales, no soy de tu provincia, y hace muy poco que empecé a escuchar tu programa. Mis compañeros estuvieron discutiendo acerca de ti y tu programa el otro día, dijeron que habías instalado teléfonos especiales para que tus oyentes pudieran enviarte mensajes, y en los que cualquier mujer podía contar su historia anónimamente. Dijeron que tú emitías las historias al día siguiente, para que los oyentes las discutieran con libertad, esperando así poder ayudar a las mujeres a comprenderse, a los hombres a entender a las mujeres y a unir más a las familias.

»En los últimos días he estado escuchando tu programa cada tarde. La recepción no es muy buena, pero el programa me gusta mucho. Nunca hubiera pensado que había tantas historias similares y, a la vez, diferentes. Estoy segura de que no se te permite emitirlas todas. Aun así, creo que muchas mujeres te estarán muy agradecidas. Tus líneas telefónicas les dan la oportunidad de hablar sobre cosas que nunca antes se atrevieron o pudieron decir. Tú debes saber el gran alivio que supone para las mujeres tener un espacio para expresarse, sin temor a sentirse culpables o a las reacciones negativas. Es una necesidad emocional, no menos importante que las necesidades físicas.

Hubo otra larga pausa.

—Xinran, creo que no tengo el coraje para referir mi propia historia. Deseo realmente hablar a la gente sobre la clase de familia en la que vivo. También deseo escuchar mi propia historia, porque no me he atrevido a mirar hacia el pasado antes, por miedo a que mis memorias pudieran destruir mi fe en la vida. Una vez leí que el tiempo lo cura todo, pero cuarenta años no se han llevado mi odio ni mi arrepentimiento; sólo me han adormecido.

La mujer suspiró levemente.

—A los ojos de los demás, tengo todo lo que una mujer

podría desear. Mi esposo posee un importante puesto en el gobierno provincial; mi hijo, que tiene casi cuarenta años, es gerente en la sucursal de nuestra ciudad de un banco nacional, mi hija trabaja en la compañía aseguradora nacional y yo trabajo en la oficina del gobierno de la ciudad. Vivo tranquila y modestamente; no tengo que preocuparme por el dinero ni por el futuro de mis hijos, como la mayoría de la gente, ni tampoco por quedarme sin trabajo.

»En casa tenemos más de lo que necesitamos. Mi hijo tiene un piso enorme, y mi hija, que dice permanecer soltera por principio, vive con nosotros. Los tres vivimos en un piso grande de casi doscientos metros cuadrados, con muebles de diseño y lo último en aparatos eléctricos. Hasta el lavabo y el inodoro del baño son importados. La mayoría de los días alguien viene a hacer la limpieza y a traer flores frescas. Aun así, mi casa no es más que un despliegue de objetos domésticos; no hay comunicación en la familia, no hay sonrisas ni carcajadas. Cuando estamos reunidos, lo único que se oye son ruidos de existencia animal: alguien comiendo, bebiendo o yendo al lavabo. Sólo cuando tenemos visitas se respira un poco de humanidad. En esta familia no tengo los derechos de una esposa, ni la posición de una madre. Mi marido dice que soy como un desteñido trapo gris, que no sirve para hacer unos pantalones, ni para cubrir la cama, ni siquiera para ser usado como trapo de cocina. Sólo sirvo para que los demás se limpien el fango de los pies en mí. Para él, mi única función es servir como evidencia de su «simplicidad, diligencia y carácter correcto» a la hora de conseguir un ascenso en la oficina.

»Éstas fueron sus palabras, Xinran, me las dijo a la cara.

La mujer rompió a llorar.

—¡Me lo dijo de un modo tan indiferente! Pensé en dejarlo incontables veces. Quería redescubrir mi amor por la música y el ritmo, cumplir mi deseo de una familia verdadera, ser yo misma, como antes, libre... Redescubrir el significado de

ser mujer. Pero mi marido me dijo que, si lo dejaba, me haría
la vida tan difícil que desearía estar muerta. No iba a permitir
que pusiera en peligro su carrera, ni ser blanco de habladurías. Y yo supe siempre que cumpliría su palabra: a lo largo
de los años, ni uno solo de sus enemigos políticos escapó a
sus venganzas. Las mujeres que rechazaron sus caprichos
quedaron atrapadas en los peores trabajos, sin poder dejarlos ni trasladarse a otro lugar. Algunos de sus maridos quedaron también arruinados. No tengo escapatoria.

»Te preguntarás por qué creo haber perdido la posición
de madre. Los niños me fueron quitados al nacer y fueron
enviados a la guardería del ejército. El Partido decía que
podrían afectar el trabajo del «comandante», su padre, al
igual que muchos de los niños de la mayoría de los soldados
de entonces. Y mientras otras familias podían ver a sus hijos una vez por semana, nosotros estábamos casi siempre
alejados de ellos, y sólo los veíamos una o dos veces al año.
Nuestros encuentros eran a menudo interrumpidos por visi-
tantes o llamadas telefónicas, y entonces los niños se sentían muy desgraciados. A veces volvían a la guardería antes
de tiempo. Padre y madre no eran más que nombres para
ellos. Se sentían más unidos a las niñeras, que los cuidaron
durante tanto tiempo. Cuando crecieron, la posición de su
padre les otorgó muchos derechos especiales que los demás
niños no tenían. Esto puede influir en los niños negativa-
mente, creándoles un sentimiento de superioridad, así como
el hábito de menospreciar a los demás. Ellos también veían
en mí un objeto de desprecio. Captaron la manera en que su
padre se dirigía a las personas y a las cosas, y vieron en
su comportamiento el modo de llevar a cabo sus ambiciones. Yo intenté enseñarles a ser buenos, usando mis ideas y
mis experiencias con la esperanza de que el amor maternal
los cambiaría, pero ellos medían el valor de las personas con
respecto a su estatus en el mundo, y el éxito de su padre les
demostró a quién debían emular. Si mi propio marido no

me veía como alguien digno de respeto, ¿qué posibilidad iba a tener con los niños? Ellos nunca creyeron que yo fuera digna de nada.

Suspiró con impotencia.

—Hace cuarenta años yo era una joven inocente y romántica que acababa de graduarse en una escuela para chicas de un pequeño pueblo. Tenía más suerte que la mayoría de las jóvenes de mi edad: mis padres habían estudiado en el extranjero y eran de mente abierta. Nunca me había preocupado por el matrimonio como mis compañeras. La mayoría de ellas tenía un matrimonio arreglado desde la cuna; a las demás, sus padres las prometieron durante la escuela. Si el hombre se mostraba muy interesado, o si la tradición familiar lo dictaba, las niñas debían dejar la escuela para casarse. Nosotras pensábamos que las que corrían peor suerte eran aquellas que se convertían en esposas jóvenes o concubinas. Muchas de las que dejaban la escuela para casarse estaban en esa situación, casadas con hombres que querían «probar algo fresco». Hoy en día, hay muchas películas en las que se representa a las concubinas como las mimadas de sus maridos. Las muestran haciendo uso de una posición de peso en la familia, pero nada de eso es verdad. Cualquier hombre que podía casarse con varias mujeres, lo hacía por ser hijo de una importante y gran familia, con muchas reglas y tradiciones domésticas. Estas familias, por ejemplo, hacían uso de más de diez formas de saludar a la gente y de mostrar su respeto. El más mínimo desvío de estas reglas suponía una «deshonra» para la familia. Una disculpa no era nunca suficiente, las esposas jóvenes eran castigadas ante el mínimo indicio de comportamiento indebido. Eran golpeadas por las esposas de más edad, se les prohibía comer durante dos días, eran obligadas a realizar duros trabajos físicos o forzadas a arrodillarse sobre la tabla de lavar. ¡Imagina cómo mis compañeras de clase de una escuela estilo «occidental» llevarían todo eso! Pero no había nada que pudieran hacer; ellas sa-

bían, desde su más temprana juventud, que sus padres tendrían la última palabra con respecto a su prometido.

»Muchas de ellas me envidiaban por ser libre de dejar mi
casa e ir a la escuela. En aquel tiempo, las mujeres obedecían
las «Tres Sumisiones y Cuatro Virtudes»: sumisión a tu
padre, luego a tu marido, y después de su muerte, a tu hijo.
Las virtudes eran fidelidad, encanto físico, hablar y actuar
correctamente y ser diligente en los trabajos de la casa.
Durante miles de años las mujeres fueron educadas en el
respeto a los ancianos, enseñadas a obedecer a sus maridos, a vigilar el fuego del hogar, a hacer los trabajos de cos-
tura, y todo ello sin siquiera salir de casa. Que una mujer
pudiera estudiar, leer y escribir, discutir asuntos de estado
como los hombres e incluso darles consejos, era una here-
jía para la mayor parte de los chinos de la época. Mis compañeras y yo apreciábamos mucho nuestra buena suerte y
libertad, pero estábamos perdidas, sin modelos a seguir.

»Aunque todas proveníamos de familias liberales que
comprendían la importancia de los estudios, la sociedad que
nos rodeaba y la inercia de la tradición nos dificultó poder
elegir y fijar un camino independiente en la vida.

»Yo estaba muy agradecida a mis padres, quienes nunca me obligaron a seguir las tradiciones chinas destinadas
a las mujeres. No sólo se me permitió asistir a la escuela
—aunque fuera una escuela para niñas— sino que también
me permitieron comer a la misma mesa que los amigos de
mis padres y discutir temas políticos o de actualidad. Pude
asistir a reuniones de cualquier tipo y elegir el deporte o la
actividad que quisiera. Las pocas personas de «buen corazón»
del pueblo, me amonestaban por mis maneras modernas,
pero, a pesar de eso, durante mi infancia y en mis tiempos
de estudiante, fui feliz. Y sobre todo, fui libre —murmuró
para sus adentros—, libre...

»Me embriagaba todo lo que me rodeaba. Nada limita-
ba mis elecciones. Ansiaba emprender grandes retos a esca-

las espectaculares. Quería sorprender al mundo con una brillante hazaña, y soñaba con tener la pareja perfecta: la muchacha hermosa junto al héroe. Cuando leí un libro sobre la revolución llamado *La estrella Roja*, encontré un mundo que sólo había conocido a través de los libros de historia. ¿Era éste el futuro que yo anhelaba? Me encontraba fuera de mí, presa de una enorme excitación, y decidí unirme a la revolución. Sorprendentemente, mis padres tomaron una posición diferente de la liberal que los caracterizaba. Me prohibieron ir, argumentando que mi decisión no era sensata ni realista. Dijeron que las ideas inmaduras estaban destinadas a ser agrias y amargas. Yo me tomé sus palabras como una crítica personal y reaccioné muy mal. Aguijoneada por la obstinación juvenil, decidí demostrarles que yo no era una chica más.

»A lo largo de los cuarenta años siguientes, sus palabras siguieron sonando en mis oídos. Comprendí que mis padres no estaban hablando sólo de mí, sino también del futuro de China. Una noche de verano, empaqué dos mudas de ropa y algunos libros, y dejé mi feliz y tranquila familia, igual que la heroína de una novela. Todavía recuerdo mis pensamientos mientras traspasaba la puerta de casa: «Padre, madre, lo siento. Estoy decidida a aparecer en los libros, un día os sentiréis orgullosos de mí.»

»Más tarde, mis padres pudieron ver realmente mi nombre en libros e informes, pero sólo como esposa, nada más. No sé por qué, pero mi madre solía preguntarme: ¿Eres feliz? Hasta su muerte, nunca respondí directamente a esta pregunta. No sabía qué responder, pero creo que mi madre ya conocía la respuesta.

La mujer permaneció en silencio unos segundos, luego continuó en un tono confuso:

—¿Era feliz?

Y luego murmuró para sí:

—¿Qué es la felicidad?¿Soy feliz?

»Yo era muy feliz cuando llegué por primera vez al área liberada por el Partido. Todo era tan nuevo y tan extraño: en los campos no se podía distinguir entre campesinos y soldados; durante los desfiles los soldados regulares de la guardia civil marchaban codo a codo con los soldados. Hombres y mujeres vestían las mismas ropas y hacían las mismas cosas; los líderes no se distinguían por símbolos de rango. Todos hablaban del futuro de China; cada día se escuchaban críticas y condenas al antiguo sistema. Abundaban los informes de daños y muertes en combate. En este ambiente, las mujeres estudiantes eran tratadas como princesas, valoradas por el brillante espíritu y la belleza que traían consigo. Los hombres, que rugían y luchaban en los campos de batalla, eran mansos como corderos estando a nuestro lado, en clase.

»Tan sólo permanecí tres meses en el área liberada. Luego fui asignada a un equipo que trabajaba en la reforma agraria, en la orilla norte del río Amarillo. Mi unidad de trabajo, una compañía cultural que trabajaba bajo las órdenes del cuartel general, llevaba la política del Partido Comunista a la gente a través de la música, el baile y muchas otras actividades culturales. Era una zona pobre; aparte de la trompeta china, tocada en bodas y funerales, la gente nunca había disfrutado de vida cultural, y por esto nos recibía calurosamente.

»Yo era una de las pocas chicas en la compañía que sabía cantar, bailar, actuar y tocar instrumentos. Lo que mejor hacía era bailar. Cada vez que teníamos un encuentro con los oficiales mayores, éstos competían por bailar conmigo. Yo estaba rebosante de alegría, siempre sonriente y divertida, y por eso me llamaban «la alondra». Por aquel entonces era un pajarillo feliz, libre de preocupaciones en el mundo.

»¿Conocen el proverbio: «La gallina en su gallinero tiene maíz, pero la olla de la sopa está cerca; la gruya salvaje nada tiene, pero el mundo es vasto»? Una alondra enjaulada comparte el destino de la gallina. Una noche, al cumplir los diecinueve años, el grupo organizó una fiesta para mí. No hubo pastel ni champán. Todo lo que teníamos era unas galletas que mis compañeros habían guardado de sus raciones, y un poco de agua con azúcar. Las condiciones eran duras, pero lo pasábamos bien. Yo estaba bailando y cantando, cuando el líder del regimiento me indicó que me detuviera y que le acompañara. De mala gana le seguí a la oficina, donde me preguntó en tono grave: «¿Estás preparada para completar cualquier misión que el Partido tenga preparada para ti?»

»—Por supuesto —respondí sin dudar ni un instante. Yo siempre había querido unirme al Partido, pero, sabiendo que mi familia no era revolucionaria, entendía que debería trabajar más duro que los demás para competir con ellos.

»—¿Estás lista para cumplir cualquier misión incondicionalmente, sin importarte la que sea?

»Yo estaba perpleja. El líder del regimiento había sido siempre tan directo, ¿por qué ahora se mostraba tan esquivo? Sin embargo, me repuse al instante y le dije: «¡Sí, le aseguro que llevaré a cabo la misión!»

»No parecía estar demasiado a gusto con mi determinación, pero me ordenó cumplir con mi urgente misión inmediatamente, y tuve que partir aquella misma noche hacia el campamento del gobierno regional. Quería despedirme de mis amigos, pero él dijo que no había necesidad. Que eran tiempos de guerra. Acepté y me marché con dos de los soldados enviados para recogerme. Ellos no dijeron palabra durante las dos horas que duró el viaje, y yo tampoco podía preguntar, ésa era la regla.

»En el campamento del gobierno regional fui presentada a un oficial mayor, vestido con uniforme del ejército. Me miró de arriba abajo y dijo: «No está mal... pues bien, desde hoy serás mi secretaria. A partir de ahora deberás estudiar más, trabajar duro para mejorar y esforzarte para unirte al

Partido cuanto antes.» Luego ordenó a alguien que me llevara a una habitación a descansar. La habitación era muy cómoda, había hasta un edredón nuevo sobre el *kang*. Realmente parecía que trabajar para el líder sería algo diferente, pero estaba tan exhausta que no le di más vueltas al tema y me dormí.

»Más tarde, esa misma noche, fui despertada por un hombre que se metió en mi cama. Aterrorizada, estaba por gritar cuando me tapó la boca con la mano y dijo en voz muy baja: «Shhh... no molestes el sueño de los demás camaradas. Ésta es tu misión.»

»—¿Misión?

»—Sí, a partir de hoy ésta será tu misión.

»La dura voz pertenecía al oficial mayor que había conocido más temprano. No tenía fuerzas para defenderme, y no sabía cómo. Sólo pude llorar.

»Al día siguiente, el Partido me informó de que estaban preparando una sencilla fiesta para celebrar nuestro matrimonio. Ese oficial es ahora mi marido.

»Durante mucho tiempo estuve preguntándome cómo había podido pasar aquello. ¿Cómo pude acabar «casada por la revolución»? En los últimos cuarenta años he vivido adormecida en la humillación. La carrera de mi marido lo es todo para él; la mujer sólo cumple una función física, nada más. Él suele decir: «Si no usas a una mujer, ¿por qué preocuparse por ella?»

»Mi juventud fue interrumpida, mis esperanzas aniquiladas, y todo lo hermoso que había en mí, utilizado por un hombre.

Silencio.

—Perdóname, Xinran, sólo he pensado en mí misma, hablando así. ¿Tu máquina lo grabó todo? Sé que las mujeres hablan demasiado, pero yo rara vez tengo la oportunidad y las ganas de hablar, vivo como una autómata. Al menos, he sido capaz de hablar sin miedo. Me siento aligerada. Gracias. Y gracias a tu emisora de radio, y a tus colegas también. Adiós.

Mis colegas y yo nos quedamos inmóviles por unos momentos, después de que la mujer dijera adiós, conmovidos y atónitos ante la historia que acabábamos de escuchar. Solicité permiso para transmitirla, pero las autoridades de la radio rehusaron hacerlo, argumentando que la historia dañaría la imagen que tenía la gente de nuestros líderes.

9

Mi madre

El viejo Chen fue uno de los que se amontonaron alrededor de la grabadora para escuchar a la esposa del líder de provincias contar su historia. Más tarde me dijo que no se había sorprendido con ella. Muchos de los hombres que se unieron a la revolución dejaron atrás mujer e hijos para seguir al Partido. Una vez alcanzados los rangos superiores, el Partido los volvía a casar con nuevas mujeres, ya que las primeras habían quedado atrapadas en zonas de ocupación enemiga.

La mayoría de esas nuevas esposas eran estudiantes que creían fervientemente en el Partido Comunista y profesaban adoración a los héroes armados que allí había. Muchas de ellas provenían de familias ricas; todas eran jóvenes y cultivadas. No podían ser más diferentes de las anteriores, que, en su mayoría, eran campesinas. Su refinamiento excitaba el deseo de novedad de los oficiales, y su educación las convirtió en buenas profesoras y en parte del personal oficial.

En 1949, cuando el Partido Comunista se hizo con el control de toda China, el nuevo gobierno se encontró con el problema de qué hacer con las antiguas esposas de sus líderes. Muchas llegaban hasta Beijing con sus hijos y con la esperanza de encontrar a sus maridos. El gobierno promovía la liberación de la mujer, la igualdad entre sexos y la monogamia, y esta situación planteaba un dilema: ahora que los oficiales habían comenzado nuevas vidas con otras

mujeres, ¿cuáles debían quedarse y cuáles deberían marcharse? Tampoco había legislación en la que basarse para
tomar una decisión al respecto.

A la hora de decidir cuál de las familias beneficiaba más
la carrera de los oficiales y su posición dentro de la sociedad, la cosa estaba clara. Aun así, los hombres se quedaban
sin palabras ante sus primeras esposas, quienes habían pasado años enteros de privaciones por ellos. Estas mujeres ile-
tradas, que ni siquiera eran capaces de leer los más básicos
caracteres chinos, tenían algo claro: pertenecían a los hombres que habían levantado sus velos y las habían transformado de niñas a mujeres.

Finalmente, el gobierno emitió un documento en el que
se reconocía la situación política de estas mujeres. Se les
garantizaban algunos derechos políticos especiales y una
pensión de por vida. Obedeciendo órdenes que apenas
entendían, las mujeres volvían a sus pueblos con unos niños
llenos de resentimiento hacia sus padres.

Los campesinos de los pueblos no se atrevían a conde-
nar o burlarse de las mujeres abandonadas porque estaban
bajo la protección del gobierno. Pero alguna de estas simples y honestas mujeres hizo uso de su posición especial
para alcanzar una vida menos dura. Simplemente aceptaron
la asignación del gobierno —una mínima suma que se incrementó muy poco con la inflación— y criaron a sus hijos
solas. Muy pocas volvieron a casarse.

El viejo Chen contó que, en una ocasión, una de estas
mujeres le había dicho: «¿Por qué poner el dedo en la llaga
usando mis privilegios? La gente sólo hablaría de mi marido y esto me haría echarlo aún más de menos.»

Luego comprendí que, al igual que la mujer que me había
telefoneado al programa, muchas de las nuevas esposas eran
infelices en su matrimonio: ¿Haría esto sentir mejor a las
primeras? Al igual que a la oyente anónima, a muchas de las
nuevas esposas se les había asignado un marido que no cono-

cían de nada. Su educación, cultura y refinamiento, así como el romanticismo de estilo occidental que habían aprendido a sentir en sus escuelas progresistas, eran, al principio, un atractivo para ellos, pero se volvieron inaceptables hacia el final. Sus maridos habían crecido en los campos y sumidos en la brutalidad de la guerra. Las generaciones anteriores les habían enseñado que una mujer debía ser controlada y luego apartada. La brecha abierta entre las esperanzas de los maridos y de sus nuevas esposas se había reducido por la sumisión de éstas, pero los hombres pronto perdieron el interés y comenzaron a verlas como simples objetos.

Cuando visité a mis padres un fin de semana, comenté a mi madre que me resultaba difícil distinguir entre la vida dentro de un matrimonio emocionalmente estéril y estar en prisión. Como toda respuesta, ella dijo: «¿Cuánta gente en China tiene un matrimonio basado en el amor?» Cuando le pregunté por qué decía esto, dejó la habitación con alguna excusa pasajera. Yo sabía que ella escuchaba mi programa de radio cada día, pero rara vez hablaba de sentimientos. Toda mi vida he deseado que me abrazara. Nunca lo hizo, ni me besó durante mi niñez; ni una sola vez. Cuando crecí, la más mínima muestra de afecto era neutralizada por la tradicional reserva china. Entre 1945 y 1985 (cuando volvió a ser posible trasladarse a través del país), muchas familias chinas quedaron separadas. Nosotros no fuimos la excepción, y yo pasé muy poco tiempo con mis padres. Quería saber más de mi madre, la mujer que me había dado la vida y que me había dejado incontables preguntas sin contestar acerca de las mujeres. Mi creciente confianza como periodista me ayudó a unir las piezas que ya conocía de su historia.

Mi madre proviene de una gran familia capitalista de Nanjing, una ciudad llena de vida pero pacífica y armoniosa, bastante diferente de la política Beijing, la comercial Shanghai y las estridencias de Guangzhou. Sun Yat-sen, el fundador de la China moderna, escogió ser enterrado en Nanjing y el Guomindang[1] tuvo una vez su capital allí.

Situada a la orilla del río Yangzi y a los pies de las imponentes montañas de Zijinshan, en el sureste de China, la ciudad posee lagos y grandes espacios verdes. Bulevares llenos de sombras y árboles perfectamente alineados se extienden en todas las direcciones, y los palacios históricos, las murallas de la ciudad y sus edificios modernos sobre el río resaltan la riqueza de la herencia cultural de Nanjing. Los chinos suelen decir que la gente es moldeada por el agua y la tierra que los rodea; y por lo que sé de la familia de mi madre, es cierto.

La familia de mi madre fue una vez propietaria de un vasto territorio en Nanjing. En su día les perteneció toda la tierra que quedaba al sur de la línea que se extendía desde la entrada oeste de la ciudad hasta el centro y tres kilómetros al este de ésta. Mi abuelo materno era presidente de la industria del cáñamo en tres provincias —Jiangsu, Zhejiang y Anhui—, así como propietario de otras industrias. En la próspera China del sur, la navegación era el medio de transporte más importante. Él fabricaba todo tipo de productos para el transporte marítimo, desde telas embreadas para barcos de guerra, hasta anclas para pequeños barcos de pesca. Mi abuelo era un capacitado organizador y gerente, con muy poca educación escolar. A pesar de ello, se daba cuenta de la importancia que tenían la cultura y la educación, y por esta razón mandó a sus siete hijos a las mejores escuelas, y fundó él mismo una en Nanjing. Y a pesar de ser aquélla una época en la que se creía que la «falta de talento» era una virtud en las mujeres, sus hijas recibieron una buena educación.

Por boca de mis tíos y tías he podido saber que en casa

---

1   El Guomindang: Partido Nacionalista Chino. *(N. del t.)*

de mi abuelo había que cumplir unas reglas muy estrictas. Durante las comidas, si alguien emitía sonidos al comer o dejaba que su mano izquierda se desviase del bol de arroz, o quebraba alguna otra regla, mi abuelo dejaba los palillos a un lado y se retiraba. A nadie se le permitía seguir comiendo después de eso; todos debían permanecer en ayunas hasta la siguiente comida.

A partir del establecimiento del nuevo gobierno, en 1949, mi abuelo tuvo que ceder propiedades para proteger a su familia. Quizá por rebelión a la estricta educación recibida, todos sus hijos se convirtieron en activos miembros de los movimientos revolucionarios del Partido Comunista y lucharon contra capitalistas como su padre.

Mi abuelo cedió grandes extensiones de su inmensa propiedad al gobierno en tres ocasiones —en 1950, 1959 y 1963— pero estos sacrificios no lo protegieron. Al comienzo de la Revolución Cultural fue víctima de persecuciones por haber sido elogiado por dos de los más acérrimos enemigos de Mao Zedong. El primero fue Chiang Kai-shek, quien había hablado de mi abuelo con verdadero fervor por haber contribuido a desarrollar la industria nacional ante las agresiones japonesas. El segundo fue un antiguo camarada de Mao, Liu Shaoqi, que había alabado a mi abuelo por donar grandes extensiones de su propiedad al país. Chiang fue expulsado de China a Taiwan y Liu fue encarcelado después de perder su posición.

Mi abuelo tenía más de setenta años cuando fue encarcelado. Sobrevivió a esta penosa prueba con una sorprendente fuerza de voluntad. Los Guardias Rojos escupían o echaban mocos dentro de la comida o en el aguado té que servían a los prisioneros. Un anciano que compartía la celda con mi abuelo murió de pena, furia y vergüenza ante este trato vejatorio, pero mi abuelo mantuvo una sonrisa en los labios. Simplemente retiraba los mocos y comía todo lo que podía comerse. Los Guardias Rojos comenzaron por admirarlo y acabaron sirviéndole una comida un poco mejor que la de los demás.

Cuando mi abuelo fue liberado, después de la Revolución Cultural, un amigo que también había estado preso lo invitó a comer la especialidad de Nanjing, pato prensado en sal, para celebrarlo. Cuando esta delicia fue traída a la mesa, el amigo de mi abuelo sufrió un colapso y murió al instante de una hemorragia cerebral provocada por la excitación.

Mi abuelo no mostró felicidad tras su liberación, como tampoco se mostró apenado ante la muerte de sus amigos y colegas, o ante la desintegración de su familia y de su riqueza. Sus sentimientos parecían estar adormecidos. Sólo cuando me permitió leer en sus diarios, durante una visita que hice a China en marzo de 2000, me di cuenta de que él nunca había dejado de sentir las vicisitudes de los tiempos. Sus experiencias y su modo de entender la vida lo habían dejado sin palabras para expresarse. Pero, a pesar de que la emoción de sus diarios no es abiertamente manifiesta, sus más íntimos sentimientos permanecen allí.

Mi madre se unió a la Liga Juvenil Comunista a los catorce años. Más tarde, a los dieciséis, al ejército y al Partido. Antes había alcanzado cierta reputación en Nanjing por sus logros académicos y su talento para cantar y bailar. En el ejército continuó brillando. Alcanzó la excelencia en entrenamientos y pruebas, y estuvo entre los mejores en las competiciones militares de toda la nación. Brillante y hermosa, era cortejada por varios altos cargos del Partido, figuras del ejército que competían por su mano en los bailes. Años más tarde contó que se había sentido como la Cenicienta, que había encajado a la perfección en el zapatito de cristal de la revolución y había logrado alcanzar sus sueños. Arrulla a ella y la perseguiría.

A principios de los años cincuenta, el ejército llevó adelante su primera purga interna de corte estalinista. Mi madre fue relegada a la clase «negra» de descendientes de capitalistas y expulsada del círculo de revolucionarios sobresalientes. Se dedicó entonces a trabajar en una fábrica militar, en colaboración con expertos de Alemania del Este, donde lograron producir con éxito nueva maquinaria destinada a fabricar equipamiento bélico. Cuando se tomó la foto de grupo para registrar este acontecimiento, a mi madre se le dijo que no podría posar al frente del grupo a causa de su pasado familiar y tuvo que permanecer en un segundo plano.

Durante el cisma chino-soviético, mi madre se convirtió en objeto especial de investigación. Su pasado capitalista era la justificación para poner a prueba su lealtad al Partido. Hacia el final de la Revolución Cultural, ella lideró un pequeño equipo técnico, que diseñó una herramienta para incrementar la eficacia de la producción industrial. Sin embargo, no se le concedió crédito alguno por el trabajo realizado. Se le negó el ascenso a jefe del área de diseño, porque resultaba absolutamente improbable que una persona con su pasado pudiera ser completamente leal al Partido.

Durante más de treinta años, mi madre luchó por ganarse el mismo trato y reconocimiento que otros colegas con sus mismas habilidades, pero falló en todos sus intentos. Nada hubo que pudiera cambiar el hecho de ser la hija de un capitalista.

Un amigo de la familia me dijo una vez que la mejor muestra del coraje y la fuerza de mi madre fue su decisión de casarse con mi padre. Cuando ellos se casaron, mi padre era un reconocido instructor de la academia militar. Él entrenó a mi madre y era admirado por muchas de las estudiantes. Aunque mi madre tenía muchos pretendientes entre los instructores, eligió a mi padre, que no era apuesto pero sí intelectualmente brillante. Los colegas de mi madre creían que no se había casado por amor, sino para demostrar su valor.

El intelecto de mi padre parecía ser la justificación personal de mi madre para casarse con él. Siempre que hablaba de él hacía alusión a lo increíblemente inteligente que era: experto nacional en mecánica y cálculos, hablaba varios idiomas extranjeros. Pero ella nunca lo describió como un buen marido o un buen padre. A mi hermano y a mí nos era difícil asimilar la visión que mi madre tenía de él con la del hombre disperso y despistado que rara vez vimos durante nuestra infancia y al que nos dirigíamos llamándolo «tío».

Hay incontables incidentes que ilustran las confusiones de mi padre. Muchas son las anécdotas. Un día, en el comedor de oficiales, se puso un plato sucio bajo el brazo y llevó un diccionario entre las manos hasta el grifo, donde lo enjuagó ante las atónitas miradas de sus colegas. En otra ocasión, mientras leía un libro, entró por la puerta abierta de la casa de otra familia, se sentó en el sofá y se quedó dormido. La familia, desconcertada, no se atrevió a despertarlo.

Para demostrar que era tan competente como mi madre en las tareas prácticas, un día mi padre intentó hacer la cena. Compró una balanza con todas las medidas para poder seguir las recetas con exactitud, y, mientras estaba pesando cuidadosamente la sal, se incendió el aceite del *wok*.

Mi madre me contó que un día se encontraron entre la multitud, en la plaza de Tiananmen, junto al «Monumento a los Revolucionarios». Mi padre le dijo que su unidad de trabajo le había encargado dos botellas de aceite de sésamo. Y no fue hasta que levantó las manos para mostrárselas, que se dio cuenta de que las botellas se habían roto en el camino y sólo cargaba con dos cuellos de botella.

La simpatía muchas veces se confunde con amor, atrapando a las personas en matrimonios infelices. Muchas parejas de chinos, que contrajeron matrimonio entre 1950 y 1980, cayeron en esa trampa. Azotados por los movimientos políticos y el trabajo duro, sintiendo la presión de la tradición, muchos hombres y mujeres se casaron sintiendo simpatía, quizá deseo, pero no amor. Sólo después de casarse descubrieron que eso que los había atraído, luego se transformaría en motivo de separación, dejando sus vidas familiares emocionalmente desiertas.

Mis padres compartían un «negro» pasado capitalista. Mi abuelo paterno trabajó para la empresa británica GEC en Shanghai durante treinta y cinco años. Por ello, tal vez, una mutua simpatía debe de haber jugado un papel fundamental en su matrimonio. Yo creo que llegaron a sentir afecto el uno por el otro a lo largo de los años que compartieron.

¿Se amaban? ¿Eran felices? Nunca me atreví a preguntar; no quise remover años de feos recuerdos para ellos, recuerdos de separaciones forzadas, encarcelamientos y familias separadas.

Yo fui enviada a vivir con mi abuela al mes de haber nacido. En total, he vivido con mi madre menos de tres años. No recuerdo un solo cumpleaños en el que estuviera toda la familia junta.

Cada vez que oigo el soplido de un tren de vapor, pienso en mi madre. El largo silbido me deja, a la vez, indefensa y esperanzada, transportándome al día en que cumplí cinco años. Ese día mi abuela me llevó a la estación de trenes de Beijing. Me recuerdo aferrada a su mano mientras esperábamos en el andén. En aquella época, la estación no estaba nunca tan concurrida como hoy en día, y tampoco había tantas distracciones visuales, entre señales y anuncios, como las que hoy pueden verse. Yo no sabía qué hacíamos allí, sólo recuerdo que esperábamos tranquilamente mientras yo jugueteaba con los dedos de mi abuela.

De pronto pareció que un lento y triste silbido empujaba un largo tren que llegó hasta nuestro lado. Cuando se detuvo, resoplando, pareció fatigado tras haber transportado a tanta gente desde tan lejos.

Una mujer hermosa caminó hacia nosotras; la maleta en su mano oscilaba siguiendo el ritmo de sus pasos. Todo fluía como en un sueño. Mi abuela tomó mi mano, y, señalando a la mujer, me dijo:

—Ahí está tu madre. ¡Dile «mamá», venga!

—Tía —dije yo dirigiéndome a la mujer, como hubiera hecho con cualquier otra.

—Ésta es tu madre, dile «mamá», no «tía» —dijo mi abuela, avergonzada.

Con los ojos como platos, me quedé mirándo a la mujer en silencio. Sus ojos se llenaron de lágrimas, pero intentó esbozar una sonrisa forzada y triste. Mi abuela no dijo nada más, las dos mujeres se quedaron paralizadas.

Este recuerdo me ha perseguido una y otra vez. He sentido un dolor más agudo después de ser madre; y he experimentado el ancestral e inevitable vínculo que tiene una madre con sus hijos. ¿Qué podría haber dicho mi madre, confrontada a su propia hija que la había llamado «tía»?

A lo largo de los años, mi madre había tenido que suprimir su naturaleza femenina. Compitiendo con hombres y luchando contra la mancha de su pasado familiar para tener éxito en su carrera y en el Partido, ella sintió que sus niños eran una carga, y que su familia le había arruinado la vida. Cuando entró en el ejército y empezó a ascender posiciones en él, dejó de prestar atención a su apariencia y a su vestimenta.

Una vez llamé a mi madre desde Inglaterra, en la época en que yo intentaba salir adelante como extranjera en una cultura particularmente difícil. «No te preocupes —me dijo—, lo más importante es que te estás tomando tu tiempo para descubrir lo que significa ser mujer.»

Me quedé de piedra. A sus sesenta años, mi madre estaba aprendiendo que había perdido una importante parte de sí misma, y estaba diciéndome que no cometiera su mismo error.

La segunda vez que volví a China, tras mi viaje a Inglaterra, me sorprendió ver a mi madre usando lápiz de labios para conocer a mi novio inglés. Mi padre casi no pudo contener su emoción ante este resurgir de su elegancia. Ella no había usado maquillaje en cuarenta años.

10

La mujer que esperó cuarenta años

Una característica de la familia china moderna es tener una familia sin sentimientos, o tener sentimientos pero no familia. Las condiciones de vida fuerzan a los jóvenes a convertir el trabajo y el alojamiento en las condiciones mínimas para acceder a casarse. Sus padres, sumergidos en los trastornos políticos y los cambios sociales, hicieron de la seguridad la base sobre la cual construir una familia. Para ambas generaciones, cualquier sentimiento que pueda existir surge a partir de los arreglos prácticos que siempre se anteponen a los sentimientos, y cualquier sentimiento dentro de la familia surge posteriormente a éstos. Lo que la mayoría de las mujeres busca y anhela es una familia que se desarrolle a partir de los sentimientos. Ésta es la razón por la que hay tantas historias trágicas de amor en la historia china. Historias que no florecieron ni dieron sus frutos.

En 1994, mi padre asistió a la celebración del ochenta y tres aniversario de la Universidad de Qinghua, una de las mejores de China. Cuando regresó, me habló del reencuentro de dos de sus antiguos compañeros de clase, Jingyi y Gu Da, que estuvieron enamorados en la época de estudiantes. Al acabar la universidad fueron enviados a diferentes partes de China a fin de «satisfacer las necesidades de la revolución», y se perdieron de vista durante la década que duró la pesadilla de la Revolución Cultural, que imposibilitó cualquier comunicación. La mujer, Jingyi, esperó y buscó a su amado a lo largo de cuarenta y cinco años. En esta reunión de la universidad se reencontraron por primera vez después de todo ese tiempo, pero Jingyi no pudo lanzarse a los brazos de su amado, porque la esposa de aquél estaba allí, a su lado. Jingyi se esforzó por sonreír, estrecharles la mano y saludarlos civilizadamente, pero estaba evidentemente conmocionada. Dejó la reunión antes de que terminara.

El resto de los compañeros, que presenció el doloroso encuentro, sintió sus ojos enrojecer de emoción. Jingyi y Gu Da habían protagonizado la gran historia de amor de la clase; todos sabían que se habían amado profundamente durante los cuatro años de la universidad. Recordaban cómo Gu Da había encontrado las bayas de espino almibaradas de Jingyi en medio de una tormenta de nieve que se produjo en Beijing, y cómo ella se había quedado sin dormir casi diez noches para cuidarlo cuando él sufrió una neumonía. Mi padre se puso melancólico al contar la historia, al tiempo que suspiraba por el paso del tiempo.

Pregunté a mi padre si Jingyi se había casado. Me contestó que no; que siempre había esperado a su amado. Algunos de los antiguos compañeros dijeron que ella había sido una ingenua al encapricharse de aquel modo con su antiguo romance: ¿Cómo podría alguien albergar alguna esperanza después de tantos años de caos político y de violencia? Frente a su incredulidad, ella se había limitado a sonreír y había permanecido en silencio. Comenté a mi padre que Jingyi parecía un nenúfar que exponía su belleza en medio del fango. Mi madre, que había escuchado sin decir nada, intervino diciendo que los nenúfares se marchitan más rápido que las demás flores, una vez quebradas. Entonces quise saber si Jingyi se había quebrado.

Hallé la dirección de la unidad de trabajo de Jingyi en la lista de compañeros de universidad de mi padre, pero en ella no aparecía su teléfono personal, ni la dirección de su casa. Su unidad de trabajo era una fábrica militar dedicada a proyectos experimentales, y estaba situada en lo más profundo de las montañas. Llegar hasta el lugar sería duro, ya que las condiciones del terreno eran arduas y el transporte difícil de organizar. Hice una llamada de larga distancia a la fábrica, pero me contestaron que Jingyi no había regresado de Beijing. Me pidieron que confirmara si ella había dejado la ciudad. Accedí y también pedí a sus antiguos compañeros de universidad que enviaran a alguien para buscarla. Durante las dos semanas siguientes hice averiguaciones entre los amigos de universidad de Jingyi, para detectar algún contacto que hubiera tenido con ellos, o con algún familiar, pero no hallé ni rastro de ella. Su unidad de trabajo me telefoneó para decirme que ella había llamado desde Beijing pidiendo un permiso, pero que no había vuelto a llamar para confirmar si se lo habían concedido. Me pregunté si estaría con su viejo amor Gu Da, pero cuando lo llamé a una enorme fábrica militar de Jiangxi, en el suroeste de China, él me preguntó impotente: «¿Qué ha pasado, dónde está?»

Durante varias semanas, Jingyi se convirtió en el único objeto de mis conversaciones telefónicas con mi familia. Todos estábamos ansiosos, pero no había nada que pudiéramos hacer. Estaba perdida en algún lugar de China.

Una noche cogí una llamada de una oyente que decía ser miembro del personal de un hotel del lago Taihu, en Wuxi. Me habló de una extraña señora que se alojaba en el hotel: nunca dejaba la habitación y tampoco permitía que entrasen a limpiarla. El personal del hotel sabía que permanecía con vida porque al menos contestaba el teléfono. La mujer estaba preocupada y esperaba que yo pudiera ayudar a esta extraña huésped.

Al terminar el programa llamé al hotel y pedí a la centralita que me pusieran con la solitaria dama. Ella contestó rápidamente, pero resultaba obvio que no tenía ningunas ganas de hablar. Me preguntó cómo había dado con ella.

Cuando contesté que la gente del hotel estaba preocupada por ella, me pidió que les transmitiera su agradecimiento. Me quedé atónita: estaba pidiendo a alguien que se encontraba a miles de kilómetros que diera las gracias a la gente que tenía a su lado. Según mi experiencia, evitar las comunicaciones personales de esa manera indica una pérdida de la fe en la vida. También dijo que no conocía mi programa y que no tenía interés alguno en hacerlo.

Nuestra primera conversación fue breve, pero yo seguí llamándola cada noche una vez finalizado mi programa, pensando que mis llamadas podían ser una especie de salvavidas. A lo largo de varias conversaciones, su voz fue adquiriendo un tono de confianza, y en ocasiones llegó incluso a preguntarme por mis asuntos, en vez de limitarse a responder fríamente a mis preguntas.

Dos semanas más tarde no contestó a mi llamada. Alarmada, solicité inmediatamente a los empleados del hotel que llamaran a su puerta, y ellos me tranquilizaron al decirme que había contestado desde dentro. Durante los siguientes días ella no contestó a mis llamadas, pero yo insistí en mi rutina de llamarla cada día para demostrarle mi preocupación.

Por obra del azar, poco después me enviaron a Wuxi a cubrir una noticia. Aunque el objetivo era hacer un informe sobre la vida de los policías de tráfico de Wuxi, tendría la oportunidad de visitar a la mujer que se había alejado del mundo.

Comenté al jefe de la emisora que mi intención era partir hacia Wuxi en cuanto hubiera terminado mi programa de la noche, y él se mostró sumamente intrigado: «¿Te has vuelto loca? Si sales esta noche no llegarás a Wuxi hasta mañana por la mañana, y no habrá nadie para recogerte allí.» La experiencia me ha enseñado que es mejor no explicarlo todo.

El chófer que me asignaron para llevarme a Wuxi odiaba conducir entre el pesado tráfico diurno, así que se quedó encantado cuando le pedí que me llevara de noche al hotel cercano al lago Taihu. Llegamos a las cuatro de la mañana y encontramos a los recepcionistas medio adormilados y perezosos. El conductor, impaciente por naturaleza, les gritó:

—¡Eh, despertad! ¡Ésta es Xinran! Partió hacia aquí en coche en cuanto hubo terminado su programa a medianoche y tiene que volver a emitir a las ocho de la mañana. ¿Podrían darse prisa con las formalidades?

—¿Quién, Xinran? ¿Xinran, la presentadora de «Palabras en la brisa nocturna»? Estuve escuchando su programa hace apenas unas horas.

—Sí, es ella. Y está muy cansada, así que ¡espabile!

—¿Es usted realmente Xinran? Sí, he visto fotos suyas en el periódico. ¡Qué maravilla poderla conocer personalmente! Oh, voy a llamar a mis colegas... —dijo la recepcionista mientras intentaba darse prisa.

—No se preocupe —me apresuré a decir—. Estaré aquí unos días. Por favor, no despierte a sus colegas, estoy realmente cansada.

—Oh, perdone, perdone, ahora mismo le habilito un cuarto con vistas al lago. —Luego le dijo al conductor—: No se preocupe, usted recibirá el mismo trato, no lo dejaremos de lado.

—Gracias por no ofenderse —dijo él.

—No tiene importancia, su lengua es afilada pero su corazón dulce, ¿no es así? De todas maneras, todo me entra por un oído y me sale por el otro, así soy yo.

Mientras la recepcionista me acompañaba a la habitación, le pregunté acerca de la extraña mujer que se hospedaba en el hotel.

—He oído que hay una mujer que se hospeda en el edificio cuatro y que es un poco rara —le dije.

—Sí, debe de llevar aquí varias semanas, pero no estoy segura. Mañana, cuando tengamos nuestra reunión habitual por el cambio de turno, se lo preguntaré al jefe de personal.

—Gracias, le estoy dando mucho trabajo...

—Oh, no, es usted la que se entrega a todos sus oyentes cada día, pero ¿cuántos somos los que podemos agradecérselo en persona?

Los chinos suelen decir que debes temer las manos de los hombres y las palabras de las mujeres, pero al parecer yo me había encontrado con la versión más suave de la lengua de esta mujer.

Una vez en mi cuarto decidí no dormir inmediatamente, sino tomar un baño y planear las entrevistas del día siguiente. Y mientras me desvestía sonó el teléfono:

—¿Hola, es usted Xinran? Soy la operadora de la centralita. La recepcionista del edificio principal me dijo que acababa usted de llegar. Le pido que me disculpe por molestarla, pero he oído que preguntaba por una huésped en particular. Me llamó anoche, poco después de la emisión de su programa, y me preguntó si yo lo escuchaba. Le contesté que sí, y le pregunté si necesitaba algo, pero ella colgó. Puedo ver su cuarto desde la centralita; esta semana tengo el turno de noche y siempre la veo sentada, contemplando el lago durante toda la noche. A lo mejor duerme durante el día, ¿no?

—Perdone que la interrumpa pero, ¿puede verla ahora? ¿Está mirando el lago en estos momentos?

—Mmm...estoy mirando. Sí, ahí está... la estoy viendo. Parece que nunca corre las cortinas de su habitación.

—Muchísimas gracias, ¿puedo preguntarte el número de su habitación?

—Ocupa... la 4209, en la segunda planta del edificio cuatro.

—Gracias, operadora. ¿Puedo hacer algo por usted?

—No, nada... bueno, ¿podría darme un autógrafo?

—¡Por supuesto! Quizá encuentre un momento para visitarla mañana, ¿qué le parece?

—¿De veras? Eso sería genial. Adiós.

—Adiós.

Mientras hablaba volví a vestirme nuevamente. Había decidido visitar a la mujer inmediatamente, ya que el tiempo era precioso.

Al encontrarme delante de su habitación, de pronto me sentí extraviada y vacilé unos minutos antes de decidirme a llamar a la puerta diciendo:

—Hola, soy Xinran. He venido desde el otro lado del hilo de nuestra conversación telefónica para verla. Por favor, abra la puerta.

No hubo respuesta, y la puerta permaneció cerrada. No hablé ni volví a llamar a la puerta, pero me quedé esperando, segura de que me había oído en la quietud de la madrugada. Sabía que ella estaba justo detrás de la puerta y que ambas podíamos sentir la mutua presencia. Pasados diez minutos, su voz se deslizó a través de la puerta.

—Xinran, ¿sigue ahí?

—Sí, estoy esperando a que abra la puerta —contesté con voz suave pero firme.

La puerta se abrió despacio, y una mujer de aspecto inquieto y cansado me hizo pasar. El cuarto estaba limpio y ordenado, y el único indicio de estar habitado lo daba una maleta de viaje apoyada en la pared. Me alivió ver unos paquetes de pasta en ella; al menos no estaba ayunando.

Me senté junto a ella y me quedé en silencio, pensando que cualquier palabra que dijera sólo encontraría resistencia. Esperaría a que ella hablase, pero antes de que ella se decidiera a hacerlo, debía crear un ambiente propicio. Nos quedamos sentadas, oyendo el agua lamer la playa suavemente, mientras mis pensamientos vagaron hacia el lago y sus alrededores.

El lago Taihu es el tercero más grande de China. Está situado al sur de la provincia de Jiangsu y al norte de la de Zhejiang. Es un lugar muy conocido por su belleza y se encuentra en el delta del río Yangzi. Alrededor del lago hay hermosos jardines llenos de estanques y arroyos. El lago Taihu es también conocido por el té Biluo Spring que allí se produce. La leyenda cuenta que una hermosa joven llamada Biluo regó un pequeño árbol con su propia sangre y preparó té con sus tiernas hojas para su amante, enfermo de muerte. Continuó haciéndolo día tras día, hasta que el joven se recuperó del todo, pero entonces Biluo enfermó y murió.

Sentada junto a la mujer, estuve divagando con mis pensamientos por ésta y otras historias mientras escuchaba el suave golpeteo del oleaje. Aunque las lámparas seguían encendidas, su luz ya no se distinguía en el amanecer. Aquella extraña luz infundó a nuestro silencio nuevos matices.

El teléfono quebró nuestra comunión. Era para mí. Eran las siete menos cuarto de la mañana y el chófer debía llevarme a una reunión con la Oficina de Propaganda de la Policía de Tráfico que se celebraría a las 8.30.

Me despedí de la mujer con un apretón de manos, pero apenas dije nada:

—Por favor, coma algo más por mí, y descanse.

De camino a Wuxi me quedé dormida en el asiento trasero del coche. El bondadoso chófer no me despertó cuando llegamos a destino, sino que aparcó y fue él mismo a buscar a la gente que me esperaba. Todavía no había llegado nadie a la oficina y pude dormir una hora más. Cuando desperté, vi a la gente con la que me había citado fuera del coche, charlando mientras esperaban a que despertara. Uno de los policías de tráfico me dijo bromeando:

—Xinran, si te quedas dormida en todos lados, te pondrás gorda.

El día pasó con el vertiginoso ir y venir del periodismo: reuní material de varios sitios diferentes y comenté y debatí el contenido del reportaje que estaba realizando. Afortunadamente, pasé algún tiempo en el coche y pude echar un par de cabezaditas.

Cuando regresé al hotel por la tarde encontré sobre mi cama una lista de empleados del hotel que querían mi autógrafo. La dejé a un lado, me duché y fui a visitar a la mujer de la habitación 4209. Aunque ella no quisiera hablar, pensé que ese instante de silencio, sentadas en su cuarto, sería de alguna ayuda para ella. Debía de haber estado justo detrás de la puerta, esperándome, porque la abrió en cuanto me detuve frente a ella.

La mujer me brindó una sonrisa algo forzada y se quedó en silencio. Una vez más estábamos sentadas frente a la ventana, mirando el lago a la luz de la luna. La superficie estaba en calma y nos hicimos compañía al abrigo de la paz de esta atmósfera.

Al amanecer le indiqué que debía partir para trabajar y ella me estrechó la mano débilmente, pero con mucho sentimiento. Volví a mi habitación, repasé a toda prisa unos cuantos apuntes preparatorios y dejé una nota de agradecimiento a la operadora de la centralita. Con el tiempo había adquirido el hábito de llevar conmigo tarjetas listas para firmar a los oyentes que encontrara por el camino. Firmé varias tarjetas para los empleados del hotel y se las entregué al encargado de mi planta al salir.

Mi breve viaje de trabajo entró en una rutina: realizaba entrevistas en Wuxi durante el día y por las noches me sentaba junto a la mujer a contemplar el lago Taihu. Nuestros silencios parecían tornarse cada vez más profundos y cargados de sentimientos durante el día.

La última noche conté a la mujer que me iría por la mañana, pero que la llamaría. Ella no dijo nada, sonrió débilmente y me estrechó la mano desmayadamente. Me dio una fotografía rota por la mitad, mostrándome lo que parecía ser ella en sus tiempos de estudiante, en los años cuarenta. La chica de la fotografía resplandecía de juventud y felicidad. En la parte de atrás de la foto había una frase en tinta borrosa: «El agua no puede...» Otra frase en tinta más oscura parecía haber sido escrita recientemente: «Las mujeres son como el agua, los hombres como las montañas». Intuí que la persona que faltaba en la parte rota de la foto era la causa del dolor de la mujer.

Abandoné el hotel del lago Taihu, pero sentí que no lo dejaba.

De vuelta en Nanjing, fui directa a visitar a mis padres para darles los recuerdos de Wuxi —figuras de arcilla y varillas de repuesto— que había traído para ellos. Cuando el chófer me abrió la puerta, me dijo:

—Xinran, si estás pensando en hacer otro viaje como éste, no me lleves contigo. Me morí de aburrimiento en el coche: tú sólo querías dormir. ¡No tuve oportunidad de cruzar palabra con nadie en todo el viaje!

Cuando llegué ya era tarde y mis padres se habían ido a dormir. Me quedé a dormir en el cuarto de huéspedes y esperé para verlos por la mañana. Entonces mi madre me llamó desde la habitación.

—¿Fue todo bien?

Y los estruendosos ronquidos de mi padre me indicaron que allí todo seguía igual.

Al día siguiente, mi padre, que era muy madrugador, me despertó muy temprano con otro de sus ataques de estornudo. Cada mañana hacía lo mismo; una vez conté veinticuatro estornudos seguidos. Yo estaba rendida y volví a dormirme, pero duró poco ya que, momentos más tarde, mi padre me despertó golpeando la puerta:

—¡Levántate ya, anda, es urgente!

—¿Qué hay?¿ Qué ha pasado?

Estaba aturdida, pues la casa de mis padres solía ser muy tranquila.

Mi padre me esperaba delante de la puerta de mi habitación, sosteniendo en la mano la foto rota que yo había dejado sobre la mesa la noche anterior. Me preguntó excitado:

—¿De dónde has sacado esta foto? ¡Es ella!

—¿Qué? ¿De qué me estás hablando?

—Ésta es Jingyi, mi compañera de estudios. ¡La que esperó a su amante cuarenta y cinco años!

Mi padre estaba furioso ante mi lentitud.

—¿De veras? ¿Estás seguro que es la misma persona? ¿No puede ser que la vejez te haya afectado la vista? Han pasado cuarenta y cinco años y ésta es una foto vieja...

Francamente, me costaba creerlo.

—Es imposible que me equivoque. Ella era la más bonita de la clase, gustaba a todos los chicos y la mayoría estaban enamorados de ella.

—¿Tú también?

—¡Shhh! Baja la voz. Si te oye tu madre, se le volverá a llenar la cabeza de tonterías. Si quieres que te diga la verdad, Jingyi me gustaba, pero no estaba a mi alcance —dijo mi padre avergonzado.

—¿No estaba a tu alcance? Pero si siempre has alardeado de la buena planta que tenías cuando eras joven —le dije mientras volvía a hacer la maleta.

—¿Por qué te vas tan pronto? —me dijo mientras me miraba.

—Vuelvo a Wuxi ahora mismo. He hecho muchos esfuerzos por encontrar a Jingyi y ahora la he encontrado por casualidad.

—De haberlo sabido, no te hubiera despertado —contestó mi padre.

El viejo Wu vivía cerca de la casa de mis padres, y me acerqué hasta la suya para pedirle un permiso urgente. En calidad de jefe de la administración estaba a cargo del departamento de personal. Mentí diciendo que había recibido la visita de unos parientes y que tendría que ocuparme de ellos unos días. Odio mentir, porque creo que te acorta la vida, pero tenía más temor a que Wu supiera la verdad. Una vez obtenido el permiso, llamé inmediatamente a la presentadora que me había reemplazado para pedirle que lo hiciera durante unos días más.

Perdí el tren del mediodía y tuve que esperar hasta la tarde. Tenía la cabeza llena de preguntas sobre Jingyi; estaba tan ansiosa e impaciente que el tiempo parecía haberse detenido.

Cuando mi programa estaba a punto de comenzar, hacia las diez de la noche, llegué al hotel del lago Taihu. La recepcionista me reconoció y dijo:

—¿Pero usted no se había ido ya?

—Así es —respondí. No quería perder el tiempo en explicaciones.

Cuando volví a encontrarme frente a la puerta de la habitación 4209, las preguntas que se habían amontonado en mi cabeza se desvanecieron, y las dudas empezaron a martirizarme de nuevo. Alcé la mano y la dejé caer dos veces antes de golpearla.

—Tía Jingyi, soy yo, Xinran —dije, dirigiéndome a ella como tía por ser amiga de mi padre y pertenecer a su misma generación. Sentí ganas de llorar; había estado sentada con ella tantas horas sin saber nada... La imaginé sentada en silencio a lo largo de cuarenta y cinco años y mi corazón se encogió.

Antes de que me hubiera dado tiempo a calmarme, la puerta se abrió.

Asombrada, Jingyi me preguntó:

—¿No te habías ido? ¿Cómo sabes mi nombre?

La conduje hasta la ventana e hice que tomara asiento de nuevo, pero esta vez no permanecí callada. Le conté mansamente lo que sabía de ella por mi padre. Jingyi lloró mientras me escuchaba, sin hacer esfuerzo alguno por secar sus lágrimas. Las preguntas se agolpaban en mi interior, pero sólo hice una:

—¿Todavía piensas en el tío Gu Da?

Entonces ella se desmayó.

Me asusté mucho y llamé al operador para que llamara a una ambulancia. El operador dudó:

—Xinran, es medianoche...

—La gente no distingue entre el día y la noche cuando está a punto de morir. ¿Podría usted soportar ver morir a esta señora delante de sus ojos? —pregunté alterada.

—De acuerdo, no se preocupe. Llamaré enseguida.

El operador era muy eficiente. Poco tiempo después oí a alguien gritar:

—¿Dónde está Xinran?

—¡Estoy aquí! —respondí rápidamente.

Cuando el conductor de la ambulancia me vio, dijo:

—¿Usted es Xinran? ¡Pero si está estupendamente!

—Yo estoy bien.

Estaba confundida, pero entendí que el operador había hecho uso de mi supuesta fama para llamar a la ambulancia.

Viajé con Jingyi hasta un hospital militar. El equipo médico no me permitió estar presente mientras la examinaban, y estuve esperando fuera, mirando a través de una ventanilla. Ella permanecía inmóvil en la sala y pensé lo peor. No podía parar de repetir entre lágrimas:

—¡Por favor, tía Jingyi, despierta!

Un doctor me dio una suave palmadita en la espalda.

—Xinran, no te preocupes, está bien, sólo un poco débil. Parece que ha sufrido un gran contratiempo, pero los exámenes que hemos realizado de sus funciones vitales no muestran indicios de que vaya a peor. Está bastante bien, teniendo en cuenta su edad. Sin duda se repondrá con una dieta más nutritiva.

Mientras escuchaba el diagnóstico comencé a sentirme más calmada, pero aún podía sentir la angustia de Jingyi. Me dirigí al doctor en voz baja y le dije:

—Debe de haber sufrido mucho. No sé cómo hizo para superar quince mil noches...

El doctor me permitió descansar en la sala de guardia.

En mi cabeza daban vueltas pensamientos aleatorios, pero finalmente caí rendida. Soñé con mujeres que lloraban y se batían, y desperté exhausta.

Al día siguiente visité a Jingyi cuatro o cinco veces, pero siempre estaba dormida. El doctor dijo que probablemente seguiría durmiendo así varios días, ya que estaba muy cansada.

Reservé una cama en la casa de huéspedes del hospital. No tenía dinero suficiente para una habitación individual; además, apenas iba a usarla. No quería que Jingyi estuviera sola, así que me quedaba a su lado por la noche y descansaba un poco durante el día. Permaneció inconsciente durante varios días, y la única señal de movimiento fue un ligero parpadeo nervioso.

Por fin, al atardecer del quinto día, Jingyi volvió en sí. Parecía no saber dónde se encontraba e intentó hablar. Posé un dedo sobre sus labios y le conté con delicadeza lo que había pasado. Mientras me escuchaba, tomó mi mano con un gesto de gratitud y me brindó sus primeras palabras:

—¿Tu padre está bien?.

El dique se había roto, y aquella noche, recostada en la inmensa y blanca almohada del hospital, Jingyi me contó su historia en un tono firme.

En 1946, Jingyi aprobó el examen de acceso a la Universidad de Qinghua. El primer día de inscripción vio a Gu Da. Entre los estudiantes, Gu Da no sobresalía por ser guapo, ni tampoco por haber protagonizado hazaña alguna. Cuando Jingyi lo vio por primera vez, Gu Da estaba ayudando a los demás con sus equipajes y parecía el portero de la universidad. A Jingyi y a Gu Da los pusieron en la misma clase, donde varios muchachos empezaron a cortejarla por su belleza y su dulzura natural. A diferencia de ellos, Gu Da solía sentarse solo en un rincón de la clase o en la profundidad de los jardines de la universidad, leyendo algún libro. Jingyi no le prestó más atención que a cualquier otro estudiante devoralibros.

Jingyi era una chica alegre a la que le gustaba proponer divertidas actividades con las que los demás estudiantes disfrutaban. Un claro día de invierno, tras una tormenta de nieve, los estudiantes salieron para hacer un muñeco de nieve. Jingyi sugirió hacer dos en vez de uno, usando bayas de espino almibaradas como narices. Las mujeres y los hombres se dividirían en dos grupos y se turnarían para besar los muñecos con los ojos vendados. Los más afortunados comerían las bayas, mientras que los demás sólo se llenarían la boca de nieve.

En aquella época, el transporte público o las bicicletas no eran muy comunes. La única manera de encontrar bayas de espino almibaradas para este juego era caminar varias horas a través de la nieve hasta el centro de Beijing, antes conocida como Beiping. Los estudiantes que habían competido por la atención de Jingyi no se ofrecieron a hacerlo y algunos volvieron a sus dormitorios en silencio. Jingyi estaba decepcionada porque los muchachos no tenían sentido del humor, y abandonó el juego que ella misma había propuesto.

Al día siguiente cayó más nieve y lo cubrió todo de blanco, y los estudiantes se quedaron leyendo en la clase. A media tarde, casi al final del período de estudio, bajo la débil luz de las lámparas entró un hombre cubierto de nieve. Caminó hasta Jingyi y, con algún esfuerzo, sacó de su bolsillo dos bayas de espino almibaradas de Beiping. Se habían congelado y estaban hechas un cubito de hielo. Antes de que nadie pudiera saber quién era aquel hombre de hielo, éste dejó la clase.

La sorprendida Jingyi había reconocido a Gu Da. Al día siguiente, mientras sus encantados compañeros se entretenían hablando de jugar al juego inventado por Jingyi, ella se quedó absorta contemplando caer la nieve e imaginando a Gu Da atravesándola con dificultad.

Al día siguiente, Gu Da no tomó parte en el juego. Sus compañeros de habitación dijeron que estaba durmiendo como un tronco, como si hubiera bebido una poción mágica. A Jingyi le preocupaba que hubiera enfermado por el agotamiento sufrido, pero en la clase de la tarde se tranquilizó al verlo entrar y sentarse a leer en su rincón, como de costumbre. Después de la clase, Jingyi se detuvo para agradecerle el esfuerzo. Gu Da sonrió tímidamente y dijo:

—No fue nada, soy un hombre.

La sencilla respuesta de Gu Da enterneció a Jingyi. Era la primera vez que sentía la fuerza y la solidez masculinas. Empezó a sentirse como la heroína de un cuento, y no lograba conciliar el sueño por la noche a causa de los pensamientos que rondaban su cabeza.

Jingyi comenzó a observar a Gu Da de cerca. Su naturaleza taciturna la llevó a toda clase de conjeturas y a reflexionar continuamente acerca de su conducta. Dejando de lado el día en que le había traído las bayas, Gu Da no parecía estar demasiado interesado en Jingyi, a diferencia de los demás muchachos que la perseguían tenazmente. Ella empezó a desear que Gu Da se mostrara más atento y comenzó a buscar excusas para hablarle. Sin embargo, él se mostraba impasible y no daba muestras de interesarse especialmente por ella, ni por sus comentarios ni por su actitud. En lugar de aplacar el interés de Jingyi, la actitud reservada de Gu Da más bien acrecentó sus esperanzas.

El cariño que Jingyi profesaba a Gu Da exasperó a muchos de sus pretendientes. Se burlaban de Gu Da por su falta de expresividad, se referían a él como al sapo que soñaba con besar a una princesa, y lo acusaban de jugar con los sentimientos de Jingyi. Ninguno de estos comentarios se hizo en presencia de Jingyi, pero una compañera se los contó más tarde y añadió:

—Gu Da debe de ser de hierro. Lo único que replicó fue: «La gente involucrada sabe lo que es cierto y lo que no».

Jingyi admiraba la calma desplegada por Gu Da ante las mofas de sus compañeros, y estaba convencida de que eran la prueba de las cualidades de un verdadero hombre. Por otro lado, no ocultaba que se sentía herida por el tibio comportamiento que Gu Da le brindaba.

Justo antes de los exámenes finales del semestre, Gu Da se ausentó de la clase dos días seguidos, sus compañeros de habitación dijeron que dormía. Jingyi no creía que estuviera simplemente durmiendo, pero no se le permitía visitarlo en su habitación a causa de la estricta segregación de sexos. Al tercer día, no obstante, Jingyi salió de la clase mientras los demás estudiaban y pudo colarse en la habitación de Gu Da. Empujó suavemente la puerta y vio a Gu Da durmiendo. Su cara estaba muy colorada. Cuando fue a tomar su mano para meterla debajo de las mantas, notó que estaba ardiendo. Aunque en aquella época no se permitía contacto alguno entre hombres y mujeres que no estuvieran casados, ella tocó la cabeza y el rostro de Gu Da sin dudarlo. Allí también notó la fiebre. Pronunció su nombre en voz alta pero él no respondió.

Jingyi volvió corriendo a clase pidiendo ayuda. Todos se alarmaron al verla tan alterada y se lanzaron en busca de algún profesor o médico. Más tarde, el doctor comentó que Gu Da había tenido suerte de haber sido encontrado a tiempo: doce horas más sin atención médica y hubiera muerto de neumonía aguda. Entonces no había hospitales en el campus de Qinghua. El doctor prescribió hasta veinte dosis de hierbas medicinales y dijo que lo mejor sería que algún miembro de su familia se hiciera cargo de su cuidado y le administrara compresas frías y friegas con hielo en pies y manos.

Gu Da nunca había mencionado que tuviera familia o amigos en Beiping. Provenía del sur de China, pero por aquel entonces las vías del tren estaban cortadas y no había forma de avisar a su familia. De todos modos, su familia no hubie-

ra podido llegar para cuidarlo durante el período más críti-
co. Mientras se preparaba para partir, el doctor se encontró
en un dilema: no confiaba en que Gu Da pudiera salir adelante sólo con la ayuda de aquellos jóvenes inexpertos. En
medio de una fuerte discusión entre los estudiantes, Jingyi se acercó al doctor y le dijo en voz baja:

—Yo cuidaré de él. Gu Da es mi prometido.

El secretario de estudios era un buen hombre. Arregló
todo de modo que los compañeros de cuarto de Gu Da se
mudaran temporalmente para que pudiera descansar tranquilo y Jingyi cuidara de él. A ella se le prohibió estrictamente quedarse a dormir en la habitación.

Durante más de diez días, Jingyi aplicó compresas frías
en la frente a Gu Da, lo lavó, lo alimentó y le preparó sus
infusiones de hierbas. La luz brilló a través de las noches
en la habitación de Gu Da y el amargo sabor de las medicinas chinas se esfumó entre los delicados susurros de la voz
de Jingyi. Le cantó, una tras otra, canciones del sur de China, intentando revivir a Gu Da con melodías de su tierra.
Sus compañeros de clase, especialmente los chicos, suspi-
raban pensando en la delicada Jingyi cuidando a Gu Da.

Gracias al cuidado atento de Jingyi, Gu Da se recuperó. El doctor dijo que había escapado de las fauces de la
muerte.

El amor que sentían el uno por el otro se hizo realidad.
Nadie podía ponerlo en duda después de los sacrificios que
habían hecho. De todos modos, algunos decían en privado
que juntar a Jingyi con Gu Da era como arrojar una flor fresca en un montón de estiércol.

Durante los siguientes cuatro años de universidad, Gu
Da y Jingyi se apoyaron uno al otro en los estudios y en la
vida diaria. Cada día que pasaba era una prueba de su amor:
el primer amor para los dos, inquebrantable en toda su fuerza. Comprometidos ideológicamente, ambos ingresaron en
el Partido Comunista clandestino soñando con una nueva

era y una nueva vida, e imaginando los hijos que tendrían y la celebración de sus bodas de oro.

Su graduación coincidió con la fundación de la nueva China y su nueva posición política les otorgó un inusual respeto por parte de la sociedad. Fueron llamados para entrevistas separadas en el ejército. Ambos habían estudiado ingeniería mecánica y la nueva patria, que todavía se hallaba en sus albores, necesitaba de su conocimiento para la defensa nacional. Eran tiempos de gran solemnidad: todo cobraba sentido de misión y las cosas pasaban muy rápido. Las experiencias de Jingyi y de Gu Da en el partido clandestino les habían enseñado que estaban destinados a cumplir cualquier misión que se les asignara, y llevarla hasta el final. Todo, incluyendo la separación, debía ser aceptado incondicionalmente.

Jingyi fue enviada a una base militar en el noroeste de China y a Gu Da lo enviaron a una unidad del ejército en Manchuria. Antes de partir hicieron planes para reunirse en los jardines de la Universidad de Qinghua, donde podrían compartir los conocimientos adquiridos, y luego ir hasta Beijing por unas bayas de espino almibaradas. Luego solicitarían un permiso al Partido para casarse, viajarían hasta la casa de Gu Da en el lago Taihu, en el sur de China, y se instalarían para formar una familia. Este pacto quedó grabado con fuego en la mente de Jingyi.

En contra de lo esperado, ambos fueron confinados en sus bases militares al año siguiente, cuando estalló la guerra de Corea. Al tercer año de estar separados, Jingyi fue enviada temporalmente a una unidad especial de investigación y desarrollo del ejército en la planicie central de China, sin permiso para visitar a amigos o familia. En su cuarto año de separación, Gu Da fue enviado a una base de las fuerzas aéreas del este de China. La multitud de direcciones diferentes que poblaban las cartas de amor de Jingyi eran la prueba evidente de que tanto ella como Gu

Da eran indispensables para la nueva China y su industria militar.

La resistencia a dejarse mutuamente era evidente en sus cartas, pero cada vez resultaba más difícil organizar aquel encuentro tan esperado. La obediencia al Partido los condujo a posponer el encuentro un sinnúmero de veces, y a menudo interrumpía la correspondencia que mantenían. En medio del caos de los movimientos políticos de finales de los cincuenta, Jingyi fue interrogada por ciertas cuestiones relacionadas con su pasado familiar y enviada posteriormente a la zona rural de Shaanxi para «recibir instrucción y reformarse». Por aquel entonces, incluso la importante tarea de construir la defensa nacional era considerada secundaria a la lucha de clases. Jingyi perdió todas las libertades personales y no se le permitió comunicarse ni trasladarse cuando deseara. Tanto echaba de menos a Gu Da que a punto estuvo de volverse loca, pero los campesinos responsables de supervisar su transformación rehusaron ayudarla. No podían desafiar las órdenes del presidente Mao dejando salir a Jingyi, pues ésta podría convertirse en espía o mantener contactos con los contrarrevolucionarios. Más adelante, un instructor le sugirió una manera de salir de allí: si se casaba con un campesino podría cambiar de estatus y recuperar su libertad. A Jingyi, que seguía profundamente enamorada de Gu Da, la sola idea de casarse con otro le resultaba intolerable.

Jingyi pasó nueve años trabajando en un pueblo en Shaanxi. El arroyo del pueblo significaba a la vez su sustento y el lugar de encuentro no oficial donde se reunían los habitantes del pueblo para conversar e intercambiar noticias de sitios lejanos. Jingyi veía en el arroyo el único medio de comunicación con Gu Da. Cada noche se sentaba en la orilla y en silencio le contaba cuánto extrañaba a Gu Da, con la esperanza de que el agua llevara sus sentimientos hasta donde él se encontrara. Sin embargo, el arroyo nunca llevó a Jingyi noticias del mundo exterior.

Con el paso de los años, los aldeanos casi olvidaron que Jingyi tenía algo especial; su aspecto se había ido transformando paulatinamente hasta convertirla en una campesina más. Sólo una característica la distinguía: era la única mujer de su edad que permanecía soltera.

Hacia finales de los sesenta, un funcionario del distrito llegó al pueblo con órdenes de que Jingyi se preparase para ser trasladada. Las órdenes eran «abrazar la revolución y empujar la producción». Había comenzado la campaña antisoviética.

Tan pronto como llegó a su base militar, Jingyi se propuso dos cosas: primero debía demostrar que seguía siendo la misma. Los años de trabajo en el campo la habían avejentado y habían cambiado bastante su aspecto. Al principio, sus compañeros no la reconocieron, y tampoco creyeron que sus habilidades siguieran intactas. Le hicieron pasar exámenes y experimentos, le hicieron analizar problemas y describir acontecimientos pasados. Después de una semana concluyeron que su lucidez mental permanecía intacta.

En segundo lugar, pero de mayor importancia para ella personalmente, debía establecer contacto con Gu Da nuevamente. Sus colegas estaban conmovidos por la devoción que le profesaba e hicieron lo posible para ayudarla. Al cabo de tres meses de búsqueda, todo lo que sabían era que Gu Da había sido encarcelado al comienzo de la Revolución Cultural por reaccionario y supuesto agente secreto del Guomindang. Las pesquisas que realizaron en las cárceles en las que posiblemente podía haber sido encerrado sólo dieron respuestas insatisfactorias: Gu Da había pasado por todas ellas, pero nadie sabía adónde había sido enviado posteriormente. Jingyi estaba desesperada, pero no se resignó. Mientras no hubiera noticias de la muerte de Gu Da, había esperanzas que daban sentido a su vida.

Durante los años siguientes a la Revolución Cultural, Jingyi corrió mejor suerte que los demás compañeros de

universidad. Le concedieron protección especial gracias a
sus habilidades, y las autoridades de su base militar la escon-
dieron varias veces de la Guardia Roja. Ella comprendía el
gran riesgo que sus superiores corrían al protegerla, y, a fin
de corresponderles, respondió con mayores logros cientí-
ficos.

Jingyi nunca cejó en sus intentos de encontrar a Gu Da.
Visitó cada pueblo y ciudad por los que él hubiera podido
pasar, incluso fue al lago Taihu, lugar en el que habían soñado instalarse. Con la ayuda de amigos tardó dos semanas en
recorrer la circunferencia completa del lago buscando a Gu
Da, pero no encontró ni rastro de él.

En los años ochenta, tras el proceso de reforma y apertura políticas, la gente despertó por fin de la sempiterna
pesadilla del caos social y político, y se enderezó todo lo que
hasta entonces no había sido más que confusión. Jingyi era
una más de la ingente cantidad de personas que buscaban a
familiares o amigos perdidos a través de cartas, llamadas
telefónicas y pesquisas personales. Muchas veces, la pasión
que ella ponía en su búsqueda no fue apreciada por los
demás: Gu Da era el amante de Jingyi, no el suyo. La Revolución Cultural había adormecido los sentimientos de
muchos a los que las amargas experiencias habían enseñado a anteponer las necesidades básicas y la seguridad política a la empatía o la emoción.

Cuando Jingyi recibió la lista de gente que asistiría a la
celebración del aniversario de la universidad de Qinghua,
buscó ávidamente el nombre de Gu Da, pero no apareció en
la lista. Cuando viajó a Beijing con motivo del evento, llevó consigo docenas de cartas en las que pedía ayuda y que
tenía intención de distribuir entre los demás antiguos compañeros.

En el primer día de celebraciones llegó gente de toda China al campus. Los más jóvenes se saludaban efusivamente:
el tiempo todavía no los había cambiado demasiado. Los

mayores parecían dudar más: la mayoría de ellos no pudo reconocer a sus antiguos compañeros hasta que entraron en las salas designadas para su año y clase.

Nadie había reconocido a Jingyi en el desconcierto inicial y, al principio, ella tampoco fue capaz de reconocer a nadie. Un asistente la guió hasta donde se encontraba su año y su clase. Al entrar vio de espaldas a un hombre que jamás sería un desconocido para ella, no importaba cuánto lo hubiera podido cambiar la vida: Gu Da. Jingyi se vio superada por la situación; comenzó a temblar, su pulso se aceleró y estuvo a punto de perder el sentido. El joven asistente la sostuvo del brazo y le preguntó con preocupación qué le pasaba. ¿Sufría una enfermedad cardíaca? Jingyi no podía hablar y movió la mano para indicar que se encontraba bien, señalando al mismo tiempo a Gu Da.

Se obligó a caminar hacia él, pero su corazón estaba a punto de estallar y apenas le permitía moverse. Cuando se disponía a llamar a Gu Da, lo oyó decir:

—Ésta es mi esposa Lin Zhen, mi hija mayor Nianhua, mi segunda hija Jinghua y mi tercera hija Yihua. Sí, sí, acabamos de llegar...

Jingyi se quedó helada.

En aquel mismo instante, Gu Da se volvió y se quedó paralizado al verla. La miró boquiabierto. Preocupada, su esposa le preguntó si algo andaba mal. Él contestó estremecido:

—Ésta... ésta es Jingyi.

—¿Jingyi? No puede ser...

La esposa conocía su nombre.

Los tres ancianos estaban abatidos y permanecieron en silencio unos momentos, aferrados a sus sentimientos. Con lágrimas en los ojos, la esposa de Gu Da confió a Jingyi que él sólo había consentido en casarse cuando oyó que ella había muerto. Entonces hizo un amago de dejarlos solos, pero Jingyi se lo impidió.

—Por favor... por favor, no se vaya. Lo que hubo entre nosotros pertenece al pasado, cuando éramos jóvenes, pero ahora ustedes tienen una familia. Por favor, no hiera a esta familia; saber que Gu Da es feliz me resultará mucho más reconfortante.

Jingyi no sentía realmente lo que había dicho, pero habló con sinceridad.

Cuando la más joven de las hijas supo quién era Jingyi, dijo:

—Las iniciales de los nombres de mis hermanas y el mío forman la frase «Nian Jing Yi», es decir, en memoria a Jingyi. Mis padres dicen que es para recordarla. La Revolución Cultural empujó la vida de tanta gente al caos... Por favor, busque en su corazón para poder perdonar a mis padres.

De pronto Jingyi se sintió más calmada y encontró la fuerza para estrechar la mano de la mujer de Gu Da y decir:

—Le doy las gracias por recordarme, y por haber dado una familia tan hermosa a Gu Da. A partir de hoy seré más feliz, porque tendré algo menos de qué preocuparme. Venga, entremos juntos a la reunión.

Todos accedieron y, siguiendo a Jingyi, se encaminaron hacia el auditorio. Una vez sentados en los asientos asignados, Jingyi se escabulló y volvió a su hotel, donde quemó todas las cartas solicitando ayuda que había traído consigo. Junto con el papel se desvanecieron también sus esperanzas y la momentánea calma.

Varios días después consiguió juntar fuerzas para llamar al trabajo y pedir unos días más de excedencia. Su compañero de trabajo le dijo que había llegado un telegrama para ella, de parte de un tal Gu Jian, pidiéndole que se pusiera en contacto con él cuanto antes. Jingyi comprendió que, por razones que ella desconocía, Gu Da se había cambiado el nombre por el de Gu Jian. Por eso su búsqueda había sido infructuosa.

Jingyi tomó el tren en dirección sur, hacia el lago Taihu, con la intención de adquirir una casa como la que habían soñado tener ella y Gu Da. Pero no tenía ni la fuerza ni el dinero necesario para llevarlo a cabo, y se hospedó en el hotel. No quería ver a nadie y sobrevivió a base de pasta instantánea y dedicada a pensar de día y de noche.

Jingyi casi había terminado de contar su historia. Levantó la mano débilmente y dibujó un círculo en el aire.

—Cuarenta y cinco años de anhelos constantes por él habían hecho de mis lágrimas un pozo de nostalgia. Cada día me acercaba a esperar junto al pozo, llena de confianza y amor. Creía que mi amado saldría un día de aquel pozo y me tomaría entre sus brazos. Pero cuando finalmente salió, había otra mujer a su lado. Sus pasos perturbaron la brillante y lisa superficie de mi pozo. Las ondas enturbiaron mi visión del sol y de la luna, y mi esperanza se esfumó.

»Para poder continuar viviendo necesitaba desprenderme de Gu Da y de mis sentimientos. Tenía la esperanza de que el lago Taihu me ayudaría a lograrlo, pero es demasiado difícil desprenderse del peso de cuarenta y cinco años.

Escuché, angustiada e indefensa, el vacío que inundaba la voz de Jingyi. Toda la empatía que pudiera movilizar sería indefectiblemente insuficiente.

Tenía que volver a ocuparme de PanPan y de mi trabajo, pero no quería dejar sola a Jingyi, así que telefoneé a mi padre para saber si podría venir con mi madre a Wuxi y quedarse unos días a hacer compañía a Jingyi. Ambos llegaron al día siguiente. Cuando yo ya me despedía, mi madre, que me había acompañado hasta la puerta del hospital, me dijo:

—Jingyi debió de ser muy bonita cuando era joven.

Una semana después mis padres volvieron a Nanjing. Mi padre me contó que, con permiso de Jingyi, se había puesto en contacto con su unidad de trabajo. La habían estado buscando y, en cuanto oyeron las noticias, se apresuraron a enviar a una persona a Wuxi que pudiera cuidar de Jingyi. Mi padre dijo que, sin que ella lo supiera, le había contado por encima la historia de Jingyi a su colega. Dijo que el hombre al otro lado del hilo telefónico se había derrumbado y le había dicho entre sollozos:

—Todos aquí sabemos lo mucho que sufrió Jingyi buscando a su amado, pero nadie podrá jamás describir la profundidad de sus sentimientos.

Mi padre descubrió por qué Gu Da había cambiado de nombre, y le contó a Jingyi lo que sabía. El líder de la Guardia Roja de la segunda de las prisiones a la que fue llevado se llamaba exactamente igual que él, y por eso Gu Da fue forzado a cambiar de nombre. Sin autorización alguna, la Guardia Roja cambió su nombre por el de Gu Jian en todos sus documentos. Gu Jian luchó con las autoridades para recuperar su nombre, pero ellos se limitaron a decir:

—Se cometieron tantos errores durante la Revolución Cultural. ¿Cómo vamos a poder enmendarlos todos?

Más tarde, alguien dijo a Gu Da que Jingyi, a la que había buscado durante años, había muerto veinte años antes en un accidente de tráfico, y entonces decidió que el nombre Gu Da moriría con ella.

Jingyi dijo que las mujeres son como el agua y los hombres como montañas. ¿Era ésta una comparación válida? Yo planteé esta pregunta a mis oyentes y en tan sólo una semana recibí casi doscientas respuestas. Entre ellas, más de diez procedían de mis propios colegas. El gran Li escribió: «Los hombres chinos necesitan a una mujer para formarse una imagen de sí mismos. De la misma manera, las montañas se reflejan en los arroyos. Pero los arroyos fluyen desde las montañas. Así que, ¿cuál es entonces la imagen verdadera?»

11

La hija del general del Guomindang

A veces, los temas que se discutían en mi programa provocaban enormes discusiones entre los oyentes, y para mi sorpresa, mis colegas querían seguir discutiendo esos mismos temas al día siguiente de la emisión del programa. El día después de haber presentado un programa en el que tratamos las minusvalías, me encontré en el ascensor con el viejo Wu. Mientras el ascensor chirriaba hacia el sexto piso, él aprovechó para hablarme del programa de la noche anterior. Era un oyente regular de mi programa y estaba dispuesto a compartir sus opiniones e ideas conmigo. A mí me enternecía su interés. Los políticos habían empañado tanto el entusiasmo por la vida en China, que era raro encontrar hombres de avanzada edad, como el viejo Wu, que todavía sintieran curiosidad por las cosas. Era muy inusual que la gente que trabajaba en los medios de comunicación en China viera, oyera o leyera los mismos medios en los que trabajaban: sabían que no eran más que portavoces del Partido.

—Creo que lo que discutisteis anoche en tu programa fue muy interesante —dijo el viejo Wu—. Tus oyentes coincidieron todos en que deberíamos sentir compasión y comprender a los minusválidos. Sentir compasión es fácil, pero creo que la comprensión no lo es tanto. ¿Cuánta gente puede desprenderse de sus mentes y de su cuerpo capacitado, para comprender y entender a un minusválido en sus propios términos? Y debería distinguirse entre las experiencias de la gente que nació incapacitada y la que quedó así en alguna etapa de la vida. Claro... ¡Eh!, ¿qué ha pasado? ¿Está la luz roja encendida?

El ascensor se detuvo de una sacudida y la luz roja de la alarma se encendió, pero nadie entró en pánico porque aquello era algo muy corriente: el ascensor se detenía casi todos los días. Por suerte lo hizo a la altura de uno de los pisos y no entre ellos, y el señor que los reparaba (la persona más popular en el edificio), no tardó en abrir la puerta. Al salir del ascensor, el viejo Wu me dijo una última cosa, casi como emitiendo una orden:

—Xinran, encuentra un momento para conversar conmigo pronto. No pienses sólo en tus oyentes, ¿me has oído?

—Sí, te he oído —repuse en voz alta, mientras el viejo Wu se alejaba.

—¿Qué es lo que has oído?

Un supervisor me detuvo en el pasillo.

—Estaba hablando con el director Wu —le dije.

—Creía que habías oído hablar de la discusión que hubo ayer en el departamento editorial acerca de tu programa.

Sabiendo cuán afilada podía llegar a ser la lengua de mis colegas, me puse a la defensiva:

—¿Acerca de qué discutían? ¿Del tema? ¿De algo que dijo algún oyente? ¿De algo que dije yo?

—Discutían sobre si era más triste haber nacido minusválido o quedar impedido a lo largo de la vida —repuso el supervisor mientras se alejaba por el corredor sin mirar atrás.

Aquella mañana, el departamento editorial parecía haber retomado el tema de la noche anterior. Al entrar en la oficina, siete u ocho personas estaban metidas en una fuerte discusión, a la que también se habían sumado dos de los técnicos. Todos estaban realmente sensibilizados con el tema: algunos estaban acalorados por la excitación, otros gesticulaban o repiqueteaban la mesa con los lápices.

Yo no estaba segura de querer participar en la discusión, porque había tenido dificultades para manejar el tema entre los oyentes, quienes, además, me habían tenido en el estudio hasta tarde, después de terminar la transmisión. Llegué a casa a las tres de la mañana. Con toda la discreción de que fui capaz, cogí la correspondencia y me apresuré a salir.

Justo al alcanzar la puerta, el viejo Chen me gritó:

—¡Xinran, no te vayas! Tú fuiste quien prendió la llama, así que tú misma deberías apagarla.

Yo intenté encontrar una excusa:

—Ahora mismo vuelvo, el jefe quiere verme —dije, y me escabullí para refugiarme en la oficina del director de la emisora, sólo para encontrarlo allí esperándome.

—¡Hablando del rey de Roma! —exclamó.

Me puse tensa, esperando lo peor.

—Aquí tienes una copia del registro de llamadas entrantes. Creo que hay posibilidades de sacar una buena entrevista. Échale una mirada y piensa en algo para esta tarde —me dijo en tono autoritario.

Había un mensaje para mí en el registro telefónico: la hija de un general del Guomindang estaba ingresada en un hospital mental y se suponía que yo debía llamar a un tal doctor Li. No había detalles que indicaran que allí había una buena historia, pero sabía que el director era muy astuto, y que si él decía que había algo, seguro que tenía razón. Siempre acertaba: descubría los temas más jugosos de las menores pequeñeces. A veces lo veía como si hubiera crecido profesionalmente en un ambiente de prensa libre.

Llamé al doctor Li, que fue breve.

—Esta mujer es la hija de un general del Guomindang. Es retrasada mental, pero no nació así. Según me han comentado, ganó un primer premio de ensayo en Jiangsu cuando era pequeña, pero ahora... —La voz del doctor Li se quebró de repente—. Lo siento, ¿podría contárselo personalmente?

Acepté inmediatamente y quedamos que yo visitaría el hospital aquel mediodía.

Después de saludarnos brevemente, el doctor Li me llevó a ver a la mujer. Un pálido rostro inexpresivo nos miró al introducirnos en la quieta y blanca habitación.

—Shilin, ésta es Xinran, ha venido a verte —dijo el doctor Li.

Shilin permaneció en silencio, y su cara siguió inexpresiva.

El doctor Li se volvió hacia mí y me dijo:

—No reacciona con nada, pero, de todos modos, yo creo que debemos tratarla con respeto. Ella no nació con la deficiencia mental, alguna vez habló y pudo comprender los sentimientos. —Miró su reloj—. Ayer, algunos de los miembros de la familia de Shilin escucharon su programa y uno de ellos me pidió que concertara una cita con usted. Estoy de guardia ahora pero tome asiento, los parientes de Shilin llegarán en cualquier momento.

Nunca había estado sola en una habitación con una persona con problemas mentales. Intenté hablar a Shilin, pero no reaccionó a mis palabras. Sin saber bien qué hacer, tomé mi bloc de notas y comencé a dibujarla. Ella permaneció completamente quieta, sin prestar atención a lo que yo hacía.

Shilin era muy hermosa. Calculo que tendría cerca de cuarenta años, pero la piel bajo sus ojos era clara y sin arrugas. Sus rasgos eran normales y bien proporcionados, y su recta nariz resaltaba unos ojos grandes y arqueados, que ascendían hacia los ángulos exteriores como si estuviera a punto de sonreír. Sus labios eran finos como los de las mujeres retratadas en las antiguas pinturas chinas.

Antes de que pudiera terminar mi boceto llegaron los parientes de Shilin: su tía y su prima, que eran madre e hija. La tía de Shilin, Wang Yue, era una señora de buenas maneras que se conducía con mucho decoro. La prima, Wang Yu, tendría unos treinta años y trabajaba como contable para el editor de una revista.

Wang Yue dijo que la noche anterior la familia había encendido la radio antes de irse a dormir. Me dijo que escuchaban mi programa cada noche porque los ayudaba a dormir. Yo me pregunté si mi programa era tan abominable y no supe si deprimirme o echarme a reír.

La hija de Wang Yue, que había notado la ambigua expresión en mi cara, le dio un suave codazo a su madre, pero Wang Yue la ignoró. Me dijo que se habían puesto nerviosos escuchando a los oyentes que la noche anterior habían dicho que era mucho peor haber nacido con deficiencias que adquirirlas más tarde en la vida. La familia de Shilin estaba muy en desacuerdo con ello, y había sentido una profunda aversión hacia aquellos que habían defendido esta postura que, por lo demás, creían totalmente errónea.

Wang Yue habló apasionadamente. ¿Acaso la gente podía olvidar el gran dolor que produce perder a alguien que ha tenido a su lado alguna vez? Sin duda era más trágico haber tenido conocimiento y entendimiento y haberlo perdido que no haberlo tenido nunca. Wang Yue dijo que la familia se había revolucionado tanto con este tema que ninguno de ellos había podido dormir. Todos estaban seguros de poder probar su posición contándome el caso de Shilin. La expresión de Shilin permaneció inmutable mientras Wang Yue me contó su historia:

Shilin era la hija de un general del Guomindang, la más joven de su familia. A diferencia de sus hermanos y hermanas mayores, Shilin se crió protegida y mimada. Cuando estalló la guerra civil en China en 1945, su padre fue promovido al rango de general del ejército de Chiang Kai-shek. El Guomindang había perdido el apoyo de los campesinos en favor de los comunistas. Esto suponía un desastre, ya que los campesinos constituían el noventa y ocho por ciento de la población. Aun habiendo recibido armas de Gran Bretaña y los Estados Unidos, al Guomingdang se le fue la situación de las manos. Pronto los comunistas derrotaron al ejército de Chiang Kai-shek, de varios millones de efectivos, que se vio obligado a retirarse a Taiwan. En la huida hacia el este del Guomindang, muchos de sus líderes no pudieron organizar la salida de sus familias a tiempo. La familia de Shilin fue una de ellas.

A principios del verano de 1949, Shilin tenía siete años y llevaba dos años viviendo con su abuela en Beiping. Estaba lista para volver a casa de sus padres en Nanjing para empezar la escuela. Entonces su madre mandó una carta a la abuela en la que le decía que el padre de Shilin estaba a punto de iniciar una campaña, por lo que ella tendría que quedarse en Nanjing cuidando de los demás hijos y no podría viajar a Beiping para recoger a Shilin. Como la abuela estaba débil y mal de salud y, por lo tanto, no podría realizar el viaje, se acordó que la joven tía de Shilin, Wang Yue, la llevaría de vuelta a Nanjing.

Eran tiempos en que las batallas entre el Guomindang y los comunistas iban a resultar decisivas. Cuando Wang Yue y Shilin alcanzaron la orilla del río Yangzi, los servicios de *ferry*, el único medio de transporte entre el norte y el sur, estaban parcialmente fuera de funcionamiento. Pilas de mercancías se amontonaban en ambas orillas.

Mientras esperaban oyeron que iba a producirse una batalla en Nanjing; el Ejército de Liberación Popular estaba a punto de cruzar el río. Salvo esto, no había nada que les impidiera seguir su camino hacia Nanjing. Cuando llegaron a la superpoblada ciudad encontraron una bandera roja flameando fuera de la casa de Shilin. Un grupo enorme del ejército rojo se había instalado en ella.

Wang Yue no se detuvo en la casa. Rápidamente se llevó de allí a Shilin y preguntó en las tiendas y casas de té vecinas si sabían algo de la familia de Shilin. Algunos habían visto a los familiares cargar los coches y marcharse después de haber despedido a varios de los sirvientes. Otros habían oído que la familia había desaparecido sin dejar rastro el día antes que los comunistas cruzaran el Yangzi. Nadie les daba ninguna noticia concreta, pero parecía ser que toda la familia de Shilin había volado a Taiwan sin ella.

Poco después, Wang Yue recibió la noticia de que su madre había muerto cuando los comunistas registraron su casa en Beiping —rebautizada con el nombre de Beijing por el nuevo gobierno— debido a su parentesco con el padre de Shilin. Volver a Beiping era, pues, imposible. Sin saber qué hacer, Wang Yue se llevó a Shilin a una pequeña pensión de Nanjing. Un día el casero le dijo:

—¿No me habías dicho que sabes leer y escribir? El nuevo gobierno busca maestros para nuevas escuelas, deberías solicitar una plaza.

Wang Yue lo creyó sólo a medias, pero de todas maneras postuló para la plaza y la contrataron de maestra.

Aunque Wang Yue tenía veinte años —sólo trece más que Shilin— dijo a la pequeña que se dirigiera a ella como si fuera su mamá, para así poder encubrir sus identidades. La nueva dirección de escuelas las alojó en una habitación como madre e hija, y también las ayudó a conseguir algunos utensilios para la casa. Shilin fue aceptada como alumna en la escuela.

Wang Yue cuidó sus apariencias y se arregló el pelo para parecer lo suficientemente mayor como para ser la madre de Shilin. Cada mañana recordaba a Shilin que, pasara lo que pasara, no debía decir nada acerca del nombre de sus padres ni de su antigua casa. Y aunque Shilin siempre tuvo en mente los consejos de la tía Wang, no se daba cuenta de lo que significaba dejar escapar algo. Los niños disfrutan alardeando entre sí. Un día, jugando con pequeños sacos de tela llenos de garbanzos, Shilin dijo a sus compañeros que su padre le había regalado un saco con pequeñas joyas cosidas para jugar. Uno de sus compañeros mencionó esto en casa y rápidamente corrió la voz entre los adultos.

En aquella época, todos perseguían ventajas políticas

para consolidar su propia posición dentro del nuevo orden comunista. Muy pronto un representante del ejército se presentó en casa de Wang Yue y le informó de que debería dar cuenta de su «difunto marido», el padre de Shilin.

Una noche, el director de la escuela de Wang Yue entró en su habitación en un estado de fuerte agitación.

—¡Ambas deben marcharse inmediatamente, van a arrestarlas! ¡Corran todo lo que puedan, y no vuelvan a Nanjing bajo ningún concepto! Aseguran que Shilin es la hija de un general del Guomindang y que has cometido el delito de refugiar a un contrarrevolucionario. No quiero oír vuestras explicaciones; en estos tiempos, mientras menos sepa, mejor. ¡Váyanse ahora! No empaquen nada, incluso se dice que pueden estar a punto de cerrar las orillas del río. ¡Venga, váyanse de inmediato! Si necesitan algo en el futuro, vuelvan y búsquenme. Debo irme ahora, si me agarran los del PLA,[1] toda mi familia correría un riesgo enorme.

A punto de llorar de ansiedad, Wang Yue tomó a la adormilada Shilin de la mano y salieron caminando de Nanjing. Wang Yue no sabía hacia dónde ir, y no cabía la posibilidad de pedir ayuda. No se atrevía a pensar en lo que les pasaría si las atrapaban. Caminaron unas tres horas; en el cielo se vieron relámpagos y Nanjing parecía estar justo detrás de ellas. Cuando Shilin no pudo caminar más, Wang Yue se la llevó detrás de unos arbustos al borde de la carretera y se sentaron. La tierra estaba húmeda de rocío, estaban hambrientas y tenían frío. Pero Shilin estaba tan cansada que se quedó dormida al momento, apoyada en su tía. Congelada y temerosa, Wang Yue dio por fin rienda suelta a sus lágrimas hasta que también ella se quedó dormida.

Poco después, unas voces despertaron a Wang Yue. Una pareja de mediana edad junto a un hombre joven y alto estaban parados a su lado, mirándolas con consternación.

---

1   People Liberation Army (Ejército de Liberación del pueblo). (N. del e.)

—¿Por qué dormís aquí? —preguntó la mujer—. Hace frío y el suelo está muy húmedo. Levantaos y encontrad una casa o algún otro sitio para dormir. Si no, os pondréis enfermas.

—Gracias, pero no podemos seguir, la niña está exhausta —contestó Wang Yue.

—¿Hacia dónde vais? —dijo la mujer haciéndole una seña al joven para que levantara a Shilin.

—No lo sé. Sólo queremos irnos lejos de Nanjing.

Wang Yue no sabía qué decir.

—Huyendo de un casamiento forzado, ¿no? ¡Oh! Es duro cuando tienes una niña contigo —dijo la mujer dulcemente—. Esperad un momento, intentaré arreglar algo con mi marido. Éste es mi hijo Guowei, y éste mi marido.

El hombre de mediana edad que estaba a su lado las miraba con amabilidad. Habló rápido pero con suavidad:

—No hace falta decir más. Todos tenemos prisa, venid con nosotros. Es más fácil viajar en grupo. Además, ¿cómo podríamos abandonar a una viuda con una niña como usted? Venid, dejadme cargar vuestras cosas. Guowei puede hacerse cargo de la niña. Ting, ayúdala a levantarse.

Una vez en marcha, Wang Yue se enteró de que el señor se llamaba Wang Duo y que había sido el director de una escuela de Nanjing. Su mujer, Liu Ting, había sido educada en una escuela progresista para niñas, así que había ayudado a su marido en la enseñanza y las cuentas de la escuela. Wang Duo era originario de Yangzhou, donde sus ancestros habían enseñado las lecciones clásicas de Confucio en una academia privada. La escuela había sido cerrada a causa de las numerosas guerras y el caos general de las últimas décadas, y se había convertido en la casa de la familia. Cuando Wang Duo se casó, la profesión familiar y la casa le fueron traspasadas. Él pretendía abrir una escuela, pero era difícil hacerlo en un pueblo tan pequeño como Yangzhou. Con el único propósito de ofrecer una buena educación a su hijo, se mudó con toda la familia a Nanjing, donde permaneció durante diez años.

Durante los tiempos duros Wang Duo tuvo serias dificultades para instalar su escuela en Nanjing. Varias veces pensó en volver a Yangzhou para dedicarse a escribir en tranquilidad, pero Liu Ting quería que Guowei finalizara su educación superior en Nanjing, e insistió en quedarse. Ahora que la educación de Guowei había finalizado, regresaban a Yangzhou.

Wang Yue no se atrevió a decir la verdad, sólo habló de cierto secreto que resultaba difícil de explicar con palabras. En aquella época, la gente con educación sabía que el conocimiento podía resultar peligroso. Después de la caída de la dinastía Qing, China cayó en un período de anarquía y regímenes feudales. El caos había sido peor durante los cuarenta y cinco años anteriores al nuevo gobierno comunista: gobiernos y dinastías cambiaban cada día. Nadie conocía las reglas de la república todavía, y lo que se decía era: «Mantén el silencio sobre los asuntos de gobierno, habla poco acerca de tu familia, decir de menos es siempre preferible a decir de más.» La familia Wang no la presionó para conocer los detalles.

Yangzhou es una ciudad pintoresca a la vera del río, cercana a Nanjing. Sus platos típicos, las verduras al vapor, los nabos deshidratados y las lonchas de tofu en jengibre, son conocidos en toda China. Las mujeres de Yangzhou son famosas por sus cuerpos y su belleza. La zona rural de Yangzhou y su paisaje de montañas y de agua han atraído a personalidades políticas y literarias de todo el país. La cantante de ópera de Beijing, Mei Lanfang, y el famoso poeta de la Escuela de la Luna Nueva, Zu Zhimo, son de Yangzhou, al igual que Jiang Zemin, el actual presidente de China.

Wang Duo y Liu Ting tenían una casa tradicional en un suburbio al oeste de Yangzhou, cerca del lago Shouxi. Siglos de dragados, plantaciones de jardines y bosques han transformado el lago en uno de los más bellos de China.

Durante su ausencia la casa había sido vigilada y cuidada por una pareja de ancianos, así que estaba limpia y ordenada cuando regresaron. Aunque todo lo que había en la casa era viejo, se respiraba un agradable aire de escuela. Apenas llegaron a Yangzhou, Wang Yue y Shilin cayeron en cama con mucha fiebre. Liu Ting estaba muy preocupada y llamó con urgencia al herborista chino, que diagnosticó conmoción y resfriado a causa del cansancio, y prescribió un tratamiento de hierbas que Liu Ting preparó con dedicación.

Wang Yue y Shilin se recuperaron en un par de semanas, pero Shilin ya no era la misma y empezó a esconderse detrás de los mayores cuando la familia Wang la llevaba a visitar a los niños del vecindario. Wang Yue creyó que Shilin padecía los efectos colaterales de la huida de Nanjing pero que pronto se recuperaría.

Poco tiempo después Liu Ting dijo a Wang Yue:

—Mi marido dice que eres buena con el lápiz. Si quieres, puedes quedarte y ayudarnos con el trabajo de oficina. Podrás llamarnos tío y tía y a Guowei hermano mayor. También te ayudaremos a cuidar de Shilin.

Wang Yue estaba muy agradecida y aceptó enseguida.

El clima político en Yangzhou era mucho menos cargado que en las grandes ciudades. La gente de Yangzhou no era fanática de la política y la tradición cultural allí dictaba que todo el mundo debía poder vivir y trabajar en paz. La bondad y sinceridad de la familia Wang ayudó a Wang Yue a dejar atrás el terror de lo vivido.

Guowei comenzó a enseñar en una escuela recién inaugurada a la que llevaba a Shilin cada día. De vuelta con los niños de su edad, Shilin volvió a ser la de antes.

A Guowei le gustaba su trabajo porque en la escuela había una atmósfera creativa y allí no se hacía distinción entre ricos y pobres. La dedicación de Guowei era recompensada por la escuela, que le facilitaba la participación en varias actividades extraescolares. Cuando Guowei comentaba entusiasmado su trabajo en casa, sus padres le advertían que debía ser más prudente. Wang Yue lo escuchaba con atención, mostrando interés y comprensión por las pasiones de Guowei. Pronto se enamoraron y se prometieron al tercer año de haberse conocido.

El día del compromiso, Wang Yue decidió decir la verdad a la familia Wang. Mientras Liu Ting escuchaba no paraba de repetir una y otra vez:

—Lo has pasado mal, lo has pasado muy mal.

Wang Duo dijo:

—Shilin es la hija de tu hermana, y es nuestra hija también. Desde mañana serás hija de la familia Wang y, por lo tanto, Shilin será nieta de la familia.

Shilin trataba a Wang Duo y Liu Ting como abuelos y a Wang Yue como si fuera su madre, pero no le resultaba fácil reconocer en Guowei a un padre. Tenía ya diez años y era difícil para ella cambiar el modo de tratar a Guowei ante sus compañeros de clase. En la boda de Wang Yue y Guowei lo llamó papá por primera vez, sin que nadie le insistiera en hacerlo. Guowei estaba tan contento que la alzó en brazos y la abrazó con tanta fuerza que Liu Ting tuvo que pedirle que la bajara porque le haría daño.

Shilin era brillante y siempre estaba dispuesta a todo, y, además, la educaban los miembros de su familia, que eran todos maestros. Era una estudiante excelente, hasta tal punto que se saltó un par de cursos, pasando de tercero a quinto directamente. Cuando entró en sexto, Shilin representó a la escuela en el certamen de ensayo regional del norte de la provincia de Jiangsu y ganó el primer premio. Siguió adelante hasta ganar la medalla de bronce en el certamen que incluía a niños de toda la provincia de Jiangsu. Wang Yue y Guowei estaban encantados con la noticia y abrazaron a Shilin con tanta efusión que dejaron de lado los llantos de su primer hijo. Toda la familia estaba orgullosísima, hasta los vecinos llegaban para felicitarlos por la excelencia de Shilin.

Al día siguiente, mientras Guowei estaba escribiendo unas coplas sobre papel rojo para exponerlas el día internacional del niño, el 1 de junio, una niña entró gritando en la sala y, casi sin aliento, dijo:

—¡Señor Wang, venga rápido! Los niños están insultando a Shilin y ella está peleando con ellos. ¡Está exhausta pero las niñas no se atreven a ayudarla porque los chicos dicen que le darán una paliza a quien lo haga!

Mientras Guowei corría hacia el patio de la escuela, podía oír a los niños gritar a Shilin:

—¡Tú, mentirosa!

—¡Niña bastarda!

—¡Los bastardos siempre son los más listos!

—Pregúntale a tu madre quién era tu padre. ¿Era un borracho que encontró en una zanja?

Guowei se abalanzó hacia la jauría y, apartando a los niños a puñetazos, tomó a Shilin en brazos mientras gritaba ferozmente:

—¿Quién dice que Shilin no tiene padre? ¡Si alguien se atreve a decir una palabra más, será lo último que haga, porque lo voy a moler los huesos! ¡Si no me creéis, probadme!

Asustados, los pequeños matones huyeron despavoridos. Shilin temblaba en brazos de Guowei, pálida como un papel, sudando a mares y con sangre en los labios de tanto mordérselos.

Una vez en casa, Shilin empezó a tener fiebre.

—No soy una bastarda, tengo mamá y papá excelente —repetía una y otra vez.

Liu Ting y Wang Yue se dedicaron por completo a cuidarla.

El doctor dijo a la familia que Shilin había sufrido una conmoción: había irregularidades en el latido de su corazón. Dijo que si la temperatura no le bajaba pronto, podría sufrir daños mentales permanentes. El doctor se preguntaba qué podría haber pasado para que una niña de doce años sufriera semejante conmoción.

Wang Duo dijo furioso:

—Este país se pone cada día peor. ¿Cómo pueden unos niños hacer semejante atrocidad? Lo que le han hecho a la niña es monstruoso.

Guowei se disculpó con la familia por no poder quedarse cuidando de Shilin, pero todos sabían que nadie podía reprocharle nada. Poco después, Guowei descubrió cómo había comenzado la escena en el patio de la escuela. Uno de los niños mayores había querido abrazar a Shilin, pero ella lo había apartado diciéndole que se comportara. Furioso y avergonzado, el niño señaló a Shilin gritando:

—¿Quién te crees que eres? ¿Quién es tu padre? No hay ni sombra de Guowei en tu rostro. Ve a casa y pregúntale a tu madre con quién tuvo que acostarse para tener una bastarda como tú. ¡Para ya de fingir que eres modesta y decente!

Luego ordenó a los demás niños, todos menores que él, que comenzaran a insultar a Shilin, amenazando con golpear a quien se atreviera a desobedecerlo. Guowei se quedó blanco, y sin detenerse a pensar en su posición de maestro, buscó al muchacho y, cuando lo encontró, le propinó una buena paliza.

Shilin se recuperó, pero hablaba poco y rara vez salía a la calle. Casi siempre se quedaba sola en casa. Los exámenes de ingreso al ciclo medio escolar se acercaban, de modo que todos pensaron que ella estaría estudiando y que por eso no iba a la escuela. Wang Yue era la única que todavía se sentía intranquila. Intuía que había algo que no andaba bien con Shilin, pero no se atrevía a comentar sus conjeturas con nadie para no meter a la familia en problemas. Movimientos políticos como el antiderechista comenzaban a expandirse por Yangzhou y muchos ignorantes y gente sin educación pensaban que había llegado el momento de reducir las diferencias entre ricos y pobres recorriendo las casas de los ricos, saqueándolas y repartiéndose el botín, práctica que perduraba desde los tiempos de la dinastía Ming. Comenzaron haciendo una lista de ricas mansiones, planeando causar desmanes usando de tapadera la revolución. La familia Wang se encontraba en medio, no era rica ni pobre, pero nunca se sabía cuándo llegaría el momento en que alguien con resentimiento hacia ellos los catalogaría de ricos propietarios.

Shilin no sobresalió en los exámenes de entrada al ciclo escolar medio, tal y como se esperaba de ella antes del incidente en el patio escolar, pero sus notas fueron lo suficientemente buenas como para asegurarse una plaza en uno de los mejores colegios. La escuela que escogió quedaba cerca de casa de los Wang, cosa que tranquilizaba a Wang Yue.

Shilin seguía silenciosa y retraída en la escuela, pero comenzaba a mostrarse más abierta en casa. Empezó a preguntar a Wang Duo acerca de los movimientos políticos que estaban teniendo lugar en el país y acerca de la enemistad entre el Guomindang y el Partido Comunista. A menudo preguntaba a Wang Yue sobre sus padres, pero Wang Yue poco sabía acerca de su hermana a causa de la brecha generacional existente entre ellas. Wang Yue era muy pequeña cuando su hermana dejó la casa paterna para asistir a una escuela en el sur, y sólo tenía cuatro años cuando ésta se casó. Shilin pensaba que Wang Yue estaba tratando de ocultarle la verdad para evitar que pensara en el pasado.

Al iniciarse la Revolución Cultural, cuando las relaciones extramatrimoniales pasaron a convertirse en un crimen contrarrevolucionario, la Guardia Roja tachó a Wang Yue de criminal por haber tenido a Shilin antes de casarse. Embarazada de su segundo hijo, Wang Yue fue objeto de frecuentes condenas públicas por parte de la Guardia Roja. Aun así, ella no dijo ni una sola palabra. Wang Duo, Liu Ting y Guowei fueron encarcelados e interrogados uno por uno, pero los tres aseguraron no saber nada acerca del pasado de Wang Yue y Shilin. Uno de los Escoltas Rojos que condujo el brutal interrogatorio era el adolescente que había intentado abrazar a Shilin en la escuela y había sido golpeado por Guowei. El joven humilló a todos sin piedad y golpeó tanto a Guowei en la pierna izquierda que lo dejó cojo para siempre.

Los Escoltas Rojos forzaron a Shilin a contemplar desde una ventana cómo interrogaban y torturaban a la familia Wang. Le estiraron del pelo y pincharon sus párpados para mantenerla despierta durante varios días y varias noches. Mientras vio a Guowei con la pierna sangrando, a Wang Yue llevarse las manos al estómago en señal de dolor, a Wang Duo y Liu Ting temblar de miedo y al niño pequeño de Wang Yue esconderse en un rincón a llorar, el rostro de Shilin permaneció inexpresivo, pero trémulo y sudoroso. Justo cuando un Guardia Roja estaba a punto de golpear la pierna derecha de Guowei con un garrote, Shilin gritó de repente con una voz que parecía venir de otro mundo:

—¡Basta! ¡No sigáis, no sigáis! Ellos no son mis padres. El nombre de mi padre es Zhang Zhongren, mi mamá se llama Wang Xing. Están en Taiwán.

De pronto todos quedaron paralizados. Se hizo un silencio por unos momentos y acto seguido la familia Wang entera se lanzó contra la ventana gritando:

—¡Es mentira, se ha vuelto loca, no sabe de qué habla!

Shilin los miraba mientras gritaban y negaban, y luego estalló en carcajadas.

—No soy una bastarda, tengo madre y padre.

Acto seguido empezó a soltar espuma por la boca y se desmayó.

Los Guardias Rojas utilizaron los nombres que Shilin había dejado escapar; basándose en la confirmación del parentesco de Shilin y en otras evidencias incriminatorias que decían tener, la familia Wang fue encarcelada. Wang Duo, que era de complexión más bien débil y siempre estaba enfermo, murió en prisión. Liu Ting sufrió una parálisis en un costado del cuerpo por dormir en el suelo de la celda. Wang Yue dio a luz a su segundo hijo, una niña, en prisión. La llamó Wang Yu, porque el carácter correspondiente a Yu (jade) se escribe agregando un punto extra al carácter correspondiente a Wang, lo que significaba que era un nuevo miembro de la familia Wang. La llamaban Xiao Yu (pequeño Jade), porque era pequeñita y débil. Cuando fueron liberados de la cárcel, diez años más tarde, Guowei apenas podía caminar y tenía que apoyarse en un bastón.

Hacia finales de los años ochenta, Wang Yue y Guowei se encontraron a uno de los Escoltas Rojos que los habían perseguido. Admitió que aparte de los nombres de los padres de Shilin y un puñado de fotografías de los líderes del Guomindang, las evidencias de la Guardia Roja contra Shilin y los Wang habían sido fabricadas.

Shilin, por su parte, estaba mentalmente enferma, pero su condición variaba: algunos días estaba mejor que otros. Los Escoltas Rojos la enviaron a un pueblo en el área montañosa de Hubei para ser «reeducada» por los campesinos. Ella no podía trabajar en los campos a causa de su inestable condición mental, así es que le fue asignado un trabajo más liviano de pastoreo. Pronto los hombres del pueblo comenzaron a inventar excusas para subir hasta las verdes laderas a las que Shilin llevaba los animales a pastar. Habían descubierto que todo lo que hacía falta para sacar de sus casillas a Shilin era la pregunta: «¿Quién es tu padre?»

Ella reía y gritaba fuertemente y luego se desvanecía. Mientras permanecía inconsciente, los hombres la violaban. Si se resistía, ellos le gritaban una y otra vez: «¿Quién es tu padre? ¿Eres una bastarda?», hasta que Shilin perdía el control y se desequilibraba tanto que accedía a sus órdenes.

Una abuela de buen corazón que vivía en el pueblo se enteró de lo que estaba pasando al ser testigo de una riña entre un hombre y su mujer. Se detuvo en el centro del pueblo y comenzó a insultarlos:

—Bestias sin corazón, ¿acaso no habéis nacido de mujeres? ¿No tenéis madres? ¡Pagaréis por esto!

La abuelita se llevó a Shilin a vivir con ella pero, por entonces, la muchacha ya había perdido toda pizca de conciencia de lo que la rodeaba.

A comienzos de 1989, Wang Yue y su familia encontraron a Shilin en un pueblo de Hubei y se la llevaron a vivir con ellos. Shilin no los reconoció y ella misma estaba casi irreconocible después de años de vida en el campo. Wang Yue llevó a Shilin para que le realizaran un examen físico en el hospital. Cuando leyó los resultados cayó enferma. El informe decía que el torso de Shilin tenía cicatrices de mordeduras, parte del pezón estaba desgarrado y sus labios vaginales habían sido arrancados. El cuello y las paredes de la matriz estaban dañados y habían tenido que extraerle una ramita rota. Los doctores no podían establecer cuánto tiempo llevaba aquella ramita en su interior.

Cuando Wang Yue se repuso de su enfermedad, llamó a los oficiales del Partido del pueblo de Hubei donde había vivido Shilin y les dijo que serían llevados a los tribunales por haber abusado de ella. Los jefes le respondieron:

—Éste es un pueblo muy pobre, si todos los hombres van a prisión, los niños se morirán de hambre.

Wang Yue decidió no seguir adelante. Mientras colgaba el teléfono pensó: «Dios los castigará».

Aunque Guowei pensaba que remover el pasado causaría un gran dolor a Shilin, sugirió que intentaran ayudarla a recuperar algo de conciencia. A lo largo de siete años, Guowei y Wang Yue probaron varios tipos de tratamiento para despertar a Shilin, pero no consiguieron resultados con ninguno de ellos. Alguna vez les pasó por la cabeza preguntar a Shilin por su padre para hacerla reaccionar, pero temían las consecuencias que ello pudiera conllevar.

Wang Yue se las arregló para establecer contacto con el hermano y la hermana de Shilin en Taiwán y ellos fueron a visitar a su hermana perdida. No pudieron conectar con la mujer de los ojos perdidos que les presentaron. Sus padres la habían descrito como una niña vivaz e inteligente, y Shilin se parecía demasiado a su madre como para poder dudar del parentesco.

Wang Yue nunca había cejado de preguntarse las razones reales por las que Shilin había acabado así. No tenía miedo de que pudieran reprocharle no haber cuidado bien de Shilin, pero sabía que a la gente que no había vivido la Revolución Cultural le sería imposible imaginar, ni siquiera comprender, lo que había sucedido. Wang Yue no quería sembrar desdicha, así que evitó comentar la historia de Shilin. Les dijo simplemente que Shilin se había quedado así a causa de un accidente automovilístico. Cuando los hermanos de Shilin preguntaron si había sufrido, Wang Yue les aseguró que no.

Wang Yue nunca dejó de preguntarse si Shilin había sido consciente de lo que le había pasado antes de perderse de este mundo. Yo le contesté de mala gana que, al igual que la demás gente que pierde la cordura durante la edad adulta, Shilin la había perdido a causa de un gran dolor. Shilin había ido construyendo su dolor en capas, desde la noche en que se fugó de Nanjing, a través de su confusa niñez, y nunca lo dejó salir para no hacer infeliz a la familia Wang. Los años de abuso en Hubei habían demolido su cordura.

Cuando volví a la radio, a tiempo para la emisión nocturna de mi programa, después de haber pasado la tarde en el hospital, la oficina estaba vacía. Encontré un vaso con zumo de frutas en mi escritorio con una nota de Mengxing, que había dejado el zumo para mí por si volvía muy cansada. Mengxing tenía fama de ser una mujer dura que nunca daba nada a nadie, y su gesto me conmovió. El director de la emisora también me había dejado una nota diciendo que al día siguiente debía entregar el informe con la entrevista a los familiares de la hija del general del Guomindang.

A la mañana siguiente hablé al director de Shilin, pero añadí que no podríamos contar su historia. Él se sorprendió enormemente y me dijo:

—¿Qué pasa? Normalmente sueles tener que pelear para que te permitan transmitir tus historias.

—No pasa nada —contesté—, pero no puedo soportar tener que volver a contar esta historia ni hacer un programa sobre ella. Me resulta imposible.

—Ésta es la primera vez que te oigo decir que algo es imposible o muy difícil; tiene que haber sido una historia dura de escuchar. Espero que puedas olvidarla.

Nunca logré retomar la conversación acerca de los minusválidos con el viejo Wu. Murió de una enfermedad hepática ese mismo fin de semana. En su funeral le conté mis pensamientos en silencio, segura de que podía oírme. Una vez que las personas dejan este mundo, viven en la memoria de los vivos. A veces puedes sentir su presencia, ver sus caras, oír sus voces.

12

La infancia que no puedo dejar atrás

Cuando empecé a buscar historias de mujeres chinas estaba llena de entusiasmo juvenil pero tenía muy pocos conocimientos. Cuando ya supe más, adquirí una comprensión más madura, pero también empecé a sentir más dolor. A veces me sobrevenía una especie de insensibilidad ante todo el sufrimiento con el que tropezaba, como si se estuviera formando un callo en mi interior. Y, sin embargo, cuando volvía a tener conocimiento de un nuevo caso, volvían a despertarse todos mis sentimientos.

A pesar de que mi vida interior era un caos, mi carrera profesional era cada vez más exitosa. Me habían nombrado directora de desarrollo de programas y planificación, lo que implicaba encargarse del desarrollo de la futura estrategia de toda la emisora de radio. A medida que creció mi reputación e influencia pude entrar en contacto con mujeres que, de otro modo, me hubieran resultado inaccesibles: esposas de dirigentes del Partido, mujeres que se encontraban en el ejército, en instituciones religiosas o en cárceles. Uno de estos encuentros se hizo realidad gracias a una ceremonia de entrega de premios de la Agencia de Seguridad Pública. Esta agencia me había encargado la organización de actividades de educación cívica, y a consecuencia de ello iban a concederme el premio a la «Flor del Cuerpo de Policía». El premio no era muy importante, pero era la única mujer en la provincia que había sido honrada con él, y más tarde iba a resultarme enormemente útil en mis intentos por llegar a más mujeres.

Para los chinos, cualquier excusa es buena para organizar un banquete: vivimos de acuerdo con el principio «la comida es el cielo», y poder beber y comer hasta más allá de la saciedad es señal de una riqueza incalculable. A pesar de que sólo éramos cuatro galardonados había más de cuatrocientos comensales en el banquete. Son muy pocas las mujeres policías que reciben condecoraciones o premios, por no hablar de mujeres que provienen de otros ámbitos, y aquella noche me convertí en tema de multitud de conversaciones. Yo odio las aglomeraciones y las chácharas interminables, así que me escurrí por la puerta para salir al pasillo de servicio y escapar de todo eso. Cuando los atareados camareros me vieron, me gritaron: «¡Fuera de aquí, muévase, no obstruya el paso!»

Me apreté contra la pared. La incomodidad del lugar era preferible al examen al que me sometían los demás invitados. Poco después el comisario Mei apareció por ahí para dar las gracias a los camareros y se sorprendió al verme. Me preguntó qué creía que estaba haciendo.

Hacía ya un tiempo que conocía al comisario Mei y confiaba en él, por lo que le hablé con toda franqueza. Al escuchar mis explicaciones soltó una risita y dijo:

—No tienes por qué esconderte en este horrible agujero. Ven conmigo, te llevaré a un lugar más cómodo.

Me llevó consigo.

La sala de fiestas, que era famosa en toda la ciudad, tenía varios reservados y salas de reunión. El comisario me condujo a una de aquellas estancias mientras me contaba que la sala tenía la misma distribución que la Gran Sala del Pueblo de Beijing, y que había sido diseñada para satisfacer las necesidades de los dirigentes del gobierno central cuando acudían a la ciudad para inspeccionarla. Me sentí muy abrumada por ser admitida en aquel lugar sagrado y también estaba preocupada por las deducciones malintencionadas que pudiera hacer la gente al descubrir que estábamos solos en aquella estancia.

Al percatarse de mis vacilaciones Mei me dijo:

—No tienes por qué preocuparte por las habladurías. Hay un guardia en la puerta. Oh, estoy muy cansado...

Mei bostezó y se dejó caer en el sofá.

El agente de policía que montaba guardia delante de la puerta llamó y preguntó en voz baja:

—Comisario, ¿necesita algo?

—Esto es todo —contestó Mei en un tono de voz rígido y frío.

Así es como los oficiales hablan a sus subalternos en China, y eso me hizo pensar en la manera en que debieron de implantarse las habituales actitudes de superioridad e inferioridad entre los chinos.

El comisario Mei se masajeó la cabeza con ambas manos echado en el sofá.

—Xinran, acabo de volver de un viaje a Hunan donde visité algunas prisiones. Durante una de estas visitas me hablaron de una presa que tal vez pueda interesarte. Ha entrado y salido varias veces de la prisión acusada de desviación sexual y cohabitación ilegal. Por lo visto, tiene una historia familiar muy trágica. Si quieres entrevistarla, podría organizarlo de manera que te recogiera un coche.

Asentí y le di las gracias. Él sacudió la cabeza cansinamente y dijo:

—Realmente las mujeres chinas lo pasan mal. He escuchado tu programa varias veces. Es triste, muy conmovedor. ¿Cuánta felicidad puede haber en la vida de una mujer que ha vivido aquí en las últimas décadas? Mi esposa dice que las mujeres ofrecen su sonrisa a los demás y guardan las penas para sí. A ella también le gusta mucho tu programa, pero no quiero que lo escuche demasiado. Es una mujer muy emocional y sensible, y una sola historia puede llegar a torturarla durante varios días seguidos.

Hizo una pausa y prosiguió:

—No querría que se muriera antes que yo. No podría soportarlo.

El comisario Mei era un hombre duro y fuerte de Shandong. Hacía muchos años que lo conocía, pero jamás sospeché que pudiera ser tan sensible. Los hombres chinos son educados para creer que deben imponer respeto, y muchos están poco dispuestos a mostrar su lado más débil. Por primera vez en nuestra relación, la conversación no versaba sobre el trabajo sino sobre hombres, mujeres y relaciones.

Dos semanas más tarde, un *jeep* de la agencia de Seguridad me llevó a la prisión de mujeres en las montañas al oeste de Hunan. El conjunto de edificios se parecía al de cualquier otra prisión: la valla eléctrica, los guardias y los proyectores montados en los muros grises creaban instantáneamente una atmósfera de miedo y de tensión. La verja principal, por la que sólo podían pasar los coches de los poderosos, estaba cerrada. Entramos por la verja lateral.

Al echar la vista hacia arriba, adiviné por el tamaño y la forma de las ventanas qué era lo que se escondía detrás de ellas. Tras las amplias y altas ventanas rotas unas siluetas grises se movían de un lado a otro entre las máquinas atronadoras. Los prisioneros acostumbran a trabajar mientras cumplen su sentencia: arreglando coches, camiones o máquinas herramientas, o cosiendo y manufacturando textiles. Algunos son obligados a hacer trabajos duros, a extraer piedra o a trabajar en minas. A través de las ventanas de tamaño medio se vislumbraban uniformes, equipamientos y notas de color; aquí debían de estar las oficinas y las salas de estudio político. Las ventanas más pequeñas en las plantas superiores de los edificios correspondían a los dormitorios y las cantinas de las convictas.

El edificio principal conformaba una herradura alrededor de un edificio menor que alojaba los dormitorios del personal penitenciario y las salas de control. En la prisión para mujeres de Hunan Occidental hubo dos cosas que me llamaron la atención por diferenciarse de otras instituciones penitenciarias: la primera fueron los muros cubiertos de musgo y de líquenes de color verde oscuro por culpa del clima húmedo de Hunan Occidental; la segunda fue la extrañeza que sentí al ver a las mujeres vigilantes gritando a las prisioneras. Las vidas, los amores, las penas y los gozos de las mujeres con uniforme de policía no podían ser tan diferentes de los de las mujeres en ropas de prisión.

La carta de introducción del comisario Mei surgió el efecto de un edicto imperial; tras haberla leído, el director de la prisión me asignó una sala de entrevistas privada para que celebrara la reunión con Hua'er, la prisionera que había mencionado Mei.

Hua'er era una pequeña mujer que debía de tener mi edad. No dejaba de moverse agitadamente en su uniforme carcelario, como si luchara contra su propia impaciencia. A pesar de que su pelo había sido cortado por unas manos inexpertas y estaba mellado y desigual, me recordó a uno de esos estilos estrafalarios que se realizan en algunas peluquerías. Era guapísima, pero la expresión dura y cerrada de su rostro era como una tara en una exquisita pieza de porcelana.

No le pregunté los detalles de su sentencia, ni tampoco por qué había quebrantado la ley contra la cohabitación una y otra vez. En cambio le pregunté si podía hablarme de su familia.

—¿Quién eres tú? —replicó—. ¿Qué tienes tú de especial para que tenga que hablarte de ella?

—Pues que soy como tú. Ambas somos mujeres y hemos vivido los mismos tiempos —dije tranquila y resueltamente, mirándola a los ojos.

Tras estas palabras, Hua'er se quedó momentáneamente en silencio.

Luego preguntó en un tono burlón:

—Si realmente es así, ¿crees que si te cuento mi historia serás capaz de soportarlo?

Ahora me tocaba a mí quedarme sin palabras. Su pregunta había dado en el blanco: ¿realmente sería capaz de soportarlo? ¿Acaso no seguía luchando por olvidar mis propios y dolorosos recuerdos?

Hua'er se dio cuenta de que había dado en el blanco. Convencida de su victoria y con talante engreído pidió al guardia que abriera la puerta y la dejara volver a la celda. El guardia me envió una mirada inquisitiva y yo asentí con la cabeza sin darle más vueltas. Cuando volví tambaleándome a los dormitorios del personal penitenciario donde dormiría aquella noche, ya estaba inmersa en mis recuerdos. Aunque lo había intentado, nunca había sido capaz de darle la espalda a la pesadilla que fue mi infancia.

Nací en Beijing en 1958, cuando China estaba en su momento más pobre y la ración de comida diaria consistía en unas cuantas semillas de soja. Mientras otros niños de mi edad pasaban frío y hambre, yo comía chocolate importado en la casa de mi abuela, rodeada por flores y acompañada del canto de los pájaros en el patio. Sin embargo, China estaba a punto de eliminar las diferencias entre ricos y pobres a su particular modo político. Los niños que habían luchado por sobrevivir a la pobreza y las privaciones empezaron a rechazarme e insultarme. Pronto, la riqueza material que antaño había poseído se vio más que nivelada por las privaciones espirituales. A partir de entonces, comprendí que hay muchas cosas en la vida que son más importantes que el chocolate.

Cuando era niña, mi abuela solía peinarme y hacerme trenzas en el pelo cada día, asegurándose de que fueran iguales y regulares antes de ligarme unos lazos en las puntas. Yo estaba encantada con mis trenzas y solía sacudir la cabeza con orgullo para mostrarlas al andar o al jugar. Cuando llegaba la hora de acostarme no permitía que mi abuela deshiciera mis trenzas y las disponía cuidadosamente a cada lado de la almohada antes de dormirme. A veces, si al levantarme por la mañana encontraba que mis trenzas estaban deshechas, preguntaba malhumorada quién me las había estropeado.

Mis padres estaban estacionados en una base militar cercana a la Gran Muralla. A los diez años fui a vivir con ellos por primera vez desde que nací. Menos de quince días después de mi llegada, nuestra casa fue registrada por la Guardia Roja. Sospechaban que mi padre era una «autoridad técnica reaccionaria» porque era miembro de la Asociación China de Ingenieros Mecánicos Superiores y una eminencia en mecánica eléctrica. También creían que era un «lacayo del imperialismo británico» porque su padre había trabajado para la compañía británica GEC durante treinta y cinco años. Encima, y puesto que había muchos objetos de cierto valor artístico en nuestra casa, lo acusaron de ser un «representante del feudalismo, el capitalismo y el revisionismo».

Recuerdo a los Escoltas Rojos pululando por toda la casa y una gran hoguera en el patio a la que arrojaban todos los libros de mi padre, los preciosos muebles tradicionales de mis abuelos y mis juguetes. Habían arrestado a mi padre y se lo habían llevado. Asustada y triste, me sumí en un terrible estupor mientras miraba las llamas y creía escuchar gritos de ayuda saliendo de su interior. El fuego lo consumió todo: el hogar que apenas acababa de hacer mío, mi hasta entonces infancia feliz, mis esperanzas y el orgullo de mi familia por su saber y su riqueza. El fuego grabó en mi interior penas que llevaré conmigo hasta la muerte.

A la luz de la hoguera, una muchacha que llevaba un brazalete se acercó a mí con unas tijeras en la mano. Me agarró por las trenzas y dijo: «Éste es un peinado pequeñoburgués».

Antes de que me hubiera dado tiempo a comprender lo que me había dicho, la muchacha me había cortado las trenzas y las había arrojado a la hoguera. Me quedé con los ojos como platos, mirando cómo mis trenzas y sus hermosos lazos eran reducidos a cenizas. Cuando los Escoltas Rojos abandonaron nuestra casa, la muchacha que me había cortado las trenzas me dijo: «A partir de ahora tendrás prohibido recogerte el pelo con lazos. ¡Es un peinado imperialista!»

Después de que mi padre fuera encarcelado, mi madre dispuso de poco tiempo para cuidar de nosotros. Siempre volvía tarde a casa y, cuando estaba en casa, siempre estaba escribiendo; aunque no sé lo que escribía. Mi hermano y yo sólo podíamos comprar comida en la cantina de la unidad de trabajo de mi padre, donde servían una exigua dieta de col y nabo hervidos.

En una ocasión, mi madre trajo a casa un poco de estómago de cerdo y lo guisó para nosotros durante toda la noche. A la mañana siguiente, cuando estaba a punto de irse a trabajar, me dijo: «Cuando vuelvas a casa, atiza los carbones para que ardan y calienta el cerdo en la cazuela para el almuerzo. No me dejes nada a mí. Los dos necesitáis alimentaros».

Cuando salí del colegio a mediodía fui a recoger a mi hermano a casa de la vecina que cuidaba de él. Cuando le conté que iba a comer algo muy rico, mi hermano se puso muy contento y se sentó obedientemente a la mesa observándome mientras ponía a calentar la comida.

Nuestra cocina era una pila alta de ladrillos del tipo que usan los chinos del norte, y me superaba en altura con creces. Para poder avivar el fuego con el atizador tuve que subirme a un taburete. Era la primera vez que hacía esto sola. No caí en la cuenta de que el atizador se calentaría en el interior de la cocina y cuando tuve problemas para sacarlo con la mano derecha, lo agarré firmemente con la izquierda. La piel de mi mano se ampolló y se desprendió, y solté un aullido de dolor.

Nuestra vecina acudió en cuanto me oyó aullar. Llamó a un médico pero, a pesar de que vivía muy cerca de casa, comunicó a la vecina que no se atrevía a acudir porque se requería un permiso especial para realizar una visita de emergencia a un miembro de una familia que estaba siendo investigada.

Un viejo profesor, también vecino nuestro, llegó a nuestra casa a toda prisa. Había oído decir en algún lugar que había que untar la quemadura con salsa de soja, y sin vacilar ni un instante vertió una botella entera en mi mano. El contacto con la salsa de soja me escoció tan atrozmente que caí al suelo fulminada y me desmayé.

Cuando volví en mí estaba echada en la cama y mi madre estaba sentada a mi lado, sosteniendo mi mano izquierda vendada entre las suyas, reprochándose que me hubiera pedido que manejara la cocina sola.

Todavía hoy me resulta difícil comprender que la situación política de mi familia hubiera podido impedir al doctor acudir en mi ayuda.

En calidad de «hija de una familia capitalista», pronto mi madre fue detenida para ser investigada y se le prohibió volver a casa. Mi hermano y yo fuimos trasladados a un orfanato para niños cuyos padres estaban en prisión.

En el colegio me prohibieron tomar parte en las actividades lúdicas porque había que evitar que «contaminara» el espíritu revolucionario. A pesar de que era miope, no me permitieron sentarme en la primera fila de la clase porque los mejores puestos estaban reservados a los hijos de campesinos, obreros y soldados; se les suponían «raíces rectas y brotes rojos». Del mismo modo, me prohibieron colocarme en la primera fila durante las clases de educación física, a pesar de que era la más baja de la clase, porque los puestos cercanos al profesor estaban reservados a «la próxima generación de la revolución».

Junto con otros doce niños «contaminados», de edades comprendidas entre los dos y los catorce años, mi hermano y yo teníamos que asistir a clases de estudio político después de la escuela y no podíamos participar en actividades extraescolares con niños de nuestra edad. No nos permitían ver películas, ni siquiera las más revolucionarias, porque debíamos «conocer a fondo» la naturaleza reaccionaria de nuestras familias. En la cantina nos daban de comer después de que hubieran comido todos los demás porque antaño mi abuelo paterno «había ayudado a los imperialistas británicos y americanos, quitando la comida a bocas chinas y la ropa a espaldas chinas».

Nuestros días estaban organizados por dos Escoltas Rojos que nos ladraban las órdenes:

—¡Fuera de la cama!

—¡A clase!

—¡A la cantina!

—¡A estudiar las citas del Gran Timonel, nuestro presidente Mao!

—¡A la cama!

Sin una familia que pudiera protegernos, seguimos la misma rutina día tras día, y fuimos privados de las sonrisas, los juegos y las risas propias de la infancia. Hacíamos los deberes solos y los niños mayores ayudaban a los pequeños a lavar la ropa y lavarse la cara y los pies cada día; tan sólo nos permitían ducharnos una vez por semana. Por la noche, todos —niños y niñas indistintamente— dormíamos apiñados sobre un lecho de paja.

Nuestro único consuelo eran las visitas a la cantina. Allí nadie charlaba ni reía, pero a veces había algún alma caritativa que se compadecía de nosotros y nos daba paquetes de comida subrepticiamente.

Un día llevé a mi hermano, que todavía no había cumplido tres años, al final de la cola de la cantina, que era inusitadamente larga. Debió de ser un día de celebración nacional, pues por primera vez desde nuestra llegada vendían pollo asado y su delicioso aroma flotaba en el aire. Se nos hizo la boca agua. Llevábamos mucho tiempo comiendo restos, pero sabíamos que no habría pollo para nosotros.

De pronto mi hermano rompió a llorar y empezó a gritar que quería pollo asado. Temiendo que el ruido pudiera molestar a los Escoltas Rojos y que nos echaran de allí, hice todo lo que pude por convencer a mi hermano de que parara de llorar. Sin embargo, él siguió llorando, cada vez con más rabia. Estaba tan horrorizada que a punto estuve de romper en lágrimas también.

En aquel preciso instante pasó una mujer de aspecto maternal. Arrancó una parte de su pollo asado, se lo ofreció a mi hermano y se alejó sin decir palabra. Mi hermano dejó de llorar y estaba a punto de empezar a comer cuando un Escolta Rojo se acercó a toda prisa, le quitó la pata de pollo de la boca, la arrojó al suelo y la pisoteó hasta que quedó hecha papilla.

—Vosotros, cachorros de lacayos imperialistas, os creéis con derecho para comer pollo, ¿eh? —gritó el Escolta Rojo.

Mi hermano estaba demasiado asustado para moverse; aquel día no comió nada, y tampoco lloró ni armó ningún escándalo por ningún pollo asado o cualquier otro lujo durante mucho tiempo después de aquel incidente. Muchos años después pregunté a mi hermano si todavía recordaba aquello. Estoy contenta de poder decir que no lo recordaba, pero yo no podré olvidarlo jamás.

Mi hermano y yo vivimos en el orfanato durante casi cinco años. Tuvimos suerte, en comparación con otros niños que vivieron allí durante casi diez.

Los niños del hospicio confiaban los unos en los otros y se ayudaban mutuamente. Allí todos éramos iguales. Sin embargo, no había sitio para nosotros en el mundo exterior.

Fuéramos adonde fuéramos, la gente retrocedía en cuanto nos veía, como si tuviéramos la peste. Los adultos maduros nos expresaban su simpatía en silencio, pero los niños nos humillaban e insultaban. Nuestra ropa se llenaba de escupitajos, pero no sabíamos cómo defendernos y aún menos cómo devolver los golpes. En cambio, el odio y el desprecio que sentían hacia nosotros quedó grabado con fuego en nuestros corazones.

La primera persona que me escupió fue mi mejor amiga. Me dijo:

—Mi madre dice que tu abuelo ayudó a esos horribles ingleses a comer carne y a beber sangre chinas. Fue el peor, pero el peor de entre toda la mala gente. Tú eres su nieta y por tanto tampoco puedes ser una buena persona.

Me escupió, se alejó de mí y ya no volvió a hablarme nunca más.

Un día estaba acurrucada en el fondo de la clase, llorando después de haber recibido una paliza de los niños «rojos». Creía que estaba sola y me sobresalté cuando uno de mis maestros se acercó a mí por detrás y me dio una suave palmadita en el hombro. Resultaba difícil interpretar la expresión de su rostro a través de las lágrimas y a la débil luz de las lámparas, pero sí pude distinguir que hacía gestos para que lo siguiera. Confiaba en él porque sabía que ayudaba a gente pobre fuera del colegio.

Me llevó a un cobertizo al lado del patio de recreo donde el colegio guardaba los trastos. Abrió el candado rápidamente y me hizo pasar. La ventana estaba cubierta con papel de periódico, por lo que el interior estaba a oscuras. El cobertizo estaba atestado de montones de trastos viejos y cuerdas, y olía a moho y a podrido. El asco me obligó a detenerme, pero mi maestro se abrió camino serpenteando entre los trastos con la facilidad que da la práctica. Yo lo seguí como pude.

Me quedé pasmada al encontrar una biblioteca pulcra y ordenada en el interior de la estancia. Había varios cientos de libros distribuidos sobre tablas de madera rotas. De pronto comprendí por primera vez el sentido del verso de un poema: «En la sombra más oscura de los arces topé de pronto con las alegres flores de una aldea.»

El maestro me contó que aquella biblioteca era un secreto que estaba preparando para ofrecérselo a las generaciones venideras. Por revolucionario que fuera el pueblo, dijo, no podría sobrevivir sin libros. Sin libros no seríamos capaces de entender el mundo; sin libros no podríamos desarrollarnos; sin libros la naturaleza no podría servir a la humanidad. Cuanto más hablaba, más se excitaba, pero a mí sus palabras me aterrorizaron. Sabía que eran precisamente aquellos libros los que la Revolución Cultural luchaba por destruir. El maestro me dio una llave del cobertizo y me dijo que podía refugiarme allí para leer cuando quisiera.

El cobertizo se hallaba justo detrás del único servicio de la escuela, por lo que me resultaba fácil acceder a él sin levantar sospechas cuando los demás niños asistían a las actividades que yo tenía vedadas.

Durante mis primeras visitas al cobertizo, el olor y la oscuridad me resultaron sofocantes, por lo que hice un agujerito del tamaño de un guisante en los periódicos que tapaban la ventana. Me asomaba para observar a los niños mientras jugaban, y soñaba con que algún día me permitirían unirme a ellos.

Cuando el bullicio en el patio de recreo me hubo entristecido tanto que ya no pude seguir mirando por la ventana, empecé a leer. En la biblioteca no había muchos libros para niños de enseñanza primaria, por lo que me encontré con grandes dificultades a la hora de descifrar aquel complejo vocabulario. Al principio, mi maestro respondía a mis preguntas y me explicaba cosas cuando venía a controlarme, pero más tarde me trajo un diccionario que utilicé profusamente aunque seguía sin entender ni la mitad de lo que leía.

Los libros de historia china y extranjera me fascinaban. Me enseñaron que había diferentes formas de vivir: no sólo las que recogían las dramáticas historias que todo el mundo conocía, sino también la de gente corriente que tejía su propia historia a través de sus vidas cotidianas. Gracias a estos libros también aprendí que quedan muchas preguntas por responder.

Aprendí muchísimo de la enciclopedia, y hoy en día soy capaz de realizar tareas manuales y reparaciones de todo tipo, desde bicicletas a pequeños aparatos eléctricos. Solía soñar con convertirme en diplomática, abogada, periodista o escritora. Cuando estuve en condiciones de elegir profesión, abandoné el trabajo administrativo en el ejército, después de doce años, para hacerme periodista. Los conocimientos pasivos que había acumulado durante mi infancia volvieron a ayudarme.

Mi sueño de unirme a los demás niños en el patio de recreo nunca se hizo realidad, pero me consoló poder leer sobre batallas y derramamiento de sangre en aquella biblioteca secreta. Los documentos sobre la guerra me hicieron sentir feliz por vivir en una era de paz, y me ayudaron a olvidar las pullas que me esperaban al otro lado de la puerta del cobertizo.

La primera persona que me enseñó a apreciar la felicidad y la belleza a través de la observación de la gente y las cosas que me rodeaban fue Yin Da.

Yin Da era huérfano. Parecía no saber cuándo había perdido a sus padres; lo único que sabía era que se había criado bajo el cuidado de los vecinos de la aldea, en una barraca de un metro y medio de largo por uno coma dos metros de ancho cuyo único mobiliario consistía en una cama que ocupaba todo el espacio. Había comido el arroz y llevado la ropa de cien familias y llamaba a todos los habitantes de la aldea padre y madre.

Recuerdo que Yin Da sólo tenía una muda. En invierno simplemente se ponía una gruesa chaqueta de algodón acolchada sobre la ropa de verano. Todo el mundo a su alrededor era pobre, por lo que una chaqueta acolchada para el invierno era suficientemente confortable.

A pesar de que Yin Da tenía cinco o seis años más que yo, estábamos en la misma clase en la escuela del ejército. Durante la Revolución Cultural todas las instituciones de educación estuvieron virtualmente fuera de servicio, y tan sólo los colegios y las escuelas militares estaban autorizados para instruir y formar a los jóvenes en cuestiones de defensa nacional. A fin de ofrecer ayuda a los campesinos y los obreros de la ciudad ocupada por la base militar, mi escuela organizó la enseñanza de los niños de la localidad junto con los niños del ejército. Muchos de ellos ya habían cumplido los catorce o quince años cuando empezaron en la escuela primaria.

Si Yin Da se encontraba cerca cuando los niños de familias «rojas» me propinaban una paliza, me escupían o me insultaban, él siempre me defendía. A veces, cuando me veía llorar en un rincón, decía a los Escoltas Rojos que me llevaba a conocer a los campesinos y luego me ofrecía una visita guiada por la ciudad. Me mostraba las casas de la gente más pobre y me contaba lo que la hacía feliz, aunque ganaban bastante menos de cien yuanes al año.

Durante los recreos solía llevarme a la colina que se alzaba detrás de la escuela para que pudiera contemplar los árboles y las plantas florecientes que allí crecían. Había muchos árboles de la misma especie en el mundo, me dijo, y, sin embargo, no existían dos hojas que fueran idénticas entre sí. Me contó que la vida era bella y que el agua daba vida ofreciéndose a sí misma.

Me preguntó qué me gustaba de la ciudad en la que se hallaba la base militar. Yo le dije que no sabía que hubiera algo que pudiera gustar, y que me parecía un lugarejo insignificante, pobre y sin color, lleno del humo asfixiante de las cocinas y gente vagando por las calles vestida con chaquetas desgarradas y camisas andrajosas. Yin Da me enseñó a examinar detenidamente y a recordar cada una de las casas de la ciudad, incluso aquellas que habían sido construidas a toda prisa con chatarra. ¿Quién vivía en aquellas casas? ¿Qué hacían en su interior? ¿Qué hacían en el exterior? ¿Por qué estaba la puerta entreabierta? ¿Estaría la familia esperando una visita o simplemente había olvidado cerrar la puerta? ¿Qué consecuencias acarrearía aquel descuido?

Seguí el consejo de Yin Da de interesarme por mi entorno y dejaron de preocuparme tanto los escupitajos y las burlas que sufría diariamente. Solía quedarme absorta en mis propios pensamientos, imaginando la vida de la gente que habitaba aquellas casas. El contraste entre mi mundo imaginario y el real acabó en una fuente tanto de consuelo como de dolor para mí.

A finales de la década de los sesenta, las relaciones entre China y la Unión Soviética se rompieron definitivamente, y se desarrolló un conflicto armado por la frontera norte de China en la isla de Zhenbao. Todos los pueblos y ciudades debían construir túneles a modo de refugios antiaéreos. En algunas grandes ciudades, los refugios tenían capacidad para acomodar a toda la población. Unas cuantas herramientas básicas y reservas de alimentos les permitirían sobrevivir en los túneles durante varios días. Todo el mundo, fuera viejo o joven, fue obligado a cavar aquellos túneles; ni siquiera los niños de siete u ocho años se libraron.

Los niños de nuestra escuela tuvieron que cavar túneles en la ladera de la colina detrás de la escuela. Nos dividieron en dos grupos: uno que debía trabajar en el interior del túnel y otro en el exterior. A pesar de que me habían asignado al grupo del interior, al final me pusieron a trabajar en la boca del túnel porque era niña y relativamente débil.

Un día, aproximadamente media hora después de haber iniciado la jornada de trabajo, se oyó un terrible rugido: el túnel se había desplomado. Quedaron enterrados cuatro niños, entre ellos Yin Da, que había estado trabajando en lo más profundo del túnel. Cuando finalmente consiguieron sacarlos, cuatro días después del accidente, sus cuerpos sólo pudieron ser identificados por la ropa.

A los hijos y los niños tutelados por familias «negras» no se nos permitió despedirnos de los cuatro niños que, póstumamente, fueron reconocidos como héroes. Desde lejos, lo último que pude ver de Yin Da fue su brazo sin vida colgando de una camilla. Tenía diecisiete años.

En una ocasión Yin Da me había enseñado el tema principal de la película *Un visitante de la Montaña de Hielo*. Tenía una melodía preciosa y la letra rememoraba a un amigo perdido. Años más tarde, cuando China ya había iniciado el proceso de apertura y reformas, repusieron la película. Los recuerdos de Yin Da volvieron a desbordarme.

Mi hermosa patria se extiende al pie de las Montaña
*   de Hielo.*
Cuando abandoné mi hogar, era como un melón
*   desprendido de la enredadera.*
La muchacha que amaba vivía bajo los blancos álamos.
Cuando me fui ella era como un laúd que colgaba
*   abandonado en la pared.*
La enredadera se ha quebrado, pero los melones todavía
*   son dulces.*
Cuando vuelva el músico, el laúd volverá a sonar.
Cuando me despedí de mi amigo,
él era como una montaña de nieve: en una sola
*   avalancha,*
desapareció para siempre.
Oh, mi querido amigo,

jamás volveré a ver tu poderosa silueta ni tu rostro
  bondadoso.
Oh, mi querido amigo,
jamás volverás a oírme tocar el laúd, jamás volverás
    a oírme cantar.

No sé si Yin Da advirtió el destino que le aguardaba en esta canción melancólica cuando la cantó para mí, pero me dejó una melodía a través de la cual recordarlo.

13

La mujer cuyo padre no la conoce

La primera noche que pasé en la Prisión de Mujeres de Hunan Occidental no me atreví a cerrar los ojos por miedo a mis recurrentes pesadillas. Aun con los ojos abiertos me resultaba imposible dejar fuera imágenes de mi infancia. Al amanecer, me dije que tenía que dejar atrás el pasado y encontrar un modo de conseguir que Hua'er confiara en mí para poder compartir su historia con otras mujeres. Pregunté a la vigilante si podía volver a hablar con Hua'er en el locutorio.

Cuando entró en la sala, la susceptibilidad y la terquedad del día anterior se habían desvanecido y su rostro estaba transido de dolor. Por su cara de sorpresa deduje que yo también parecía otra tras una noche sufriendo el tormento de los recuerdos. Parecía que supo inmediatamente que podía confiar en mí.

Hua'er inició nuestra entrevista contándome cómo su madre había elegido los nombres de ella, de su hermana y de sus hermanos. Su madre había dicho que todas las cosas en el mundo natural luchaban por su lugar, pero que los árboles, las montañas y las rocas eran los más fuertes, por lo que llamó a su primera hija Shu («árbol»), a su hijo mayor Shan («montaña») y a su hijo menor Shi («roca»). Un árbol en flor dará sus frutos, y las flores embellecen las montañas y las rocas, por lo que llamó a Hua'er Hua («flor»).

—Todo el mundo decía que era la más bella... tal vez porque me llamaba Hua.

Me llamó la atención la poesía de estos nombres y pensé para mis adentros que la madre de Hua'er debió de ser una mujer muy culta. Serví a Hua'er un vaso de agua caliente del termo que había sobre la mesa. Ella lo agarró con las dos manos, clavó la mirada en el vapor que subía de él y musitó:

—Mis padres son japoneses.

Sus palabras me desconcertaron. No se hacía mención de esta circunstancia en sus antecedentes penales.

—Ambos daban clases en la universidad y se nos dispensaba un trato especial. Había familias que se veían obligadas a vivir en una sola habitación mientras que nosotros disponíamos de dos. Mis padres dormían en la pequeña y nosotros ocupábamos la grande. A menudo, mi hermana Shu nos llevaba a mí y a mi hermano mayor a casa de sus amigos. Sus padres se mostraban amables con nosotros, nos ofrecían cosas para picar y nos pedían que dijéramos algo en japonés. Yo era muy joven, pero hablaba muy bien el japonés y disfrutaba enseñando a los adultos a decir palabritas y frases. Los demás niños echaban mano a toda la comida mientras yo hablaba, pero mi hermana siempre me guardaba un poco. Me protegía.

El rostro de Hua'er se iluminó.

—Mi padre estaba orgulloso de Shu porque era muy aplicada en el colegio. Decía que ella lo ayudaría a ser más sabio. Mi madre también elogiaba a mi hermana por ser tan buena chica, y porque nos vigilaba a mí y a mi hermano mayor dándole así tiempo a ella para preparar sus clases y cuidar de mi hermano pequeño, Shi, que tenía tres años. Cuando jugábamos con mi padre éramos los niños más felices del mundo. Se disfrazaba de muy variopintos personajes para hacernos reír. A veces era el anciano que transportaba la montaña del cuento japonés y entonces nos llevaba a los cuatro a cuestas. Solíamos estrujarlo todo lo que podíamos hasta que le faltaba el aliento, pero él seguía llevándonos a la espalda mientras gritaba: «¡Llevo... la montaña... a cuestas!»

—A veces se enrollaba la bufanda de mi madre alrededor de la cabeza para convertirse en la abuela loba del cuento chino. Siempre que jugábamos al escondite, yo me zambullía debajo del edredón y gritaba inocentemente: «¡Hua'er no está debajo del edredón!»

»Mi padre se escondía en los lugares más ingeniosos. Una vez incluso se escondió en la gran tinaja donde guardábamos el grano. Cuando finalmente salió, estaba cubierto de maíz, alforfón y arroz.

Hua'er se rió al recordarlo y yo me uní a ella.

Tomó un sorbo de agua, saboreándola.

—Éramos muy felices. Pero, de pronto, en 1969, empezó la pesadilla.

Las vivas llamas de la hoguera que habían marcado el final de mi infancia feliz aparecieron ante mis ojos. Las palabras de Hua'er desterraron la imagen.

—Una tarde de verano, mis padres habían ido a trabajar y yo estaba haciendo los deberes bajo la supervisión de mi hermana mientras mi hermano jugaba con sus juguetes. De pronto oímos el rítmico vocerío de las proclamas en la calle. Por entonces, los adultos siempre estaban gritando y vociferando, y no le dimos importancia. El griterío se acercaba cada vez más, hasta que estuvo delante de nuestra puerta. Una banda de jóvenes se había detenido y gritaba: «¡Abajo los esbirros japoneses del imperialismo! ¡Eliminad a los agentes secretos extranjeros!»

»Mi hermana se comportó como una adulta. Abrió la puerta y preguntó a los estudiantes, que parecían tener su edad: «¿Qué estáis haciendo? Mis padres no están en casa.»

»Una muchacha que encabezaba la banda dijo: «Escuchad, mocosos, vuestros padres son agentes secretos de los imperialistas japoneses. Han sido puestos bajo la vigilancia del proletariado. ¡Debéis romper con ellos y dejar al descubierto sus actividades de espionaje!»

»¿Mis padres, agentes secretos? En las películas que yo había visto, los espías siempre eran malvados. Al darse cuenta de lo asustada que estaba, mi hermana se apresuró a cerrar la puerta y posó las manos sobre mis hombros.

»—No tengas miedo. Espera a que vuelvan mamá y papá y les contaremos lo que ha pasado —me dijo.

»Mi hermano mayor llevaba un tiempo diciendo que quería unirse a los Escoltas Rojos. Entonces dijo tranquilamente:

»—Si son agentes secretos, me iré a Beijing para tomar parte en la revolución contra ellos.

»Mi hermana se lo quedó mirando y dijo: «¡No digas tonterías!»

»Había anochecido cuando los estudiantes dejaron de gritar delante de la puerta. Más tarde, alguien me contó que el grupo pretendió registrar la casa pero no había osado hacerlo al ver a mi hermana en el umbral de la puerta protegiéndonos a los tres. Por lo visto, el líder de los Escoltas Rojos les había dado una terrible reprimenda por ello.

»No volvimos a ver a mi padre hasta mucho después.

El rostro de Hua'er se heló.

Durante la Revolución Cultural, cualquiera que proviniera de una familia rica, cualquiera que tuviera estudios superiores, fuera especialista o experto en algo, tuviera contactos en el extranjero o hubiera trabajado para el gobierno anterior a 1949 era catalogado como contrarrevolucionario. Había tantos delincuentes políticos de este tipo que las prisiones no podían acogerlos. En su lugar, estos intelectuales fueron desterrados a remotas zonas rurales para que trabajasen en el campo. Sus noches estaban ocupadas con la «confesión de sus crímenes» a la Guardia Roja, o si no recibiendo clases de los campesinos que jamás habían visto un coche ni oído hablar de la electricidad. Mis padres soportaron muchos períodos de trabajo y reeducación como aquellos.

Los campesinos enseñaron a los intelectuales las canciones que solían cantar cuando trabajaban el campo y les explicaron cómo sacrificar cerdos. Al haberse criado en un ambiente culto y erudito, los intelectuales se estremecían viendo sangre, y a menudo dejaban boquiabiertos a los campesinos por su falta de habilidades y conocimientos prácticos.

Una profesora universitaria que entrevisté en una ocasión me contó cómo el campesino que la supervisaba miró los plantones de trigo que ella había arrancado por equivocación y le preguntó compasivamente:

—Si ni siquiera eres capaz de distinguir entre la mala hierba y un brote de trigo, ¿qué aprendieron de ti los estudiantes que tuviste a tu cargo? ¿Cómo conseguiste que te respetaran?

La profesora me contó que los campesinos de la zona montañosa a la que había sido destinada habían sido extremadamente amables con ella y había aprendido mucho de sus miserables vidas. Se dio cuenta de que el ser humano es esencialmente sencillo y de que sólo aprende a intervenir en la sociedad cuando recibe la educación correspondiente. Había algo de verdad en lo que dijo, pero ella tuvo suerte en su experiencia de la Revolución Cultural.

Hua'er prosiguió con su relato.

—Un día mi madre llegó a casa inusitadamente tarde. Tan sólo mi hermana estaba levantada. Estaba dormitando cuando me desperté al oír a mi madre decir a Shu:

»—Papá ha sido encerrado. No sé adónde se lo han llevado. A partir de ahora tendré que asistir cada día a clases especiales, y es posible que vuelva tarde a casa. Me llevaré a Shi, pero tú tendrás que cuidar de Shan y de Hua. Shu, tú ya eres adulta; créeme cuando te digo que papá y yo no somos mala gente, no hemos hecho nada malo. Debes creer en nosotros, pase lo que pase. Vinimos a China porque queríamos dar a conocer la cultura y la lengua japonesas, no pretendíamos nada malo... Ayúdame a cuidar de tus hermanos. Debes recoger plantas silvestres del camino de vuelta del colegio y añadirlas a la comida cuando cocines. Convence a tus hermanos para que coman más, todos estáis creciendo y necesitáis comer bien. Asegúrate de que le pones la tapa a la estufa antes de irte a dormir para que no os intoxiquéis con el gas de carbón. Cierra bien las puertas y las ventanas cuando salgas y no abras la puerta a nadie. Si los Escoltas Rojos vienen para registrar la casa, saca a tus hermanos para que no se asusten. A partir de ahora deberás acostarte a la misma hora que tus hermanos. No me esperes levantada. Si necesitas algo, déjame una nota y yo te dejaré otra antes de irme por la mañana. No dejes de estudiar lengua y cultura japonesas. Algún día estos conocimientos te serán muy útiles. Estudia a escondidas, pero no tengas miedo: las cosas mejorarán.

»El rostro de mi hermana permanecía inexpresivo, pero las lágrimas se escurrieron en dos hileras mejilla abajo. Me escondí bajo el edredón y lloré sin hacer ruido. No quería que mi madre me descubriera.

Recordando cómo mi hermano había llorado por mi madre, no pude retener las lágrimas al imaginar la escena que Hua'er describía. Hua'er estaba triste pero sus ojos estaban secos.

—A partir de entonces, y durante largo tiempo, apenas vimos a mi madre. Mi hermano y yo sabíamos que ahora nuestra madre dormía en nuestra habitación, pero las únicas señales de su existencia eran las instrucciones y la información que le dejaba a Shu.

»Más tarde descubrí que podía ver a mi madre si me levantaba por la noche para ir al baño. Mi madre parecía no dormir nunca: cada vez que me levantaba, ella tendía la mano para acariciarme. Sus manos estaban cada vez más ásperas. Yo quería restregar mi cara contra sus manos, pero tenía miedo de que mi hermana me dijera que alteraba el sueño de mi madre.

»Cada vez estaba más apática y cansada durante el día porque me levantaba varias veces por la noche para ver a mi madre. En una ocasión incluso llegué a quedarme dormida mientras estudiábamos las «instrucciones máximas» del Partido en el colegio. Afortunadamente, mi maestra era una mujer muy amable. Después de la clase me llevó a un lugar apartado cerca del campo deportivo y me dijo:

»—Dormirse mientras estudiamos las máximas del presidente Mao es considerado un acto reaccionario por los Escoltas Rojos. Debes ser más cuidadosa.

»No entendí realmente lo que pretendía decirme, pero tenía miedo porque sabía que el marido de mi maestra era el jefe de la fracción local de los Escoltas Rojos. Le expliqué a la carrera por qué últimamente no dormía bien. Mi maestra se quedó callada durante largo rato y yo me sentí aún más angustiada. Al final, la maestra me dio una palmadita afectuosa en la cabeza y me dijo:

»—No te preocupes, a lo mejor tu madre pronto podrá volver a casa más temprano.

»Poco tiempo después, mi madre empezó a volver antes a casa. Solía llegar justo cuando nos preparábamos para irnos a la cama. Nos dimos cuenta de que había cambiado mucho: rara vez hablaba y se movía con gran sigilo; parecía tener miedo de alterar nuestra fe en ella y en nuestro padre. Mi hermano mayor, que tenía una personalidad muy fuerte, no soportaba discutir con ella sobre su viaje a Beijing para convertirse en uno de los Escoltas Rojos de Mao. Poco a poco, la vida fue normalizándose. Un día oí a mi madre que decía con un suspiro:

»—Ojalá vuestro padre también pudiera volver...

»Ninguno de nosotros podía sentirse feliz con la expectativa de volver a ver a nuestro padre. Le queríamos, pero si era un agente secreto tendríamos que seguir ignorándolo.

»Algún tiempo después, en otoño de 1969, dijeron a mi hermana que tendría que asistir a un grupo de estudio nocturno que le permitiría tomar una postura firme después de la liberación de mi padre y trazar una línea divisoria entre él y nosotros.

»Mi hermana volvió muy tarde a casa después de la primera noche con el grupo de estudio. Mi madre esperaba con inquietud delante de la ventana, incapaz de permanecer sentada. Yo tampoco podía dormir, porque estaba impaciente por saber cómo era el grupo de estudio. La Guardia Roja sólo admitía a gente cuyas ideas fueran revolucionarias. Yo sabía que cuando alguien se unía a ellos, cesaban los interrogatorios, sus hogares ya no eran registrados y sus familiares encarcelados eran liberados poco después. ¿Volvería pronto nuestro padre?

»Mi madre me mandó a la cama y yo me froté los ojos repetidamente y clavé puntas de pluma en mi almohada para mantenerme despierta. Finalmente oí pasos y la voz apagada de un hombre al otro lado de la ventana, pero no pude oír lo que decía. Cuando mi hermana entró en la habitación, mi madre corrió hacia ella y le preguntó: «¿Cómo fue?» Su voz estaba llena de temor.

»Mi hermana se acostó en silencio, totalmente vestida. Cuando mi madre intentó ayudarla a desvestirse, mi hermana la rechazó, se dio la vuelta y se envolvió en el edredón.

»Yo estaba muy decepcionada. Habíamos esperado despiertas tanto tiempo para nada.

»Aquella noche oí llorar a mi madre largo tiempo. Me dormí preguntándome si se sentía herida por el silencio de mi hermana o si temía que no la amáramos. Aquella noche soñé que yo también me había unido al grupo de estudio, pero en cuanto entré por la puerta del aula me desperté.

»Shu pasaba un tiempo extraordinariamente largo en el grupo de estudio y nunca me contó nada. Durante varios meses estuvo volviendo a casa muy tarde, mucho después de quedarme yo dormida. Una noche volvió a casa poco después de haberse ido. El hombre que la trajo de vuelta nos dijo que «Shu sigue estando enferma y hoy se ha desmayado. El guía político me pidió que la acompañara a casa».

»Mi madre se había quedado blanca y se quedó paralizada cuando mi hermana se cayó de rodillas ante sus pies y dijo:

»—Mamá, no había nada que pudiera hacer. Quería que liberaran a papá antes...

»Mi madre se estremeció y pareció estar a punto de perder la conciencia. Mi hermano mayor acudió a toda prisa para darle apoyo y la obligó a sentarse en la cama. Luego nos condujo a mí y a mi hermano pequeño a la otra habitación. Yo no quería irme, pero no me atreví a replicar.

»Al día siguiente, cuando abandonaba el colegio, un hombre de la Guardia Roja me estaba esperando. Me contó que el guía político había ordenado que me uniera al grupo de estudio. Apenas me lo podía creer. Sólo tenía once años. ¿Cómo podía ser? A lo mejor, pensé, mi maestra les había contado que yo era muy obediente. Me sentía muy feliz y quise correr a casa para contárselo a mi madre, pero el hombre me dijo que mi madre ya había sido informada.

»El aula era una estancia pequeña, amueblada como si fuera una casa, con camas, una mesa de comedor y varias sillas parecidas a las del colegio, pero más grandes. También había una estantería enorme llena de obras revolucionarias. Había citas del presidente Mao y consignas políticas escritas en rojo pegadas en las cuatro paredes de la estancia. Acababa de empezar el cuarto curso de primaria y no entendía el significado de la mayoría de ellas.

»El Escolta Rojo que me había llevado allí me dio un Pequeño Libro Rojo de citas del presidente Mao —yo siempre le había envidiado el suyo a mi hermana— y me preguntó:

»—¿Sabes que tus padres son agentes secretos?

»Asentí con los ojos como platos. Temí que al final no me dejarían unirme al grupo de estudio. Entonces el hombre me dijo:

»—¿Sabes que todos los miembros del grupo de estudio son Escoltas Rojos?

»Volví a asentir. Deseaba con todas mis fuerzas convertirme en un Escolta Rojo para que la gente dejara de maldecirme y poder subirme a un camión y salir a la calle a gritar consignas. ¡Ansiaba todo aquel poder y prestigio!

»—Por tanto, no debes permitir que los agentes secretos sepan nada de los asuntos de la Guardia Roja, ¿lo has entendido? —me dijo.

»Pensando en las historias sobre el partido clandestino y los agentes secretos que conocía a través de las películas, balbucí:

»—No... no se lo contaré a mi familia.

»—Ahora ponte en pie y jura ante el presidente Mao que mantendrás los secretos de la Guardia Roja.

»—¡Lo juro!

»—Bien. Ahora lo primero que harás será leer las citas del presidente Mao tú sola. Luego, cuando hayamos comido, te enseñaremos cómo estudiarlas.

»Me quedé pasmada al oír que me daría comida. No es de extrañar, pensé, que mi hermana no dijera nunca nada del grupo de estudio. Le habían hecho jurar que no revelaría nada, pero también debió de temer que mi hermano pequeño y yo tuviéramos envidia con la sola mención de comida. Mientras estos pensamientos pasaban por mi cabeza, miraba fijamente las páginas de mi pequeño Libro Rojo sin entender nada.

»Después de comer aparecieron otros dos Escoltas Rojos. Ambos eran muy jóvenes, apenas un poco mayores que mi hermana. Me preguntaron: «¿Has hecho tu juramento al presidente Mao?» Yo asentí, preguntándome por qué me lo preguntaban.

»—De acuerdo —dijeron—, hoy estudiaremos hasta muy tarde y antes deberías descansar un poco.

»Me tomaron en sus brazos y me llevaron a la cama, me sonrieron y me ayudaron a retirar el edredón y a desnudarme, hasta la última pieza de ropa interior. Apagaron las luces con un ruidoso clic del interruptor.

»Nadie me había hablado de lo que pasa entre hombres y mujeres, ni siquiera mi madre. La única diferencia que conocía entre hombres y mujeres era que los pantalones de los hombres se abrochan por delante y los de las mujeres por el costado. Por tanto, cuando tres hombres empezaron a manosear mi cuerpo en la oscuridad, no sabía lo que significaba ni lo que iba a pasar después.

»Me sentía muy cansada. Por alguna razón no conseguía mantener los ojos abiertos. En medio de la confusión oí a un hombre decir:

»—Ésta es tu primera lección. Tenemos que saber si hay influencias contrarrevolucionarias en tu cuerpo.

»Una mano pellizcó mi pezón poco desarrollado y una voz dijo: «Es pequeño pero tiene que haber un brote allí dentro.»

»Otra mano me separó las piernas y otra voz interrumpió diciendo: «Las cosas contrarrevolucionarias siempre están ocultas en los lugares más secretos del cuerpo de una persona, deja que le echemos un vistazo.»

»Una oleada de terror, en nada parecida a lo que hubiera podido sentir anteriormente, me invadió. Empecé a temblar de miedo, pero entonces un pensamiento atravesó mi mente como un rayo: sólo había gente buena en el grupo de estudio, ellos nunca harían nada malo.

»Entonces oí que un hombre decía: «Jun'er, ésta es para ti. Nosotros, tus hermanos, cumplimos nuestra palabra.»

»No entendía de qué estaban hablando. Por entonces había perdido todo control sobre mi propio cuerpo. Más tarde, ya mayor, comprendí que debieron de añadir pastillas para dormir a mi comida. Algo grueso y grande atravesó mi cuerpo como una daga y pareció que fuera a perforarme. Un número incontable de manos restregó mi pecho y trasero y una asquerosa lengua se introdujo en mi boca. Los jadeos se prolongaron insistentemente a mi alrededor y mi cuerpo ardía de dolor, como si estuviera siendo azotado.

»No sé cuánto duró esta «lección» infernal. Me quedé totalmente entumecida e insensible.

El rostro de Hua'er estaba mortalmente pálido. Tuve que morderme el labio para evitar que me castañeteaban los dientes. Cuando le ofrecí una mano, ella la ignoró.

—Por fin no hubo más ruidos ni movimientos. Lloré y lloré desconsoladamente.

»En medio de la oscuridad oí que varias voces me decían:

»—Hua'er, más tarde empezará a gustarte.

»—Hua'er, eres una buena niña, no hay nada malo en ti. Tu padre será liberado muy pronto.

»Yo me mantuve tan pasiva como una muñeca de trapo mientras levantaron mi cuerpo y me vistieron.

»Uno de ellos me dijo quedamente: «Hua'er, lo siento.» Siempre quise saber quién lo dijo.

»Varios Escoltas Rojos se turnaron para llevarme a sus espaldas en el penetrante viento otoñal. Me dejaron lejos de mi casa diciéndome:

»—No olvides que has hecho un juramento al presidente Mao.

»Intenté dar un paso, pero no podía moverme. Sentía como si me hubieran desgarrado la parte inferior de mi cuerpo. Uno de ellos me cogió en sus brazos y me llevó hasta la puerta de mi casa. Luego él y sus compañeros se escabulleron rápidamente y desaparecieron en la oscuridad. Mi madre abrió la puerta al oír sus voces y me tomó en sus brazos.

»—¿Qué pasa, Hua'er? ¿Por qué has vuelto tan tarde? —me preguntó.

»Mi cerebro estaba vacío, no pensé en mi juramento al presidente Mao. No pude hacer más que llorar. Mi madre me llevó a la cama mientras yo sollozaba. Al verme a la luz de las lámparas lo entendió todo.

»—¡Dios mío! —exclamó.

»Mi hermana Shu me sacudió y preguntó:

»—¿Acudiste al grupo de estudio?

»Pero yo no podía más que seguir llorando y llorando. Sí, había asistido a la reunión del «grupo de estudio», un grupo de estudio femenino, un...

Por fin Hua'er lloró. Sus hombros temblaban entre débiles y cansinos sollozos. La rodeé con mis brazos y sentí cómo su cuerpo tiritaba.

—Hua'er, no digas nada más, no podrás soportarlo —le dije. Mi rostro estaba bañado de lágrimas, y el llanto de las niñas del grupo de estudio de la escuela de mi hermano resonó en mis oídos.

Era por la tarde y una vigilante nos trajo algo de comer. Los dos platos eran totalmente diferentes. Intercambié mi bandeja con la de Hua'er, pero ella apenas la miró. Todavía sollozando, Hua'er prosiguió su relato:

—Era tan joven. A pesar del dolor, conseguí dormirme con el llanto de mi madre y de mi hermana.

»Me desperté con un sobresalto. Mi hermano mayor Shan estaba delante de la puerta de casa gritando:

»—¡Que alguien nos ayude! ¡Mi madre se ha ahorcado!

»Mi hermana Shu gemía:

»—Mamá, ¿por qué nos has abandonado?

»Mi hermano pequeño Shi se aferraba a alguna cosa y lloraba. Salté de la cama para ver a qué se estaba aferrando. Era mi madre, que colgaba del dintel de la puerta.

Hua'er luchaba por respirar. La mecí entre mis brazos mientras repetía su nombre una y otra vez.

Unos minutos más tarde apareció un trozo de papel en la ventanilla de observación. Había un mensaje escrito en él: «Le rogamos mantenga una distancia apropiada con la prisionera.»

Maldije en silencio y llamé a la puerta para que la vigilante la abriera. Dejé a Hua'er en la sala de entrevistas, me dirigí al despacho del director de la prisión —con la carta del jefe de policía Mei en mano— y exigí que se le permitiera a Hua'er pasar las próximas dos noches en mi habitación. Tras muchas vacilaciones, el director consintió a condición de que me comprometiera por escrito a absolverlo de toda responsabilidad si surgía cualquier imprevisto mientras Hua'er permaneciera conmigo.

De vuelta a la sala de entrevistas descubrí que Hua'er había estado llorando sobre toda la comida que tenía delante. Me la llevé de vuelta a mi habitación, pero apenas dijo nada durante las siguientes veinticuatro horas. Pensé que probablemente estaría abriéndose paso a través de las profundidades de su dolor, y no osaba siquiera imaginarme que tuviera más experiencias trágicas a las que enfrentarse.

Cuando Hua'er recuperó las fuerzas para volver a hablar, me contó que su padre había sido liberado cuatro días después del suicidio de su madre, pero que no reconoció a sus hijos. Años más tarde, alguien les había contado que el padre de Hua'er había perdido la razón al saber que su amada esposa se había quitado la vida. Había permanecido inmóvil en la misma postura durante dos noches seguidas, preguntando una y otra vez: «¿Dónde está Youmei?»

Ni Hua'er ni su hermana se atrevieron jamás a preguntar si su padre había tenido conocimiento del «grupo de estudio» o si saberlo había contribuido a su crisis nerviosa. Tras su liberación, el padre vivió con ellos como si fueran perfectos extraños. A lo largo de más de veinte años, lo único que sus hijos consiguieron enseñarle fue que «papá» era la palabra que utilizaban para designarlo a él. Cualquiera que fuera quien pronunciara la palabra, cualquiera que fuera el lugar, él respondía a ella.

La hermana de Hua'er, Shu, nunca se casó. Aquel día fatídico, los del grupo de estudio la habían traído de vuelta a casa temprano porque estaba embarazada y habían decretado que no podía seguir «estudiando». Por entonces tenía quince años y su madre no osaba llevarla al hospital porque los Escoltas Rojos la condenarían como «capitalista» y «zapatilla usada», obligándola a desfilar por las calles para su escarnio. En su lugar, su madre tenía pensado ir a buscar unas hierbas medicinales que pudieran provocar un aborto. Antes de que le diera tiempo a hacerlo, la violación de Hua'er al día siguiente la empujó al abismo.

Shu no sabía qué hacer ni a quién acudir. Se vendó ingenuamente la barriga y los pechos incipientes, pero fue en vano. No sabía dónde encontrar las hierbas de las que había hablado su madre, pero un día recordó que en una ocasión le había dicho que toda medicina contiene tres cuartas partes de veneno. Se tragó todos los medicamentos que había en la casa de golpe. Sufrió un desvanecimiento y una fuerte hemorragia en el colegio. Aunque en el hospital lograron salvarle la vida, el feto murió y tuvieron que extirparle la matriz. A partir de entonces, Shu tuvo que soportar que la tacharan de «mala mujer» y de «zapatilla usada». A medida que fueron pasando los años y la maternidad empezó a ser una realidad para las mujeres de su generación, Shu fue transformándose en una mujer fría y taciturna, muy distinta a la muchacha alegre que había sido.

El día antes de abandonar la Prisión de Mujeres de Hunan Occidental entrevisté a Hua'er por última vez.

Un par de años después de la experiencia de Hua'er en el grupo de estudio, encontró un libro en el almacén del colegio con el título *¿Quién eres?*, un libro que trataba de la biología femenina y de las ideas chinas acerca de la castidad. Sólo entonces, después de haber leído aquel libro, descubrió todas las consecuencias de lo que le había pasado.

Hua'er alcanzó la madurez con un sentido algo insegu-
ro de su identidad y de su amor propio. No había experimentado los sueños de una joven muchacha que recién ha
empezado a comprender el amor; no esperaba con ilusión
la noche de bodas. Las voces y los manoseos en la negrura
de aquella habitación del grupo de estudio la perseguían
continuamente. A pesar de ello, con el tiempo se casó con
un hombre bueno y amable al que amaba. Cuando se casaron, la virginidad en la noche de bodas era el patrón de oro
por el que se juzgaba a las mujeres, y la falta de ella a menudo conducía a la separación. A diferencia de otros hombres
chinos, el marido de Hua'er jamás había desconfiado de su
virginidad. La había creído cuando ella le contó que su himen
se había roto haciendo deporte.

Hasta el año 1990, más o menos, era frecuente que varias
generaciones de una misma familia convivieran en una sola
estancia, con las zonas de reposo separadas del resto por cortinas finas o literas. Había que practicar el sexo en la oscuridad, en silencio y con cautela; la atmósfera de control y
represión inhibía las relaciones entre las parejas de casados,
y a menudo provocaba conflictos conyugales.

Hua'er y su marido compartían una estancia con la familia de él, por lo que tenían que hacer el amor con la luz apagada para que sus sombras no se proyectaran en las cortinas
que separaban su dormitorio. A ella le aterraba que su marido la tocara en la oscuridad: le parecía que sus manos pertenecían a los monstruos de su infancia y no podía evitar
aullar de miedo. Cuando su marido intentaba consolarla y
le preguntaba qué le pasaba, Hua'er era incapaz de contarle
la verdad. Él la quería mucho, pero le resultaba difícil hacer
frente a la angustia de ella cuando hacían el amor, así que
optó por reprimir su deseo sexual.

Más tarde, Hua'er descubrió que su marido se había quedado impotente. Se culpó de la situación de su marido y
sufrió terriblemente porque lo quería. Hizo lo que pudo

para ayudarlo a recuperarse pero fue incapaz de reprimir los temores que se apoderaban de ella en la oscuridad. Al final, Hua'er sintió que debía dejarlo libre para que tuviera oportunidad de mantener una relación sexual normal con otra mujer, y pidió el divorcio. Cuando su marido se negó y le preguntó las razones de su decisión, Hua'er no le dio más que excusas. Ella le dijo que no era romántico, a pesar de que siempre se acordaba de cumpleaños y aniversarios y cada semana la obsequiaba con un ramo de flores. Todo el mundo a su alrededor veía que él la animaba, pero ella le dijo que era mezquino y de miras estrechas, y que era incapaz de hacerla feliz. También le dijo que no ganaba suficiente dinero, aunque todas sus amigas la envidiaban por las joyas que él le regalaba.

Incapaz de encontrar una buena razón para querer el divorcio, Hua'er recurrió finalmente a decirle que él no podía satisfacerla físicamente, a sabiendas de que él era el único hombre que podía hacerlo. Confrontado a esto, al marido de Hua'er no le restaba nada que decir. Con el corazón partido, el hombre partió hacia la remota Zhuhai, que por aquel entonces todavía era una zona subdesarrollada.

La voz de Hua'er todavía resonaba en mis oídos mientras contemplaba el paisaje cambiante desde el *jeep* que me devolvía a casa tras unos días en la Prisión de Mujeres de Hunan Occidental.

—Mi amado esposo se fue —dijo—, y yo me sentí como si me hubieran arrancado el corazón... Solía pensar: a los once era capaz de satisfacer a los hombres, a los veinte era capaz de volverlos locos, a los treinta era capaz de hacerles perder el alma, ¿y a los cuarenta...? A veces quería utilizar mi cuerpo para que aquellos hombres que todavía eran capaces de decir «lo siento» tuvieran la oportunidad de comprender lo que puede llegar a ser una relación sexual con una mujer; otras quería buscar a los Escoltas Rojos que me habían torturado y contemplar cómo sus hogares se hacían mil pedazos y sus familias se trastornaban. Quería vengarme de todos los hombres y hacerlos sufrir.

»Mi reputación de mujer nunca había significado gran cosa para mí. Había convivido con varios hombres y había permitido que se lo pasaran bien. Por esta razón he estado en dos campos de reeducación y me han condenado a prisión dos veces. El guía político del campo decía de mí que era una delincuente incorregible, pero eso no me preocupó. Cuando la gente me reprocha que no tengo vergüenza, no me enfado. Lo único que preocupa a los chinos es la fachada, sus «caras», pero no entienden cómo sus caras están unidas al resto de su cuerpo.

»Mi hermana Shu es quien mejor me comprende. Ella sabe que iré hasta donde tenga que ir para corregir mis recuerdos del terror sexual; sabe que deseo tener una relación sexual madura que cure mis órganos sexuales heridos. A veces soy precisamente como dice Shu que soy, otras no.

»Mi padre no sabe quién soy, y yo tampoco.

El día después de mi vuelta a la emisora de radio hice dos llamadas de teléfono. La primera fue a una ginecóloga. Le hablé del comportamiento sexual de Hua'er y le pregunté si existía algún tratamiento para los traumas psíquicos y físicos que había sufrido. La doctora parecía no haberse planteado nunca la cuestión. Por aquel entonces, en China no se contemplaban las enfermedades psíquicas, tan sólo las físicas.

Luego llamé al jefe de policía Mei. Le conté que Hau'er era japonesa y le pregunté si no podría ser transferida a una prisión para extranjeros, donde las condiciones eran mejores.

Él reflexionó un rato y luego contestó:

—Mira, Xinran, en lo que respecta a la condición de japonesa de Hua'er, el silencio es oro. En este momento, sus crímenes se reducen a delincuencia sexual y cohabitación ile-

gal. No debe de quedarle mucho tiempo en prisión. Si se
llega a saber que es extranjera, es posible que la acusen de
que sus actos estén políticamente motivados y podría llegar a ser mucho peor para ella.

Cualquiera que haya vivido la experiencia de la Revolución Cultural recordará que las mujeres que habían cometido el «crimen» de tener ropa o costumbres extranjeras eran
humilladas públicamente. Les esquilaban el pelo de cualquier manera para diversión de los Escoltas Rojos; les embo-
rronaban la cara con pintalabios; ataban zapatos de tacón
alto a una cuerda y la pasaban alrededor de su cuerpo; colgaban de su ropa pedazos de todo tipo de «artículos extranjeros», desde los ángulos más impensables. Obligaban a las
mujeres a contar una y otra vez cómo habían adquirido los
productos extranjeros. Yo tenía siete años cuando vi por primera vez lo que tenían que soportar aquellas mujeres, obligadas a desfilar por las calles para que la gente las abuchea-
ra. Recuerdo que pensé que si había otra vida después de la
muerte, yo no quería renacer como mujer.

Muchas de aquellas mujeres habían vuelto a la patria junto con sus maridos, para dedicar sus vidas a la revolución
y a la construcción de una nueva China. De vuelta en el
país tuvieron que hacerse cargo de las tareas domésticas con
la ayuda de los utensilios y electrodomésticos más elemen-
tales, pero esto no fue nada comparado con tener que reprimir las cómodas costumbres y posturas que habían adquirido en el extranjero. Cada palabra y cada acción era juzgada
en un contexto político; tuvieron que compartir la per-
secución que sus maridos sufrieron al ser acusados de
ser «agentes secretos» y debieron soportar una «revolución»
tras otra por poseer artículos femeninos adquiridos en el
extranjero.

Entrevisté a muchas mujeres que tuvieron este tipo de
experiencias. En 1989, una campesina de las montañas me

contó que hubo un tiempo en que había asistido a una academia de música. Su rostro estaba surcado por arrugas y sus manos eran ásperas y callosas, así que no detecté ninguna habilidad musical en ella. Fue cuando habló con aquella especial resonancia, tan propia de los que han recibido clases de canto, que empecé a pensar que tal vez decía la verdad.

Me mostró fotografías que probaban que mis dudas estaban totalmente infundadas. Ella y su familia habían pasado algún tiempo en América; cuando volvieron a China, ella tenía apenas diez años. Tuvo ocasión de desarrollar sus dotes musicales en un conservatorio de Beijing hasta que se instauró la Revolución Cultural. El vínculo que sus padres tenían con América les costó la vida y arruinó la vida de su hija.

A los diecinueve años fue enviada a una zona montañosa muy pobre y los delegados de la aldea la entregaron en matrimonio a un campesino. Había vivido allí desde entonces, en una zona con tanta indigencia que los aldeanos no podían permitirse comprar aceite para cocinar.

Antes de que la dejara me preguntó:

—¿Siguen en Vietnam los soldados americanos?

Mi padre conocía a una mujer que volvió a China tras muchos años de estancia en la India, cuando ya tenía más de cincuenta años. Era profesora y era muy buena con sus alumnos: a menudo había utilizado dinero de sus ahorros para ayudar a estudiantes con problemas económicos. Al principio de la Revolución Cultural nadie creyó que fuera a verse afectada y, sin embargo, fue perseguida y «rehabilitada» durante dos años por la ropa que vestía.

Esta profesora había sostenido que las mujeres debían vestir colores alegres y vivos y que el traje Mao era demasiado masculino, por lo que solía llevar un sari por debajo de la chaqueta reglamentaria. La Guardia Roja consideró que su actitud era desleal hacia la patria y la condenaron por «rendir culto y mostrar una fe ciega en cosas extranjeras». Entre los Escoltas Rojos que la persiguieron también hubo estudiantes a los que ella había ayudado económicamente. Se disculparon por su comportamiento, pero le dijeron que «si no luchamos contra ti nos meteríamos en líos y nuestras familias con nosotros».

La profesora nunca volvió a ponerse sus queridos saris, pero en su lecho de muerte había mascullado «Los saris son tan bonitos» una y otra vez.

Hubo otra profesora que me habló de su experiencia durante la Revolución Cultural. Una familiar lejana de Indonesia le había enviado un pintalabios y un par de zapatos de tacón alto de una marca inglesa a través de un miembro de una delegación gubernamental. Puesto que comprendía que los regalos del extranjero podrían dar lugar a sospechas de espionaje, se había apresurado a desprenderse de ellos sin siquiera desenvolverlos. No se había percatado de la presencia de una niña de once o doce años que jugaba cerca del cubo de basura y que fue quien finalmente denunció el «crimen» a las autoridades. Durante varios meses, la profesora fue conducida a través de la ciudad en la parte de atrás de un camión para que la multitud pudiera perseguirla.

Entre 1966 y 1976, poco había en China que distinguiera la ropa de mujer de la de hombre. Se veían muy pocos artículos específicamente femeninos. El maquillaje, la ropa bonita y las joyas sólo existían en las obras literarias prohibidas. Sin embargo, por revolucionario que fuera entonces el pueblo chino, no todos fueron capaces de resistirse a su naturaleza. Una persona podía ser «revolucionaria» en todos los aspectos, pero si alguien sucumbía a los deseos sexuales «capitalistas», era vilipendiado en público o llevado al banquillo de los acusados. Algunos se quitaron la vida en la desesperación. Otros se erigieron en modelo de moralidad y de virtud, pero se aprovecharon de los hombres y de las mujeres que eran reformados, haciendo de su sumisión sexual «una prueba de lealtad». La mayoría de la gente que vivió aquellos tiempos tuvo que soportar un ambiente sexual estéril, sobre todo las mujeres. Estando en la flor de sus vidas, hubo padres de familia que fueron encarcelados o enviados a escuelas de reeducación durante períodos de hasta veinte años, mientras sus esposas se veían obligadas a soportar una viudez en vida.

Ahora que ha sido puesto en tela de juicio el daño que la Revolución Cultural infringió a la sociedad china, también habría que considerar el perjuicio causado a los instintos sexuales naturales. Los chinos dicen: «Hay un libro en cada familia que es preferible no leer en voz alta.» Hay muchas familias chinas que no se han enfrentado a lo que les ocurrió durante la Revolución Cultural. Las páginas de ese libro se han pegado con las lágrimas vertidas y ya no se pueden abrir. Las generaciones futuras o los extraños no verán más que un título borroso. Cuando la gente es testigo de la alegría de familiares y amigos al reencontrarse después de muchos años de separación, pocos son lo que se atreven a preguntarse cómo estas víctimas fueron capaces de hacer frente a sus deseos y al dolor de aquellos años.

A menudo fueron los niños, y sobre todo las niñas, quienes soportaron las consecuencias del deseo sexual frustrado. Criarse durante la Revolución Cultural siendo niña significaba estar rodeada de ignorancia, locura y perversión. Las familias y las escuelas eran incapaces de procurarles incluso las más mínimas nociones de educación social y, además, lo tenían prohibido. Muchos profesores y madres eran igualmente ignorantes en estos temas. Cuando sus cuerpos maduraban, las muchachas eran víctimas de agresiones indecentes y violaciones; muchachas como Hongxue, cuya única experiencia sensorial provenía de una mosca; Hua'er, que fue violada por la «revolución»; la mujer del contestador automático que fue descasada por el Partido; o Shilin, que nunca sabría que ya era una mujer adulta. Los perpetradores de estos crímenes fueron sus profesores, amigos, incluso padres y hermanos, que perdieron el control sobre sus instintos animales y se comportaron de la manera más vil y egoísta de la que es capaz un hombre. Las esperanzas de las muchachas se truncaron y su capacidad de experimentar placer sexual fue destruida para siempre. Si pudiéramos escuchar sus pesadillas, podríamos pasarnos diez o veinte años escuchando el mismo tipo de historias.

Es demasiado tarde para devolver la juventud y la felicidad a Hua'er y a tantas otras mujeres que padecieron la Revolución Cultural.

Recuerdo que un día, en la oficina, Mengxing leyó en voz alta la petición musical de una oyente y dijo:

—Simplemente no lo entiendo. ¿Por qué gustan tanto esas canciones apolilladas a las ancianas de este país? ¿Por qué no miran a su alrededor y se dan cuenta de cómo es el mundo actual? Se mueven con demasiada lentitud para nuestros tiempos.

El gran Li golpeó distinguidamente su mesa con un bolígrafo y la reprendió diciendo:

— ¿Demasiado lentas? ¡No debes olvidar que estas mujeres nunca tuvieron tiempo para disfrutar de su juventud!

14

Una mujer a la moda

En otoño de 1995 presenté una solicitud de renuncia al cargo de directora de Desarrollo de Programas y Planificación, argumentando que tenía que vérmelas con demasiados trabajos simultáneamente y que la carga laboral producida por mi programa de radio —informar, editar, contestar la correspondencia— iba en constante aumento. De hecho, lo que realmente deseaba era tener más tiempo para mí. Estaba harta de tener que examinar montañas de documentos llenos de prohibiciones y atender a reuniones interminables. Necesitaba dedicarle más tiempo a conocer de cerca a las mujeres chinas.

Mi decisión no hizo demasiada gracia a mis superiores, pero a estas alturas me conocían lo suficiente para saber que si me obligaban a seguir en el puesto era muy capaz de dimitir definitivamente. Mientras me quedara en la emisora, podrían seguir aprovechando mi presencia pública y mis numerosos contactos sociales.

En cuanto salió a la luz mi decisión, mi futuro se convirtió en motivo de interminables conjeturas y debates. Nadie podía entender la razón por la que había abandonado la seguridad de éxito continuado que ofrecía una carrera oficial. Hubo gente que dijo que iba a sumarme a la ola de nuevos empresarios, otros aventuraron que iba a aceptar una plaza de profesora universitaria muy bien pagada, aunque también los hubo que pensaron que me iría a América. Dicho con otras palabras: «Haga lo que haga Xinran, será

algo distinguido.» Aunque pueda parecer que ser considerada una innovadora y una mujer moderna sea bueno, yo
sabía lo mucho que podía sufrir la gente en manos de la
«moda».

La moda en China siempre ha sido política. En la década de los cincuenta, la gente convirtió en moda a seguir el
estilo de vida del comunismo soviético. Vociferaban consignas políticas, como por ejemplo:

—¡Pongámonos a la altura de América y adelantemos a
Inglaterra en veinte años!

Y seguían rigurosamente todas las disposiciones del presidente Mao al pie de la letra. Durante la Revolución Cultural estuvo de moda trasladarse al campo para ser «reedu-
cados». La humanidad y la sabiduría fueron desterradas a
parajes en los que no se sabía que había lugares en el mundo donde las mujeres podían decir «no» y los hombres podían leer los periódicos.

En la década de los ochenta, tras la política de reforma
y apertura, la gente empezó a poner de moda entrar en el
mundo de los negocios. En poco tiempo, se empezó a poner
«director de empresa» en todas las tarjetas de visita. Había
un dicho que rezaba: «De mil millones de personas, había
noventa millones de empresarios y diez millones esperando montar un negocio.»

Los chinos nunca han seguido una moda por libre elec-
ción; siempre han sido llevados a ella por razones políticas. En mis entrevistas a mujeres chinas en particular, descubrí que muchas de las supuestas mujeres «a la moda» o
«innovadoras» habían sido obligadas a ser así y luego per-
seguidas por la moda que encarnaban. Los hombres chinos
dicen que las mujeres fuertes están de moda en estos días,
pero las mujeres creen que «detrás de toda mujer exitosa hay
un hombre que le causa dolor».

En una ocasión entrevisté a una célebre mujer de negocios que estaba constantemente en el candelero. Siempre

había sido considerada una innovadora y yo había leído mucho acerca de ella en los periódicos. Me interesaba saber cómo se sentía estando siempre en boca de todos y cómo había llegado a ser tan conocida.

Zhou Ting había encargado un lujoso reservado en un restaurante de cuatro estrellas para nuestra entrevista. Me dijo que era para asegurarse de que gozáramos de privacidad. Cuando llegó, me dio toda la impresión de ser una mujer que disfrutaba estando de moda. Llevaba ropa cara y elegante de cachemira y seda, y un montón de joyas que brillaban y tintineaban cuando se movía. Me habían contado que daba cenas extravagantes en grandes hoteles y que cambiaba de coche tan a menudo como cambiaba de ropa. Era directora general en funciones de alimentos orgánicos para varias grandes compañías de la zona. Sin embargo, después de haberla entrevistado, descubrí que había una mujer muy distinta tras su aspecto elegante.

Al principio de nuestra entrevista, Zhou Ting me contó varias veces que llevaba mucho tiempo sin hablar de sus verdaderos sentimientos. Yo le dije que siempre entrevistaba a las mujeres acerca de sus verdaderas historias porque la verdad es el alma de la mujer. Me echó una mirada penetrante y replicó que la verdad nunca resulta «elegante».

Durante la Revolución Cultural, la madre de Zhou Ting, una profesora, fue obligada por la Guardia Roja a asistir a clases de estudio político. A su padre le permitieron quedarse en casa: tenía un tumor en la glándula adrenal y estaba tan enfermo que apenas era capaz de levantar unos palillos. Uno de los Escoltas Rojos dijo más tarde que no consideraron que valiera la pena molestarse por él. Al final, su madre estuvo en prisión varios años.

Desde el primer año en la escuela primaria, Zhou Ting fue perseguida por su procedencia. A veces, sus compañeros de clase le daban palizas hasta dejarla amoratada, otras le hacían cortes atroces en los brazos dejándole heridas ensangrentadas. Sin embargo, la miseria de estos ataques empalidecía comparada con el terror de ser interrogada acerca de su madre por los trabajadores, los equipos de propaganda y los grupos políticos apostados en la escuela, que la pellizcaban o la golpeaban en la cabeza si se quedaba en silencio. Tenía tanto miedo de ser interrogada que se ponía a temblar si caía una sombra en la ventana del aula.

A finales de la Revolución Cultural, la madre de Zhou Ting fue declarada inocente y fueron rechazadas como falsas las acusaciones que había contra ella por acciones contrarrevolucionarias. Madre e hija habían sufrido innecesariamente durante diez años. El padre de Zhou Ting tampoco escapó a la injusticia: durante la Revolución Cultural, los Escoltas Rojos habían rodeado su cama de hospital y lo habían sometido a numerosos interrogatorios hasta su muerte.

—Incluso ahora, a menudo me despierto con un sobresalto por las pesadillas en las que recuerdo las palizas de mi infancia —dijo Zhou Ting.

—¿La experiencia que tú viviste era excepcional en tu escuela? —pregunté.

Los rayos de sol entraban a chorros por la ventana del reservado, y Zhou Ting corrió las cortinas para que no nos deslumbraran.

—Yo destacaba en la escuela. Recuerdo que mis compañeros de clase siempre hablaban emocionados de ir a la universidad para ver cómo mi madre era impugnada o escuchar a escondidas cómo me interrogaba el equipo político.

—Y en tu vida posterior has destacado por diferentes razones.

—Sí —dijo Zhou Ting—. Primero mi madre y luego los hombres que tenía a mi alrededor se encargaron de que la gente siempre estuviera interesada en mí.

—¿Esto fue en tu vida profesional o en tu vida privada?

—Sobre todo en mi vida privada —contestó.

—Hay gente que dice que las mujeres tradicionales son incapaces de guardar sentimientos modernos, y que las mujeres modernas son incapaces de ser castas o leales. ¿Qué camino crees tú que has tomado?

Zhou Ting daba vueltas a sus anillos. Me fijé en que no llevaba alianza.

—Soy muy tradicional por naturaleza, pero, como ya sabrás, fui obligada a dejar mi matrimonio —dijo.

En una ocasión me invitaron a asistir a una charla en la que ella había presentado unas propuestas para una ley que regulara la disolución de los matrimonios, pero no sabía nada de su experiencia personal, salvo lo que había leído en los periódicos.

—Mi primer matrimonio, el único que tuve, de hecho, fue como tantos otros en China. Unos amigos me presentaron al hombre que se convertiría en mi marido. Por aquel entonces yo estaba en Ma'anshan y él en Nanjing, por lo que sólo nos veíamos una vez por semana. Fueron tiempos idílicos: mi madre había salido de la cárcel, y yo tenía un trabajo y una relación de pareja. Cuando la gente me animaba a que me tomara mi tiempo para vivir y aprender de las experiencias antes de tomar decisiones, me resistí, convencida de que sus consejos se parecían demasiado a los de los trabajadores políticos que me habían interrogado durante la Revolución Cultural. Mi novio y yo estábamos preparando la boda cuando él sufrió un accidente laboral y perdió los dedos de la mano derecha. Mis amigos y familiares me pidieron que me lo pensara dos veces antes de casarme con él; era un minusválido y tendríamos que enfrentarnos a muchos problemas. En mi defensa cité varias historias de amor famosas, antiguas y modernas, de China y del extranjero, y dije a todo aquel que quiso escucharme que «el amor es incondicional, es una especie de sacrificio. Si amas a alguien, ¿cómo puedes abandonarlo cuando tiene problemas?». Dejé mi trabajo y me trasladé a Nanjing para casarme con él.

Sentí una gran simpatía por la decisión de Zhou Ting.

—Tu comportamiento debió de resultar muy ingenuo a la gente que te rodeaba, pero sin duda debiste de sentirte muy orgullosa de ti misma, y también muy feliz —le dije.

Zhou Ting asintió.

—Sí, tienes razón, entonces realmente era muy feliz. No tenía ningún miedo a casarme con un hombre minusválido. Me sentía como la heroína de una novela romántica.

Descorrió la cortina levemente y un débil rayo de sol sesgado cayó en su nuca y reverberó en su collar arrojando un reflejo luminoso en la pared.

—Cuando empezó nuestra vida en común descubrí que todo había cambiado. Los jefes de la unidad de trabajo de mi marido en la mina de hierro de Meishan, en Nanjing, habían prometido que me darían un buen trabajo en el hospital para ayudarnos después de nuestra boda, pero, cuando finalmente llegué, sólo me ofrecieron un trabajo de ama de llaves en una escuela de enseñanza primaria. Y utilizaron mi falta de documentos locales de matriculación como excusa para evitar que reuniera los requisitos necesarios para conseguir un ascenso o un aumento de sueldo aquel año. Jamás había esperado de estos respetables y dignos líderes que fueran a faltar a su palabra de esta manera.

»Sin embargo, mi nuevo trabajo no era el mayor problema. Pronto descubrí que mi marido era un mujeriego incorregible. Se acostaba con cualquier mujer que estuviera dispuesta a ello, desde las que eran varias décadas mayores que él hasta las más jovencitas. Ni siquiera despreciaba mantener relaciones con vagabundas con greñas y rostros sucios. Yo estaba desolada. Estando yo embarazada, salía toda la noche y utilizaba todo tipo de excusas, pero siempre acababa por traicionarse.

»Después de un tiempo le advertí que no estaba dispuesta a soportar sus infidelidades y él estuvo de acuerdo en dejarlo. Poco después, me dijo que algunos días tendría que trabajar hasta tarde. Cuando un día uno de sus colegas vino a verlo le dije que estaba haciendo horas extras. Su colega me respondió que no hacía horas extras.

»Entonces me di cuenta de que había vuelto a las andadas. Estaba furiosa. Pedí a la vecina que vigilara a mi hijo y salí corriendo hacia la casa de la mujer con la que sabía que había mantenido una relación amorosa antes de su promesa. Su casa estaba a unas pocas calles de allí. Cuando estuve cerca vi la bicicleta de mi marido apoyada contra la verja. Estaba temblando de rabia cuando llamé a la puerta. Esperé largo rato y volví a llamar, hasta que una mujer con las ropas desarregladas abrió por fin la puerta de al lado gritando:

»—¿Quién es? ¿Por qué armas tanto jaleo a estas horas de la noche?

»Sin embargo me reconoció al momento y balbució:

»—¿Tú? ¿Qué estás haciendo aquí? Él... él no está aquí.

»—¡No he venido a buscarlo a él, sino a hablar contigo! —dije.

»—¿Conmigo? ¿Qué quieres de mí? No he hecho nada que pueda ofenderte.

»—¿Puedo entrar y hablamos un rato?

»—No, no me parece oportuno.

»—De acuerdo, podemos hablar aquí. Sólo quería pedirte que no sigas viendo a mi marido. Es padre de familia.

»La mujer exclamó:

»—¡Es tu marido quien viene corriendo a mi casa cada día, yo nunca he estado en la vuestra!

»—¿Me estás diciendo que no piensas rechazarlo? Él...

»De pronto interrumpí mi discurso, bañada en sudor frío. No estaba acostumbrada a los enfrentamientos.

»—¡Qué ironía! —se mofó la mujer—. ¿Eres incapaz de retener a un hombre y me reprochas que no le cierre la puerta?

»—Tú... Eres...

»Me quedé muda de rabia.

»—¿Yo? ¿Yo qué? Si no tienes lo que hay que tener, no vengas aquí aullando como un gato en celo. ¡Tú harías lo mismo que hago yo si tuvieras la oportunidad!

»Sonaba como una prostituta de la calle, pero era una mujer culta, una doctora.

»De pronto apareció mi marido abrochándose la ropa:

»¿Por qué os peleáis, perras celosas? ¡Dejad que os muestre cómo es un hombre de verdad!

»Antes de que me diera tiempo a reaccionar, mi marido cogió una vara de bambú y empezó a azotarme.

»Su amante gritó:

»—¡Deberías haberle dado una lección antes!

»Sentí un dolor punzante en el hombro izquierdo, donde me había golpeado. Estaba impedido por su mano derecha mutilada y pude evitar los siguientes golpes.

»El ruido había atraído a muchos vecinos de la zona residencial. Se quedaron pasivos, mirando cómo mi marido me perseguía y pegaba mientras su amante me insultaba y soltaba improperios. Cuando finalmente acudió la policía, mi cuerpo estaba cubierto de cortes y magulladuras, pero oí a una anciana que decía:

»—Estos perros amarillos (los agentes de policía) son realmente unos entrometidos. ¡Mira que meter las narices en los asuntos privados de la gente!

»En el hospital, el doctor me extrajo del cuerpo veintidós astillas de bambú. La enfermera estaba tan escandalizada por lo que me había pasado que escribió una carta al periódico local. Dos días más tarde apareció una fotografía de mí envuelta en vendajes y acompañada de un artículo que decía que había que tratar a las mujeres con respeto. Mucha gente, sobre todo mujeres, por supuesto, vino a verme al hospital y me trajeron regalos y comida. Tardé un par de semanas más en ver el artículo del periódico. Me habían descrito, erróneamente, como una esposa que había sido maltratada durante largo tiempo. No sabía si habían exagerado mi situación porque alguien había sentido pena por mí o porque habían querido devolver el golpe en nombre de todas las mujeres maltratadas sacando a mi marido a la palestra.

—¿Intentaste corregir la versión errónea?

—No, estaba hecha un lío, no sabía qué hacer. Era la primera vez que salía en un periódico. Además, en el fondo de mi corazón estaba agradecida por el artículo. Si simplemente hubieran considerado que mi marido estaba «poniendo las cosas de casa en su sitio», ¿cómo podría mejorar alguna vez la situación de las mujeres?

Muchos chinos piensan que lo único que hace un hombre que maltrata a su mujer o pega a sus hijos es «poner las cosas de casa en su sitio». Las campesinas de cierta edad, sobre todo, aceptan estas prácticas. Al haber vivido bajo el dictado de que «una mujer amargada aguanta hasta que se convierte en suegra», creen que todas las mujeres deberían correr su mismo destino. De ahí que la gente que fue testigo de la paliza que recibió Zhou Ting no interviniera para ayudarla.

Zhou Ting suspiró.

—A veces pienso que no me han ido tan mal las cosas. Hubiera sido peor de haber nacido mujer en otros tiempos. Da igual haber ido al colegio. Entonces sólo hubiera tenido los restos de arroz de mi marido para comer.

—Eres buena consolándote a ti misma —dije, mientras pensaba para mis adentros que muchas mujeres chinas se consuelan con este tipo de ideas.

—Mi marido me dijo que tantos estudios me habían echado a perder.

—No llegó a esta conclusión por sí solo. Fue Confucio quien dijo que la falta de talento en una mujer es una virtud.

Hice una pausa y entonces le pregunté:

—¿No apareciste más tarde en la prensa con relación a un caso de asesinato frustrado?

—Sí, supongo que sí. Los periódicos me convirtieron en la mala de la película y me enseñaron el poder de los medios de comunicación. Hasta este día, nadie me ha creído cuando les he contado lo que realmente ocurrió. Todo el mundo parece creer que lo que se publica en un diario va a misa.

—O sea que crees que lo que salió en aquel reportaje era inexacto —apunté suavemente.

Zhou Ting pareció inquietarse.

—Creo en el castigo divino. ¡Que me parta un rayo si miento!

—Por favor, no te sientas obligada a jurar —dije para tranquilizarla—. Yo no estaría aquí si no quisiera escuchar tu versión de la historia.

Apaciguada, Zhou Ting prosiguió su relato.

—Pedí el divorcio, pero mi marido se arrastró ante mí pidiendo una última oportunidad y diciendo que debido a su minusvalía no podría sobrevivir sin mí. Estaba desgarrada por las emociones: después de que me hubiera dado aquella terrible paliza, ya no creía que pudiera cambiar, pero temía que realmente no fuera capaz de vivir sin mí. Sus historias amorosas andaban muy bien, pero ¿iban sus amantes a aguantar a su lado en lo bueno y en lo malo?

»Pero un buen día volví a casa temprano y encontré a mi marido con una mujer, ambos medio desnudos. Toda la sangre me subió a la cabeza y grité a la mujer:

»—¿Cómo puedes pretender ser una mujer si te comportas como una puta en mi casa? ¡Fuera de aquí!

»Grité y maldije fuera de mí. La mujer se fue trastabillando a mi dormitorio y recogió su ropa de mi cama. Agarré un cuchillo de carnicero de la cocina y dije a mi marido:

»—Dime, ¿qué clase de hombre eres?

»Mi marido me dio una patada en la ingle a modo de respuesta. Totalmente encendida le arrojé el cuchillo, pero él se agachó y se quedó mirándome fijamente, perturbado porque había osado atacarlo. Yo estaba temblando de furia, apenas podía hablar:

»—Vosotros... vosotros dos, ¿qué se supone que estáis haciendo? Si no desembucháis ahora mismo... ¡uno de nosotros morirá aquí y ahora! —les dije.

»Había agarrado un cinturón de cuero que colgaba de la puerta. Mientras hablaba iba dando latigazos con él como una loca, pero ellos se apartaban. Cuando me volví hacia mi marido para darle, la mujer escapó. Me volví y la perseguí hasta llegar a la comisaría, azotándola con el cinturón mientras ella gritaba que nunca más volvería a acostarse con mi marido. En cuanto hubo atravesado la reja de la comisaría, corrió a la sala de guardia gritando:

»—¡Socorro, me han atacado!

»Yo no sabía que la mujer estaba emparentada con uno de los agentes de la comisaría, ni que uno de sus amantes también trabajaba allí. Cuando al instante siguiente un agente me retorció el brazo por la espalda grité:

»—¡Se equivoca totalmente!

»—¡Cierre la boca! —me dijo con brusquedad.

»—Realmente está equivocado. Esta mujer ha cometido adulterio con mi marido y en mi casa, ¿me escucha? —le dije, mientras me retorcía para liberarme de su brazo.

»—¿Qué? —exclamó.

»Los demás agentes que se habían congregado a nuestro alrededor estaban consternados. Como bien sabrás, por entonces, cualquier relación sexual fuera del matrimonio constituía una grave ofensa. Podía significar una condena de más de tres años de prisión.

»El agente me soltó.

»—¿Qué pruebas tienes? —me espetó.

»—Si aporto pruebas, ¿qué haréis con ella? —pregunté, convencida de que podría probarlo.

»No contestó a mi pregunta directamente.

»—Si no consigues aportar pruebas, te detendremos por hacer falsas acusaciones y por agresión —me dijo.

»Entonces no había un procedimiento judicial propiamente dicho. Echando ahora la vista atrás, me pregunto si aquellos agentes realmente conocían la ley.

»—Concédame tres horas —le dije—. Si no consigo pruebas, podrá encerrarme.

»Uno de los agentes de mayor edad, tal vez el comisario, respondió:

»—De acuerdo, un agente la acompañará para recoger las pruebas.

»Mi marido estaba sentado en el sofá fumando un cigarrillo cuando volví a casa acompañada por un agente. Parecía sorprendido, pero lo ignoré y me dirigí directamente al dormitorio, luego al baño, pero no encontré nada sospechoso. Finalmente, abrí el cubo de la basura de la cocina y encontré unas braguitas cuya entrepierna estaba manchada de semen.

»El policía me miró y asintió. Mi marido, que hasta entonces me había observado con inquietud mientras buscaba, palideció y dijo entre tartamudeos:

»—T-t-t-ú... ¿Qué estás haciendo?

»—Voy a entregaros a los dos a la policía —dije con firmeza.

»—¡Pero vas a arruinarme la vida! —dijo él.

»—¡Tú eres quien ya ha hecho mucho para arruinármela a mí! —le respondí. Luego recogí la prueba del cubo de la basura y lo dejé con el agente de policía.

»Cuando llegué a la comisaría, un agente me llevó aparte y me dijo que quería discutir algo conmigo.

»Me quedé sorprendida.

»—¿Discutir? ¿Qué quiere discutir? —pregunté.

»—Bueno, la mujer que usted ha acusado de adulterio es la cuñada del comisario. Si esto sale a la luz, él tendría problemas. El marido de la mujer también nos ha suplicado que

lleguemos a un acuerdo con usted. Dice que su mujer es ninfómana y que su hija acaba de cumplir catorce años. Si encar-
celamos a la mujer, su familia se encontrará en una situación difícil.

»—¿Y qué me dice de mi familia? ¿Qué se supone que
puedo hacer yo? —dije. Empezaba a estar muy enfadada.

»—¿No es cierto que está tramitando el divorcio en estos
momentos? Es muy difícil conseguir el divorcio, tendrá que
aguantar un procedimiento de al menos tres años. Nosotros
podemos conseguir a alguien que hable por usted al juez y
que incluso estaría dispuesto a ser su testigo si así lo desea
a fin de aligerar el proceso.

»Entendí adónde pretendía llegar:

»—¿Qué tipo de testimonio daría? —le pregunté.

»El agente parecía ser una persona atenta y amable. Dijo:

»—Podemos atestiguar que su marido ha mantenido
relaciones extramatrimoniales.

»—¿Qué pruebas piensan presentar? —Estaba pensando en las braguitas que llevaba en las manos.

»—Bueno, digamos que corren muchos chismes sobre
su marido. Simplemente testificaremos que lo que se dice
de él es cierto.

»—De hecho no hace falta que se invente una historia
—dije—. Aquí tiene la prueba de esta noche. —Le entregué ingenuamente la ropa interior manchada sin pedir un
recibo a cambio ni insistir en la redacción de un informe que
recogiera nuestro acuerdo firmado y archivado. Lo único
que quería era que todo se acabara de una vez.

»Dos semanas más tarde, en el juzgado de familia, decla-
ré que la comisaría testificaría a mi favor. El juez anunció:

»—De acuerdo con nuestros informes, dicha comisaría
no tiene constancia de haber tratado ningún asunto con
usted.

»¿Cómo es posible que la Policía del Pueblo sea capaz de
estafar así a la gente? —exclamó Zhou Ting.

No me sorprendió la falta de escrúpulos del cuerpo de policía, pero pregunté:

—¿Denunciaste tu caso a alguna instancia gubernamental?

—¿Denunciarlo? ¿A quién? Antes incluso de que me hubiera dado tiempo a volver a la comisaría para suplicarles que testificaran a mi favor, el diario local había publicado un artículo titulado «La venganza de una esposa». Me retrataron como una mujer violenta que se estaba divorciando de su marido. El artículo fue publicado en otros periódicos y cada vez que aparecía estaba retocado: ¡al final, yo era una loca riéndose en un charco de sangre!

Sentí vergüenza por los compañeros periodistas que habían distorsionado de este modo la historia de Zhou Ting.

—¿Cómo reaccionaste?

—Entonces tan sólo era una cosa más a la que tenía que enfrentarme. Mi familia se había hecho pedazos y yo vivía con mi madre en aquellos tiempos.

—¿Y qué fue de tu antiguo piso?

En cuanto hube formulado la pregunta, me di cuenta de que conocía la respuesta: en las unidades de trabajo dirigidas por el estado, prácticamente todo lo asignado a una familia está a nombre del hombre.

—La unidad de trabajo declaró que el piso estaba a nombre de mi marido y por lo tanto le pertenecía.

—¿Y dónde se suponía que vivirías, según la unidad de trabajo?

Las mujeres divorciadas son tratadas como si fueran hojas mustias, pensé.

—Me dijeron que debía buscar algún alojamiento temporal y esperar al siguiente turno de concesión de viviendas.

Yo sabía que en el lenguaje oficial, el «siguiente turno» podía llegar a significar años de espera.

—¿Y cuánto tardaron en asignarte una vivienda? —pregunté.

Zhou Ting resopló con ironía.

—Todavía estoy esperando, después de nueve años.

—¿Quieres decir que no hicieron nada por ti?

—Prácticamente nada. Acudí a la secretaria general del sindicato, una mujer de cincuenta y pico años, para pedirle ayuda. Ella me dijo, en un tono de voz muy amable:

»—Es fácil para una mujer. Lo único que tienes que hacer es buscarte a otro hombre con un piso y tendrás todo lo que necesitas.

Luché por comprender el concepto del mundo que debía de tener un miembro del Partido capaz de decir tal cosa.

—¿Realmente te dijo esto la secretaria general del sindicato?

—Eso fue lo que me dijo, palabra por palabra.

Creí empezar a comprender a Zhou Ting un poco mejor.

—¿Quiere eso decir que nunca consideraste tomar medidas contra el trato que recibiste por parte de los medios de comunicación? —pregunté, sin esperar que lo hubiera hecho.

—No, bueno, con el tiempo acabé haciendo algo. Telefoneé a la oficina del periódico pero me ignoraron y entonces me quejé directamente al redactor jefe. Medio en broma, medio con amenazas me dijo:

»—Zhou Ting, todo ha terminado. Si tú no lo sacas a la luz, nadie volverá a pensar en ello ni a remover el asunto. ¿Realmente quieres volver a aparecer en los diarios? ¿Realmente quieres volver a las portadas?

»Poco dispuesta a someterme a más situaciones desagradables convení en dejar el asunto atrás.

—En el fondo, tenías un corazón muy tierno entonces —dije.

—Sí, algunos de mis amigos dicen que tengo «una boca de cuchillas y un corazón de tofu». ¿De qué me sirve? ¿Cuánta gente hay capaz de ver tu corazón a través de tus palabras?

Hizo una pausa y luego continuó.

—Realmente no sé muy bien por qué volví a aparecer en las noticias por tercera vez. Supongo que fue por razones de amor. Había un joven profesor en mi unidad de trabajo que se llamaba Wei Hai. No era de la zona y vivía en el dormitorio de la escuela. Por aquel entonces, mi divorcio estaba en los tribunales. Aborrecía la sola visión de mi marido y tenía miedo a que me diera una paliza, por lo que a menudo me quedaba en la oficina leyendo revistas. Wei Hai solía sentarse en la sala de profesores a leer los diarios. Un buen día me cogió la mano repentinamente y me dijo:

»—Zhou Ting, no sufras. ¡Deja que te haga feliz!

»Las lágrimas brillaban en sus ojos, jamás lo olvidaré.

»Por entonces todavía no estaba divorciada, pero tenía otras dudas aparte de la de iniciar o no una relación con Wei Hai. Tenía casi nueve años menos que yo; las mujeres envejecen tan temprano... seríamos objeto de tantos chismes... Tenía miedo. Supongo que conoces el dicho: «Hay que temer las palabras de los hombres.» Pues bueno, pueden incluso llegar a matar —dijo Zhou Ting fieramente.

»Cuando finalmente mi divorcio prosperó, la gente ya me tachaba de «mala mujer». Afortunadamente eso fue al principio del período de reforma económica. Todo el mundo estaba ocupado persiguiendo el dinero y tenían menos tiempo para meter sus narices en los asuntos de los demás. Empecé a vivir con Wei Hai. Era muy, pero que muy bueno conmigo, en todos los sentidos. Era tan feliz con él, incluso empezó a ser más importante para mí que mi propio hijo.

Una hazaña considerable, teniendo en cuenta la forma de pensar tradicional de los chinos, que ponen a los hijos por encima de todo lo demás.

—Tras un año de convivencia, un representante del sindicato y un administrador de mi unidad de trabajo nos hicieron una visita para pedirnos que consiguiéramos un certificado de matrimonio cuanto antes. Aunque China estaba inmerso en un proceso de apertura, la cohabitación era considerada «una ofensa a la decencia pública» por algunos ciudadanos, sobre todo por las mujeres. Sin embargo, la felicidad y la fuerza que me había conferido nuestra vida en común superaba con creces mi miedo a la opinión de los demás. Para nosotros, el matrimonio sólo era una cuestión de tiempo. Tras la visita de los funcionarios decidimos solicitar a nuestras respectivas unidades de trabajo que nos extendieran un certificado la semana siguiente, de manera que pudiéramos registrar nuestro matrimonio. Al haber convivido durante más de un año, no celebramos el acontecimiento ni nos emocionamos especialmente.

»El siguiente lunes por la noche pregunté a Wei Hai si ya había conseguido su certificado. Me dijo que no. Yo tampoco había conseguido el mío porque había estado muy atareada, y acordamos que conseguiríamos nuestros certificados definitivamente antes del miércoles. El miércoles por la mañana llamé a Wei Hai para contarle que ya había conseguido el mío y le pregunté si él tenía el suyo. «No hay problema», me contestó. Alrededor de las tres me llamó para decirme que mi madre quería que fuera a Ma'anshan a visitarla. No me dijo para qué. Pensé inmediatamente que le habría pasado algo, por lo que me apresuré a pedir permiso para salir antes y salí corriendo hacia la estación de autobuses, a las cuatro y media. Cuando llegué a casa de mi madre, una hora más tarde, jadeante y preocupada, me preguntó sorprendida:

»—¿Qué ha pasado? Wei Hai me llamó para decirme que iba a venir a Ma'anshan y me pidió que me quedara en casa. ¿Qué os pasa?

»—No estoy segura —dije, confundida.

»Sin darle más vueltas, abandoné a mi madre y salí corriendo hacia la estación para encontrarme con Wei Hai en cuanto se bajara del autobús de Nanjing. Más de un año conviviendo con él no había marchitado el primer resplandor del amor. Apenas era capaz de estar lejos de él; me resultaba doloroso dejarlo para ir a trabajar, y cada día deseaba ansiosa volver a casa cuanto antes. Estaba enamorada, en trance.

»A las ocho y media, más o menos, de aquella tarde, Wei Hai todavía no había llegado a la estación de autobuses. Estaba desesperada. Pregunté al conductor de cada uno de los autobuses que llegaron si había habido algún accidente o avería en la carretera, y si todos los autobuses programados estaban funcionando. Sus respuestas fueron todas tranquilizadoras: no había pasado nada fuera de lo normal. Pasadas las nueve decidí que no podía esperar más y me subí a un autobús que me llevaría de vuelta a Nanjing para ver si Wei Hai estaba en casa, enfermo. No osaba siquiera pensar en lo que podía haberle pasado. Pensando que tal vez Wei Hai hubiera tomado un autobús a Ma'anshan mientras yo viajaba en dirección contraria, encendí una linterna que traía conmigo y la dirigí hacia los vehículos que pasaban en sentido contrario. La verdad es que no pude ver nada, pero me reconfortaba intentarlo. Al rato, la policía de tráfico nos obligó a detenernos en el arcén. El agente que subió a bordo del autobús dijo que parecía que algún pasajero había estado haciendo señales con una linterna, por lo que rogaban que todos nos apeáramos para ser registrados. Avancé hacia la parte delantera del autobús inmediatamente para explicar que había utilizado la linterna porque temía que mi marido hubiera tomado el autobús equivocado. El furioso agente de tráfico nos instó a proseguir el viaje y los demás pasajeros me maldijeron por causar retraso. No me importó. Simplemente me disculpé y seguí mirando por la ventanilla.

»Vivíamos cerca de la estación de autobuses. Cuando ya estaba cerca de nuestro piso vi que había luz y mi corazón se hinchó. Sin embargo, ambas puertas estaban cerradas, lo cual era extraño: las puertas interiores no solían estar cerradas con llave cuando había alguien en casa. Me atravesó una oleada de terror cuando descubrí que el piso estaba vacío. El

instinto me hizo abrir el armario del dormitorio. Me quedé helada: faltaba la ropa de Wei Hai. Se había ido.

—¿Que Wei Hai se había ido? ¿Había abandonado la casa
y se había ido?

El labio inferior de Zhou Ting temblaba.

—Sí, se había ido. Se había llevado todas sus cosas. Justo cuando habíamos decidido casarnos, se fue.

Lo sentí profundamente por ella.

—¿Te dejó una nota, una carta, una explicación, algo?

—Ni una sola palabra —dijo Zhou Ting, a la vez que
levantaba la barbilla para evitar que una lágrima corriera por
su mejilla.

—Oh, Zhou Ting —dije, falta de palabras.

La lágrima se escurrió por su mejilla.

—Me desmayé. No sé el tiempo que permanecí echada
en el suelo, temblando. Cuando escuché pasos fuera, un último hilo de esperanza me hizo ponerme en pie. El primo
de Wei Hai estaba delante de la puerta. Me dijo que Wei Hai
le había pedido que me entregara las llaves. Con la puerta
todavía cerrada le dije que era muy tarde y que no era un
buen momento, que hablaríamos al día siguiente. No pudo
hacer más que irse.

»Cerré todas las ventanas y las puertas, abrí el paso del
gas, me senté y empecé a grabar una cinta. Quería pedir perdón a mi madre por no haber saldado la deuda que tenía con
ella por haberme criado; quería pedirle perdón a mi hijo por
no haber cumplido con mi obligación natural con él; no
tenía corazón ni fuerzas para seguir viviendo. No tenía
intención de dejarle nada dicho a Wei Hai, pues pensaba
que mi alma expresaría mi amor y mi dolor en el infra-
mundo. Tenía la cabeza y el cuerpo como si fueran a explo-
tar y apenas podía sostenerme de pie cuando oí voces delante de la ventana:

»—¡Ting, abre la puerta, tu madre te está esperando
fuera!

»—¡No hagas ninguna tontería, ya eres adulta! ¿Qué importa un hombre? ¡El mundo está lleno de hombres buenos!

»—¡Hagas lo que hagas, no se te ocurra encender una cerilla!

»—¡Rápido! Esta ventana es suficientemente grande... rómpela... date prisa...

»No sé qué pasó a continuación. Lo siguiente que recuerdo es a mi madre, que me daba la mano y lloraba. Cuando vio que abría los ojos, sollozó con tal fuerza que no fue capaz de hablar. Más tarde me contó que había permanecido inconsciente durante más de dos días.

»Tan sólo yo sabía que no había vuelto realmente a la vida: mi corazón seguía estando inconsciente. Permanecí ingresada en el hospital durante dieciocho días. Cuando lo abandoné, pesaba menos de treinta y ocho kilos.

—¿Cuánto tiempo tuvo que pasar hasta que pudiste dejar este dolor atrás?

Me di cuenta inmediatamente de lo estúpida que era mi pregunta: para Zhou Ting era imposible olvidar el dolor.

Se secó los ojos.

—Durante prácticamente dos años dormí mal. Desarrollé una extraña enfermedad: la sola visión de un hombre, de cualquier hombre, me ponía enferma. Si un hombre chocaba conmigo en el autobús, nada más llegar a casa tenía que lavarme todo el cuerpo con jabón. Esta situación se prolongó durante tres años. No pude soportar quedarme en mi antigua unidad de trabajo después de que se hubiera marchado Wei Hai y, por lo tanto, dimití. Entonces resultaba muy difícil abandonar un trabajo, pero yo no tenía obligaciones ni nada que temer. Acepté la oferta de trabajo de una compañía comercial. Gracias a mis conocimientos y a cierta habilidad para los negocios, pronto me convertí en una agente de ventas exitosa y popular de la industria alimenticia. Fui requerida por varias compañías importantes y pude acumular experiencia en diversos puestos y lugares.

»Llegados a este punto, el dinero ya no suponía un problema para mí. Incluso empecé a mostrarme extravagante. Sin embargo, todavía no había superado mi relación con Wei Hai.

Zhou Ting alzó la mirada al techo, como buscando algo. Al rato se volvió para mirarme.

—Debido al éxito que había cosechado en el mundo empresarial, la prensa volvió a prestarme atención. Empezaron a llamarme la «emperatriz de las ventas». Mis actividades empresariales eran investigadas y los periodistas buscaban cualquier excusa pare entrevistarme. Pero yo ya sabía cómo protegerme y repelerlos cuando era necesario. De este modo evité que mi vida privada apareciera en los medios de comunicación.

»Conocí al director de una gran compañía comercial de Shanghai que me persiguió por dos razones. En primer lugar, su compañía necesitaba mi ayuda para abrir mercado. En segundo lugar, nunca se había casado porque era impotente. Al saber que yo aborrecía el contacto físico con los hombres pensó que a lo mejor haríamos buena pareja. Se mostró muy tenaz y perseverante, y me ofreció una séptima parte de su cartera de acciones como regalo de compromiso. Yo estaba contenta con el arreglo: ya no tendría que trabajar para otros, y aunque tenía un novio no me veía obligada a soportar sus manoseos. Un periódico financiero luchó por conseguir una exclusiva que tenía como titular «Emperatriz comercial a punto de casarse con magnate de Shanghai. Se espera agitación en el mercado». Pronto la noticia se divulgó en otras publicaciones.

—¿Y esta boda se celebrará pronto? —pregunté, esperando que Zhou Ting encontrara un lugar al que sentirse apegada.

—No, se anuló —dijo quedamente mientras se toqueteaba el anillo.

—¿Por qué? ¿Volvieron a interponerse los medios de comunicación?

Temía que, una vez más, los periodistas se hubieran interpuesto en la vida de Zhou Ting y la hubieran complicado.

—No, esta vez no. Fue porque volvió a aparecer Wei Hai.

—¿Wei Hai volvió a por ti?

Sentí náuseas.

—No, apareció en uno de mis cursos de formación para comerciales locales. Mi corazón llevaba tiempo solitario y triste. En cuanto lo vi, todos mis sentimientos por él renacieron —dijo, sacudiendo la cabeza.

No pude reprimir la incredulidad en mi voz al preguntar:

—¿Sigues queriéndolo?

Zhou Ting ignoró mi tono de voz.

—Sí. En cuanto lo vi supe que lo amaba con la misma intensidad de antes.

—¿Y él? ¿Sigue queriéndote? ¿Tanto...?

—No lo sé, y no quiero preguntárselo. Temo abrir viejas heridas. En estos momentos, Wei Hai parece muy débil. Ha perdido la energía que poseía cuando tomó mi mano y me pidió que compartiera la vida con él, hace ya tantos años. Sin embargo, sigue habiendo algo en sus ojos por lo que sigo suspirando —dijo con satisfacción.

Incapaz de ocultar mi desaprobación, exclamé:

—¿Volviste a aceptarlo?

Había conocido a demasiadas mujeres que siempre encontraban argumentos para excusar a los hombres de sus vidas por el dolor que les habían causado.

—Así es. Devolví las acciones al empresario de Shanghai, rompí nuestro compromiso y alquilé otro piso con Wei Hai. Seguimos juntos.

Me percaté de la parquedad y brevedad de la descripción que me ofreció Zhou Ting. Preocupada, la presioné:

—¿Eres feliz?

—No lo sé. Ninguno de nosotros ha sacado a colación la razón por la que me dejó entonces. Hay cosas entre nosotros que creo que nunca seremos capaces de tratar.

—¿Crees que habría vuelto contigo de haber seguido siendo pobre? —indagué.

Su respuesta fue contundente.

—No, desde luego que no.

Me quedé perpleja.

—De acuerdo. Si pudiera montar su propio negocio algún día, o ser económicamente independiente, ¿crees que te abandonaría?

—Sí, si tuviera su propio negocio o si encontrara a otra mujer con éxito, sin duda me dejaría.

Me quedé aún más perpleja.

—¿Y tú qué es lo que quieres?

—¿Te refieres a por qué me quedo con él? —me preguntó en tono desafiante, con los ojos rebosantes de lágrimas.

Asentí con la cabeza.

—Por la primera vez que se declaró y por la felicidad que compartí con él. Éstos son mis recuerdos más felices.

Para mí, Zhou Ting era como cualquier otra necia mujer, que seguía al lado de un hombre que no la merecía. Le di a entender mi desaprobación preguntándole:

—¿Acaso nutres ahora tus sentimientos por Wei Hai a través de tus recuerdos?

—Sí, podría expresarse así. Realmente, las mujeres somos así de patéticas.

—¿Sabe Wei Hai que piensas así?

—Tiene más de cuarenta años. Supongo que el tiempo le habrá enseñado.

La respuesta harto cansina de Zhou Ting hizo que mi pregunta pareciera extremadamente ingenua.

—Emocionalmente, un hombre nunca podrá ser como una mujer, nunca será capaz de comprender a las mujeres. Los hombres son como las montañas: tan sólo conocen el suelo que pisan. Sin embargo, las mujeres somos como el agua.

Recordé haber oído esa misma analogía en boca de Jing-yi, la mujer que esperó a su amante durante cuarenta y cinco años.

—¿Por qué son como el agua las mujeres? —pregunté.

—Todo el mundo dice que las mujeres son como el agua. Creo que se debe a que el agua es la fuente de la vida, y porque se adapta a su entorno. Al igual que las mujeres, el agua da una parte de sí misma cuando trata de nutrir la vida —dijo ZhouTing en un tono pausado—. Si a Wei Hai le surge la ocasión, no se quedará a mi lado sólo por mí, en una casa en la que no tiene demasiado poder.

—Sí, si un hombre no tiene empleo y vive de una mujer, la inversión de roles es una receta infalible para llegar al desastre.

Zhou Ting se quedó en silencio un momento.

—¿Viste el titular «Dura mujer de negocios rechaza matrimonio estratégico para recuperar a un viejo amor», o algo así? Dios sabe lo que la gente debe de haber pensado de mí después de que este fragmento de noticia se retocara varias veces. Los medios de comunicación me han convertido en un monstruo de mujer: asesinato frustrado, adulterio... parece que lo haya hecho todo. Esto me ha aislado de las demás mujeres, y mis amigos y familiares también mantienen las distancias conmigo. Sin embargo, mi notoriedad pública también me ha aportado algunos beneficios inesperados.

Zhou Ting se rió amargamente.

—¿Me estás diciendo que tus negocios se han visto beneficiados con ello?

—Así es. Todos los rumores que corren sobre mí hacen que la gente se muestre más abierta a mis lanzamientos de productos, porque siente curiosidad por mí.

Zhou Ting abrió la mano y extendió los dedos mostrando los anillos que los adornaban.

—Es decir que tu vida personal ha contribuido a tus logros profesionales —reflexioné en voz alta, horrorizada al pensar que ésta tal vez era la manera en que las mujeres alcanzan el éxito.

—Podríamos decirlo así. Pero la gente no se da cuenta del precio que he tenido que pagar.

Asentí con la cabeza.

—Los hay que dicen que las mujeres siempre se ven obligadas a sacrificar los sentimientos en beneficio del éxito profesional.

—En China, casi siempre es así —dijo Zhou Ting, eligiendo sus palabras con cuidado.

—Si una mujer te preguntara por el secreto de tu éxito, ¿qué le contestarías? —inquirí.

—En primer lugar, que dejara los sentimientos tiernos de la mujer a un lado e hiciera que los medios de comunicación se quedaran boquiabiertos de asombro por lo distinta que es. En segundo lugar, que expusiera su corazón al público y creara una buena historia para la prensa. Luego debería utilizar sus cicatrices como trampolín empresarial: exhibirlas al público, hablarle de su dolor... Y que, mientras la gente se estremeciera por las heridas que ella tuvo que sufrir, dispusiera sus productos sobre el mostrador y se llevara el dinero.

—¡Oh, Zhou Ting! ¡No puede ser así realmente!

—Pues sí, así es. Desde mi punto de vista es así —dijo con sinceridad.

—Entonces, ¿cómo te las arreglas para enfrentarte a la vida? —le pregunté, maravillada, una vez más, por el valor de las mujeres.

—¿Tienes callos en las manos? ¿O cicatrices en el cuerpo? Tócatelos. ¿Sientes algo?

El tono de voz de Zhou Ting era amable, pero sus palabreas me exasperaron.

Zhou Ting se puso en pie, dispuesta a irse.

—Me temo que son las seis y tengo que visitar varios grandes almacenes para comprobar sus existencias. Ha sido un placer, gracias.

—Gracias a ti. Espero que las callosidades de tu corazón se suavicen con el amor —dije.

Zhou Ting había recobrado la compostura por completo. Me contestó con un tono de voz acerado:

—Gracias, pero es mucho mejor ser insensible al dolor que padecerlo.

Cuando abandoné el restaurante, el sol se estaba poniendo. Pensé en lo fresco que debía de estar al amanecer y cuán fatigado estaría tras todo un día de trabajo. El sol da, las mujeres aman: su experiencia es la misma. Mucha gente cree que a las mujeres chinas exitosas sólo les interesa el dinero. Pocos comprenden el dolor que han tenido que soportar para llegar adonde han llegado.

15

Las mujeres de la Colina de los Gritos

En 1995, en China se realizó un estudio que concluyó que en las zonas más desarrolladas del país, las cuatro profesiones que tenían las expectativas de vida más reducidas eran la de los obreros de la industria química, los camioneros de larga distancia, los agentes de policía y los periodistas. Los obreros industriales y los camioneros son víctimas de la falta de regulación de seguridad laboral apropiada. La tarea de los agentes de policía tiene que ser una de las más duras del mundo: con un sistema judicial imperfecto y en una sociedad en la que el poder político lo es todo, los criminales con contactos influyentes suelen salir impunes y algunos se vengan de los agentes de policía involucrados. La policía se debate siempre entre lo que sabe que es justo y las órdenes que recibe, y la frustración, la incertidumbre y los reproches tienen que conducirlos por fuerza a una muerte temprana.

Pero ¿por qué corren esa misma suerte los periodistas, que gozan, en ciertos aspectos, de una vida privilegiada?

Los periodistas chinos han sido testigos de muchos acontecimientos chocantes y estremecedores. Sin embargo, en una sociedad en la que los principios del Partido han gobernado las noticias, les ha resultado muy difícil transmitir la cara verídica de lo que han visto. A menudo han sido obligados a decir y escribir cosas con las que no estaban de acuerdo.

Cuando entrevistaba a mujeres que vivían en matrimonios políticos faltos de sentimientos, cuando veía a mujeres debatiéndose entre la pobreza y la miseria, que no tenían siquiera un plato de sopa o un huevo para comer después de haber dado a luz, o cuando oía a mujeres en mi contestador automático que no se atrevían a hablar a nadie de las palizas que les propinaban sus maridos, muchas veces me encontraba en la situación de no poder ayudarlas por culpa de las regulaciones a las que está sometida la radiodifusión. Sólo me quedaba llorar por ellas en privado.

Cuando China acababa de iniciar el proceso de apertura era como un niño hambriento que devoraba todo lo que tenía a su alcance, indiscriminadamente. Más tarde, cuando el mundo veía una China feliz y eufórica, con ropas nuevas y que ya no lloraba de hambre, la comunidad periodística vio un cuerpo transido por el dolor de la indigestión. Pero era un cuerpo cuyo cerebro no podían utilizar, pues el cerebro de China todavía no había desarrollado las células necesarias para asimilar la verdad y la libertad. El conflicto entre lo que sabían y lo que se les permitía decir creó un entorno en el que su salud mental y física no dejaba de sufrir.

Fue precisamente un conflicto como éste el que me llevó a abandonar mi carrera de periodista.

En otoño de 1996, a la vuelta de la conferencia del Partido, el viejo Chen me contó que varios grupos de alivio de la pobreza habían sido enviados al noroeste de China, el suroeste de China y a otras zonas económicamente deprimidas del país. Había escasez de personal público cualificado que pudiera emprender estos viajes de investigación y a menudo el gobierno recurría a periodistas cualificados para recoger información. El viejo Chen dijo que se estaba planteando unirse a un grupo que se desplazaría a la antigua zona militar de Yan'an para ver cómo era allí la vida de la gente corriente. Según el viejo Chen, se trataba de un rincón olvidado por la revolución.

Vi una oportunidad excelente para ampliar mi conocimiento de las vidas de las mujeres chinas y solicité inmediatamente la inclusión en uno de estos grupos. Fui asignada al grupo «noroeste», pero en realidad viajamos a la zona oeste de Xi'an, en China central. Cuando los chinos, en su gran mayoría, hablan del «noroeste», de hecho se refieren a China central, puesto que los desiertos occidentales del país no figuran en su mapa mental.

Mientras hacía el equipaje para el viaje, decidí no incluir muchos de los objetos útiles que solía llevarme en mis viajes de investigación. Había dos razones para ello. En primer lugar, íbamos a tener que realizar una larga travesía por las montañas durante la cual tendríamos que cargar con nuestro equipaje. No quería molestar a mis colegas masculinos con parte de mi equipaje cuando ellos también estarían exhaustos. La segunda razón era más importante: la meseta que íbamos a visitar era un lugar muy pobre y pensé que me sentiría incómoda rodeada de facilidades delante de toda esa gente. No habían visto nada del mundo exterior y tal vez tampoco habían tenido el lujo de estar abrigados y bien alimentados.

Primero viajamos a Xi'an, donde el grupo se dividió en tres. Había otras cuatro personas en mi grupo: dos periodistas, un doctor y un guía del gobierno local. Partimos hacia nuestro destino final con gran entusiasmo. Aunque no creo que nuestra ruta fuera la más dura, la zona que visitamos probablemente fuera la más afectada por la pobreza. Hay innumerables grados de riqueza y pobreza, que se manifiestan de formas muy diversas. Durante nuestro viaje, el paisaje que nos rodeaba fue haciéndose cada vez más sencillo: los altos edificios, la algarabía de voces humanas y los colores vivos de la ciudad eran reemplazados gradualmente por casas bajas de ladrillo o chozas de barro, nubes de polvo y campesinos que vestían ropas grises y uniformes. Más avanzado el viaje, la gente y el rastro de huellas

humanas fueron haciéndose más escasos. La salvaje meseta de tierra ocre era sacudida por violentas tormentas de arena, a través de las cuales sólo lográbamos ver con gran dificultad. El lema de nuestra misión había sido: «Ayudar a los
más pobres en los lugares más pobres.» La máxima que implicaba el uso del superlativo resulta difícil de definir. Cada vez
que uno se encuentra con una situación extrema, nunca está
seguro de que sea la *más* extrema. Sin embargo, hasta hoy
no he sido testigo de una pobreza comparable a la que pude
experimentar en aquel viaje.

Cuando, tras dos días y medio de sacudidas montados
en un *jeep* militar, el guía nos anunció finalmente que habíamos llegado, todos creímos que se trataba de una equivocación. No habíamos visto ni la sombra de un ser humano, ni qué decir tiene de una aldea, en el paisaje que nos
rodeaba. El *jeep* se había abierto camino a través de unas
colinas desnudas, y nos habíamos detenido junto a una de
ellas, relativamente grande. Tras una inspección más detenida, descubrimos que alguien había cavado cuevas en la
ladera de la colina. El guía nos presentó el lugar como el para-
je que habíamos deseado visitar —la Colina de los Gritos,
una aldea diminuta que no aparecía en ningún mapa— y
nos dijo que también para él era la primera vez. Me asom-
bró que así fuera y me puse a pensar en el extraño nombre
de la aldea.

El rugido del *jeep* había atraído a algunos aldeanos curio-
sos. Mientras rodeaban el vehículo, empezaron a hacer todo
tipo de comentarios, y llamaban al *jeep* «caballo que bebía
petróleo»; se preguntaban dónde habría ido a parar su «cola»
negra, ahora que había dejado de moverse, y los niños que
había entre ellos hablaban de cómo encontrarla. Yo quería
explicarles que la cola estaba formada por los gases de escape, pero los jefes de la aldea habían aparecido para darnos
la bienvenida y nos hicieron pasar al interior de una cueva
que hacía las veces de cuartel general.

Aquel primer encuentro comenzó intercambiando los saludos convencionales. Tuvimos que concentrarnos mucho para entendernos entre nosotros debido a las diferencias regionales en el habla y el acento, y por eso me resultó imposible observar de cerca todo lo que me rodeaba. Nos ofrecieron un banquete de bienvenida: unos pedazos de pan ácimo, un bol con gachas de harina de trigo muy líquidas y un platillo con huevos fritos con guindillas. Más tarde descubrí que el gobierno regional había pedido al guía que trajera los huevos especialmente para nosotros.

Después de la cena nos condujeron a nuestro alojamiento a la luz de tres velas. Los dos periodistas masculinos disponían de una cueva para ellos solos, el doctor debía quedarse con un anciano, y yo compartiría una cueva con una joven. No pude hacerme una idea muy clara de la cueva a la luz de las velas, pero el edredón despedía un olor agradable a tela desteñida al sol. Rechacé educadamente la ayuda de los aldeanos que me habían acompañado hasta allí y abrí mi bolsa. Cuando me disponía a preguntar a la muchacha dónde podía lavarme, descubrí que ella ya se había subido al *kang*. Recordé entonces lo que el guía había dicho durante el viaje: éste era un lugar en que el agua era un bien tan preciado que ni siquiera un emperador podía lavarse la cara o los dientes cada día.

Me desvestí y ocupé el lado del *kang* que —obviamente— me había sido asignado. Me hubiera gustado pasar un par de minutos charlando con la muchacha, pero ella ya estaba roncando suavemente. No parecía sentir nada especial por la nueva experiencia de tener que compartir su casa, y se había quedado dormida inmediatamente. Yo estaba agotada y además me había tomado unas cuantas pastillas para el mareo, por lo que pronto caí en un aturdido sueño. Mi habilidad para dormir en lugares extraños era motivo de envidia para mis colegas, que decían que eso era lo que me convertía en una periodista innata. En cuanto se habían acostumbrado a un nuevo lugar, tenían que trasladarse a otro donde volverían a padecer de insomnio. Para ellos, un desplazamiento por motivos de trabajo era un suplicio.

Me despertó la luz que se filtraba en el interior de la cueva. Me vestí y salí al exterior, donde me encontré con que la muchacha ya estaba preparando el desayuno.

El cielo y la tierra parecían haberse unido. El sol todavía no había salido, pero su luz ya se derramaba desde una gran distancia a través de aquella lona inmensa, acariciando las piedras de las colinas y tiñendo la tierra grisácea y ocre de oro. Jamás había visto un amanecer tan bello. Sopesé la posibilidad de que tal vez el turismo podría ayudar a la zona a salir de la pobreza. La magnífica salida del sol en aquella meseta era una buena sustituta de aquellas otras por las que la gente escala el monte Tai o asalta el mar. Cuando más tarde mencioné que la gente debería visitar la Colina de los Gritos en vez de otros parajes menos espectaculares, un adolescente rechazó mi idea como pura ignorancia: Si la Colina de los Gritos ni siquiera tenía suficiente agua para cubrir las necesidades más básicas de sus habitantes, ¿cómo iba a poder suministrársela a una avalancha de turistas?

Los asfixiantes humos del fuego de la muchacha me sacaron de mi ensueño. Los excrementos secos de vaca que utilizaba como combustible despedían un hedor acre. La muchacha había encendido el fuego entre unas cuantas piedras grandes sobre las que había dispuesto una cazuela y una piedra plana. En la cazuela preparó unas gachas de harina y sobre la piedra tostó un basto pan ácimo. La muchacha se llamaba Niu'er («niña»). Me contó que los excrementos de vaca eran el único combustible para calefacción de que disponían en invierno. Ocasionalmente, con motivo de una muerte o una boda, o cuando recibían la visita de algún familiar o amigo, cocinaban con excrementos como muestra de amistad solemne. El combustible que solían utilizar para cocinar era raíces de hierba cogón (una hierba que crecía en terrenos extremadamente áridos, provista de una extensa raigambre y tan sólo unas cuantas hojas de vida corta) con las que escalfaban un poquito de agua para cocinar las gachas. Una vez al año, en verano, cocían el basto pan ácimo —*mo*— sobre las piedras ardientes de la colina. Luego lo almacenaban bajo tierra y estaba tan seco y duro que se conservaba durante casi todo un año. Me rendían un homenaje sirviéndome *mo*. Sólo los hombres que se dedicaban a la agricultura tenían derecho a comerlo. Las mujeres y los niños sobrevivían a base de gachas. Años enteros de lucha los habían acostumbrado al hambre. Niu'er me contó que el máximo honor y placer en la vida de una mujer era recibir un bol de huevos mezclados con agua cuando había dado a luz a un niño. Más tarde recordé sus palabras cuando oí a unas mujeres que discutían:

—¿Y cuántos boles de huevo y agua te has comido tú?

Tras el desayuno especial de gachas y *mo* del primer día, nuestro grupo empezó a trabajar. Expliqué a los jefes de la aldea que quería recoger información sobre las mujeres de la Colina del Grito. Éstos, que ni siquiera eran capaces de escribir su propio nombre pero que se consideraban a sí mismos cultos, sacudieron la cabeza desconcertados:

—¿Qué puede haber de interesante en las mujeres?

Insistí y finalmente accedieron. Para ellos, yo solo era una mujer más que no entendía nada, pero que seguía los pasos de los hombres en un intento de impresionar mediante la novedad. Su actitud no me preocupó. Los muchos años de experiencia adquirida como periodista me habían enseñado que el acceso a mis fuentes era más importante que la opinión que pudieran tener los demás de mí.

Cuando escuché por primera vez el nombre «Colina de los Gritos» sentí una excitación indecible y presentí que mi visita estaba predestinada. El nombre evoca un lugar ruidoso y activo, desbordante de vida, pero nada más lejano a la realidad. La colina de tierra ocre se encuentra en medio de un paisaje de tierra desnuda, arena y piedras. No hay señales de agua corriente ni de vida vegetal. Los raros escarabajos pequeños que se escabullían a la mínima parecían huir de la tierra árida.

La Colina de los Gritos se encuentra en la franja de tierra donde el desierto se une con la meseta. Durante todo el año, el viento sopla incansable, como ha hecho durante miles de años. A menudo resulta difícil ver más allá de unos pocos pasos en una tormenta de arena, y los aldeanos que trabajan en las laderas de la colina se ven obligados a gritar para comunicarse. Por esta razón, a los habitantes de la Colina de los Gritos se los conoce por sus voces fuertes y resonantes. Nadie pudo confirmarme si fue así como la colina recibió su nombre, pero pensé que era una razón verosímil. Es un lugar completamente aislado del mundo moderno: entre diez y veinte familias con tan sólo cuatro apellidos viven en pequeñas cuevas bajas excavadas en las rocas. Allí las mujeres sólo son valoradas por su utilidad: como meras herramientas de reproducción que son, constituyen el artículo de comercio más preciado en las vidas de los aldeanos. Los hombres no vacilan en cambiar a dos o tres niñas por una esposa de otra aldea. Casar a una mujer de la familia con un hombre de otra aldea y recibir a cambio una esposa para algún hombre de la familia es una práctica muy común; de ahí que la mayoría de las mujeres de la Colina de los Gritos provenga de otras aldeas. Tras haber sido madres, son obligadas a ceder a sus propias hijas. Las mujeres de la Colina de los Gritos no tienen derechos de propiedad ni de herencia.

La práctica social poco común de compartir a una mujer entre varios hombres también se aplica en la Colina de los Gritos. En la mayoría de estos casos se trata de hermanos de una familia extremadamente pobre y sin mujeres que intercambiar, que compran una esposa en común a fin de continuar la estirpe. De día se benefician de la comida que cocina la mujer y de las tareas domésticas que realiza; y de noche disfrutan del cuerpo de la mujer por turnos. Si la mujer tiene un niño, los hermanos son papá grande, segundo papá, tercer papá, cuarto papá y así sucesivamente. Los aldeanos no consideran esta práctica ilegal, puesto que es una costumbre establecida que ha sido transmitida desde sus ancestros, y que, por tanto, tiene mayor fuerza legal que la ley en sí. Tampoco se mofan de los niños que tienen muchos padres, ya que éstos gozan de la protección y la propiedad de varios hombres a la vez. Ninguno de ellos siente compasión por las esposas compartidas. Para ellos, la existencia de las mujeres está justificada por su utilidad.

No importa de qué aldea sean las mujeres originariamente, pronto se acostumbran a las tradiciones que han sido transmitidas de generación en generación en la Colina de los Gritos. Llevan una vida extremadamente dura. En sus cuevas, que constan de una sola estancia —de la cual la mitad está ocupada por un *kang*—, sus utensilios domésticos se limitan a unas cuantas planchas de piedra, esteras hechas de hierba, y boles de arcilla toscos y rudimentarios. Un cántaro de loza se considera un artículo de lujo destinado únicamente a las familias «acaudaladas». Los juguetes para los niños o cualquier utensilio doméstico para el uso específico de las mujeres son impensables en su sociedad. Puesto que las mujeres se compran a cambio de familiares de la misma sangre, éstas se ven obligadas a soportar el resentimiento de los miembros de la familia que echan de menos a sus propias hijas o hermanas, y tienen que trabajar día y noche para ocuparse de la comida, la bebida y otras necesidades diarias de la familia.

Son las mujeres las que reciben el amanecer en la Colina de los Gritos: tienen que dar de comer al ganado, barrer el patio y pulir y reparar las herramientas oxidadas y desafiladas de sus maridos. Tras haber enviado a sus maridos a trabajar en los campos, tienen que ir por agua a un arroyo poco fiable en la lejana ladera de una montaña situada a dos horas a pie, y volver cargadas con dos pesados cubos sobre los hombros. Cuando llega la temporada de la hierba cogón, las mujeres también tienen que escalar la colina y desenterrar las raíces que utilizan como combustible para sus cocinas. Por la tarde tienen que recoger comida para sus hombres, y al volver se dedican a hilar, a tejer y a confeccionar ropa, zapatos y sombreros para la familia. A lo largo de todo el día llevan a los niños pequeños a todos lados, en brazos o cargados a la espalda.

En la Colina de los Gritos, el término empleado por los hombres cuando quieren acostarse con una mujer es «utilizar». Cuando los hombres vuelven al atardecer y quieren «utilizar» a sus esposas, a menudo les gritan impacientes:

—¿Por qué tardas tanto? ¿Vas a subirte al *kang* o qué?

Después de haber sido «utilizadas», las mujeres se arreglan y cuidan de los niños mientras sus maridos roncan plácidamente. Finalmente, cuando anochece, las mujeres pueden descansar, pues ya no hay luz para que puedan seguir trabajando. Cuando intenté experimentar una ínfima parte de la vida de estas mujeres, uniéndome a ellas en sus tareas diarias durante unos días, mi fe en el valor de la vida se vio seriamente trastornada.

El único día que una mujer de la Colina de los Gritos puede mantener la cabeza alta es el día en que da a luz a un hijo. Empapadas de sudor tras los tormentos del parto, escuchan las palabras que las llenan de orgullo y satisfacción:

—¡Lo tengo!

Éste es el mayor reconocimiento de sus esfuerzos que recibirá de su marido, y su única recompensa material es un bol de huevos con azúcar y agua caliente. No hay mala disposición hacia las mujeres que dan a luz a una niña, pero a ellas no se les ofrece este manjar. La estructura social de la

Colina de los Gritos es única, pero no difiere del resto de China en valorar más a los hijos que a las hijas.

Durante mis primeros días en la Colina de los Gritos, me pregunté por qué la mayoría de los chiquillos que jugaban alrededor de las mujeres o las ayudaban en sus tareas domésticas en la cueva-vivienda eran niños, y pensé que ésta podía ser otra aldea china en la que se practicaba el infanticidio femenino. Más tarde descubrí que se debía a la escasez de ropa. Cuando una familia adquiría ropa nueva, una vez cada tres, cuatro o cinco años, primero vestían a los niños dejando a menudo que varias niñas compartieran un solo juego de ropa que tenía que adaptarse a todas ellas. Las hermanas se quedaban en el *kang* cubiertas por una sábana grande y se turnaban para vestirse con el juego de ropa y ayudar a la madre en sus tareas.

Había una familia con ocho hijas que tenía que compartir un par de pantalones, tan cubierto de parches y zurcidos que no dejaba ver la tela original. La madre estaba embarazada de su noveno hijo, pero vi que el *kang* de la familia no era más amplio que el de una familia normal con tres o cuatro hijos. Las ocho niñas estaban sentadas una al lado de la otra sobre el *kang*, cosiendo zapatos como si trabajaran en la cadena de montaje de un pequeño taller. Reían y charlaban mientras trabajaban. Cada vez que hablaba con ellas, me contaban lo que habían visto y oído el día que «llevaban ropa». Todas las niñas contaban los días que faltaban para que les llegara el turno para «vestirse». Charlaban felizmente de qué familia había celebrado una boda o funeral o había tenido un hijo o una hija, de qué hombre apaleaba a su mujer o de quién había insultado a quién. Sobre todo hablaban de los hombres de la aldea; hasta las huellas dejadas en el suelo por un niño que había hecho sus necesidades eran motivo de debates y risas. Sin embargo, a lo largo de las dos semanas que compartí con ellas, casi nunca las oí hablar de mujeres.

Cuando conducía deliberadamente la conversación hacia temas estrictamente femeninos del mundo exterior, como por ejemplo peinados, ropa, personajes populares y maquillaje, las chicas no solían tener ni idea de lo que les estaba hablando. La manera de vivir de las mujeres de la Colina de los Gritos era el único modelo de vida que ellas concebían. No me atreví a hablarles del mundo exterior, ni de la manera en que viven las mujeres allí, pues sabía que vivir conociendo lo que nunca podrían tener sería mucho más trágico que seguir viviendo como lo hacían.

Entre las mujeres de la aldea de la Colina de los Gritos observé un fenómeno muy singular: cuando llegaban más o menos a la edad de diez años, de pronto su andar se tornaba extraño. Empezaban andar con las piernas muy separadas, balanceándose mientras dibujaban un arco a cada paso. Sin embargo, no había ni rastro de esta tendencia en las niñas pequeñas. Durante los primeros días di vueltas y más vueltas al misterio, pero no quise indagar demasiado en el asunto. Esperaba poder encontrar la respuesta por mi propia cuenta.

Tenía por costumbre hacer algunos bosquejos del escenario que creía que representaba mejor cada lugar que investigaba. No necesité colores para describir la Colina de los Gritos; unas cuantas líneas bastaron para resaltar sus cualidades esenciales. Mientras estaba dibujando, me fijé en unos montoncitos de piedras que no recordaba haber visto antes. La mayoría de ellos estaban dispuestos en puntos alejados de los caminos. Sometidos a un examen más detenido, descubrí unas hojas de color rojo ennegrecido bajo estas piedras. En la Colina de los Gritos sólo crecía la hierba de cogón, así que ¿de dónde habían salido aquellas hojas?

Examiné las hojas minuciosamente. En su mayoría, tenían diez centímetros de largo y cinco de ancho. Habían sido claramente recortadas a medida y parecían haber sido aplastadas y frotadas a mano. Algunas de las hojas eran ligeramente más gruesas que las demás; eran húmedas al tacto y desprendían un fuerte hedor a pescado. Había también otras hojas extremadamente secas por la presión de las rocas y el calor ardiente del sol; éstas no eran quebradizas sino muy resistentes y también desprendían el mismo hedor salino. Nunca había visto hojas como aquéllas. Me pregunté para qué las utilizarían y decidí preguntárselo a los aldeanos.

Los hombres dijeron:

—¡Son cosas de mujeres! —y se negaron a decir más.

Los niños sacudieron la cabeza desconcertados y dijeron:

—No sé qué son, mamá y papá dicen que no debemos tocarlas.

Las mujeres simplemente bajaban la cabeza en silencio.

Cuando Niu'er se apercibió de que me preocupaba el asunto de las hojas, me dijo:

—Será mejor que se lo preguntes a mi abuela, ella te lo contará.

La abuela de Niu'er no era muy mayor, pero un matrimonio temprano y los repetidos embarazos y partos la habían convertido en miembro de la generación mayor de la aldea.

La abuela me explicó con muchos tapujos que las mujeres utilizaban las hojas durante la menstruación. Cuando una muchacha de la Colina de los Gritos tenía su primer período, o cuando una mujer acababa de casarse con un hombre de la aldea, su madre o una mujer de la generación mayor le ofrecía diez de estas hojas. Las hojas procedían de unos árboles que crecían en una zona lejana. Las ancianas enseñaban a las jóvenes a utilizarlas: primero había que cortarlas a medida, de manera que pudiera encajarlas dentro de los pantalones. Luego había que hacer unos pequeños agujeros en las hojas con una lezna para hacerlas más absorbentes. Las hojas eran relativamente elásticas y sus fibras muy gruesas, con lo que se espesaban e hinchaban a medida que absorbían la sangre. En una región en la que el agua era tan preciada no hay más remedio que prensar y secar las hojas después de cada uso. Una mujer utiliza sus diez hojas durante la menstruación mes tras mes, incluso después de haber dado a luz. Sus hojas serán los únicos bienes que se llevará a la tumba.

Intercambié algunas compresas que había llevado conmigo por una hoja de la abuela de Niu'er. Mis ojos se llenaron de lágrimas al tocarla: ¿cómo podía alguien colocarse aquella hoja áspera, dura incluso al tacto, en el lugar más delicado y sensible de una mujer? Fue entonces cuando descubrí por qué las mujeres de la Colina de los Gritos caminaban con las piernas separadas: sus muslos habían rozado repetidamente aquellas hojas hasta quedarse en carne viva y cubiertos de cicatrices.

Había otra razón para el extraño andar de las mujeres de la Colina de los Gritos que me chocó más, si cabe.

En chino escrito, la palabra «útero» se compone de dos caracteres que corresponden respectivamente a «palacio» y «niños». Prácticamente todas las mujeres saben que el útero es uno de sus órganos clave. Sin embargo, las mujeres de la Colina de los Gritos ni siquiera saben qué es un útero.

El doctor que nos había acompañado en nuestro viaje de investigación me contó que uno de los aldeanos le había pedido que examinara a su esposa, ya que ésta había estado encinta en varias ocasiones pero nunca había conseguido llevar a buen término un solo embarazo. Con el permiso especial de los aldeanos el doctor examinó a la mujer y se quedó pasmado al descubrir que la mujer tenía el útero prolapso. La fricción y las infecciones de muchos años habían endurecido el útero, tan duro como una callosidad, y lo habían desprendido. El doctor no era capaz siquiera de imaginar qué lo había provocado. Sorprendida por la reacción del médico, la mujer, herida en su orgullo, le contó que todas las mujeres de la Colina de los Gritos eran así. El doctor me pidió que lo ayudara a verificar aquella afirmación. Varios días más tarde pude confirmar la veracidad de las palabras de la mujer, tras muchas horas observando subrepticiamente a las mujeres de la aldea mientras hacían sus necesidades. Los úteros prolapsos eran otra razón por la que las mujeres andaban con las piernas separadas.

En la Colina de los Gritos nadie se resiste al curso de la vida y la planificación familiar es un concepto desconocido. Se trata a las mujeres como si fueran máquinas reproductoras, y éstas suelen tener un hijo al año, cuando no tres en dos años. Nadie les garantiza que sus hijos sobrevivan. A mi entender, el único freno a las familias numerosas es la mortalidad infantil o los abortos por agotamiento.

Vi a muchas mujeres embarazadas en la Colina de los Gritos, pero no percibí ni sombra de ilusión por la llegada de una nueva criatura, ni entre ellas ni entre los hombres. Incluso estando en los últimos días de gestación, las mujeres tenían que trabajar como antes y soportar ser «utilizadas» por sus maridos, que pensaban que «tan sólo los niños que resisten ser aplastados son lo suficientemente fuertes». Estaba horrorizada por todo aquello, sobre todo por la idea de las esposas compartidas que eran «utilizadas» por varios hombres a la vez durante el embarazo. Los hijos que las mujeres parían eran realmente fuertes: la suposición de la «supervivencia del más fuerte» realmente parecía ser cierta en la Colina de los Gritos. Este pragmatismo brutal había tenido como consecuencia úteros severamente prolapsos entre las mujeres valientes y desinteresadas de la aldea.

La noche después de haber establecido que los úteros prolapsos eran un fenómeno común en la Colina de los Gritos, no conseguí dormir hasta pasadas algunas horas. Estaba echada en el *kang* de tierra sollozando por aquellas mujeres que pertenecían a mi generación y a mi tiempo. El hecho de que las mujeres de la Colina de los Gritos no tuvieran ni idea de la sociedad moderna, ni aún menos conciencia de los derechos de la mujer, era un pobre consuelo. Su felicidad se sustentaba en su ignorancia, en sus costumbres, y en la satisfacción de creer que todas las mujeres del mundo vivían como ellas. Hablarles del mundo exterior sería como eliminar los callos de una mano acostumbrada al trabajo y dejar que las espinas pincharan la carne tierna.

El día que abandoné la Colina de los Gritos descubrí que las compresas que le había dado a la abuela de Niu'er a modo de recuerdo colgaban de los cinturones de sus hijos: las usaban como toallas para secarse el sudor o proteger las manos.

Antes de mi visita a la Colina de los Gritos, había pensado que las mujeres chinas de todos los grupos étnicos estaban unidas, que cada una de ellas seguía un desarrollo único, pero que, esencialmente, todas andábamos parejas con los tiempos que nos habían tocado vivir. Sin embargo, durante las dos semanas que permanecí en la Colina de los Gritos vi a madres, hijas y esposas que parecían haber sido dejadas atrás en los albores de la historia, abandonadas a sus vidas primitivas en medio del mundo moderno. Estaba preocupada por ellas. ¿Alguna vez serían capaces de ponerse al día? No es posible alcanzar el final de la historia en un solo paso, y la historia no las esperaría. Sin embargo, cuando volví a la oficina y descubrí que los viajes como el que yo había realizado estaban sirviendo para que el resto del país fuera consciente de la existencia de estas comunidades ocultas, sentí que me encontraba al principio de algo. El principio encerraba mis esperanzas. Tal vez había una manera de ayudar a las mujeres de la Colina de los Gritos a moverse con un poco más de rapidez...

El gran Li escuchó mi relato de las mujeres de la Colina de los Gritos y luego me preguntó:

—¿Son felices?

Mengxing exclamó:

—¡No seas ridículo! ¿Cómo quieres que sean felices?

Yo dije a Mengxing que, de los cientos de mujeres chinas que había entrevistado en los casi diez años de radiodifusión y periodismo, las mujeres de la Colina de los Gritos eran las únicas que me manifestaron que eran felices.

Epílogo

En agosto de 1997 abandoné China para trasladarme a Inglaterra. La experiencia que había tenido en la Colina de los Gritos me había trastornado. Sentí que necesitaba respirar nuevos aires: saber cómo era vivir en un país libre. En el avión que me llevó a Londres coincidí con un hombre que me contó que volvía de su séptima visita a China. Había visitado todos los lugares históricos más importantes. Me habló con gran erudición del té, las sedas y la Revolución Cultural. Llevada por la curiosidad, le pregunté qué sabía de la posición de la mujer china en la sociedad. Me contestó que China le parecía una sociedad muy igualitaria: fuera adonde fuera, veía a hombres y mujeres desarrollando los mismos trabajos.

Había subido al avión con la idea de que tal vez podría encontrar la manera de describir la vida de las mujeres chinas a la gente de Occidente. De pronto, enfrentada a los limitados conocimientos de aquellos hombres, la tarea me pareció mucho más desalentadora y difícil. Tendría que retroceder en mi memoria para recuperar todas las historias que había recogido a lo largo de los años. Tendría que revivir las emociones que había sentido al escucharlas por primera vez, y tendría que encontrar las mejores palabras para describir toda la miseria, la amargura y el amor que habían expresado todas aquellas mujeres. Y, aun así, no estaba segura de la interpretación que los lectores occidentales harían de aquellas historias. Al no haber visitado jamás Occidente, no sabía lo que la gente podría saber de China.

Cuatro días después de mi llegada a Londres murió la princesa Diana. Recuerdo encontrarme en el andén de la estación de metro de Ealing Broadway, rodeada por gente que llevaba ramos de flores que pretendía dejar delante de las rejas del palacio de Buckingham. No pude resistir el impulso de periodista y pregunté a una mujer que tenía al lado qué había significado la princesa Diana para ella. Empezamos a hablar de la posición de la mujer en la sociedad británica. Al rato me preguntó cómo era la vida de las mujeres en China. Para las occidentales, me dijo, parecía que la mujer china moderna seguía llevando un velo. Estaba convencida de que era importante intentar mirar tras aquel velo antiguo. Sus palabras me inspiraron. Tal vez habría, después de todo, una audiencia interesada en mis historias en Occidente. Más tarde, cuando empecé a trabajar en la facultad de estudios orientales y africanos de la Universidad de Londres, hubo más gente que me animó a seguir adelante. Hablé a una profesora de algunas de mis entrevistas, y ella me aseguró que debería ponerlas por escrito. La mayoría de los libros que se habían escrito hasta entonces, me dijo, habían tratado de ciertas familias chinas en concreto. Estas historias ofrecerían una perspectiva más amplia.

Sin embargo, en mi caso, el momento definitivo llegó cuando una muchacha china de veintidós años solicitó mi ayuda. Estaba estudiando en la facultad de estudios orientales y africanos, y un día se sentó a mi lado en la cantina de los estudiantes. Estaba muy deprimida. Su madre, sin prestar atención al coste de las llamadas de larga distancia, la llamaba cada día para advertirle que los hombres occidentales eran unos «sinvergüenzas sexuales» y que no debía permitir que se le acercaran. Al no poder recurrir a nadie para pedirle consejo, la muchacha estaba desesperada por conocer las respuestas a las preguntas más básicas sobre la relación entre hombres y mujeres. Si besabas a un hombre, ¿todavía podías considerarte virgen? ¿Por qué los hombres occidentales tocaban tanto y tan libremente a las mujeres?

Había estudiantes de chino que estaban sentados cerca de nosotras y que entendieron lo que decía la muchacha. Se rieron con incredulidad, pues no podían imaginar que hubiera alguien tan inocente. Pero yo estaba muy conmovida por su infelicidad. Aquí, diez años después de que Xiao Yu me hubiera escrito una carta preguntando si el amor era una ofensa a la decencia pública y se hubiera suicidado al no recibir respuesta, había otra muchacha cuya madre era responsable de mantenerla en la más profunda inopia en los temas relacionados con su sexualidad. Los estudiantes occidentales con los que estudiaba, que la abrazaban sin darle importancia, no tenían ni idea de lo mucho que estaba sufriendo aquella chica. Realmente, en China hay muchas mujeres jóvenes experimentadas —por lo general, en las grandes ciudades— que también se reirían de ella. Sin embargo, yo había hablado con muchas mujeres que se encontraban en una posición similar. Tras su grito de socorro me pareció incluso más imperioso utilizar sus lágrimas, y las mías, para crear un camino hacia la comprensión.

Recordé lo que el viejo Chen me había dicho en una ocasión:

—Xinran, deberías poner todo esto por escrito. La escritura es una especie de sala de exposición, y un almacén que puede ayudar a crear un espacio para dar cabida a nuevas ideas y sentimientos. Si no pones estas historias por escrito, tu corazón se colmará de ellas y se romperá.

En aquellos tiempos, podía haber ido a la cárcel por escribir un libro como éste en China. No podía arriesgarme a abandonar a mi hijo, ni a las mujeres que recibían ayuda y ánimos a través de mi programa de radio. En Inglaterra el libro se hizo realidad. Fue como si hubiera crecido una pluma en mi corazón.

Agradecimientos

Quiero darle las gracias a:
PanPan, por concederme tiempo para escribir este libro.
Mis padres, por ayudarme a comprender mejor al pueblo chino.
Toby Eady, por ofrecerme su corazón y su mano para ayudar a escribir este libro.
Christine Slenczka, por contribuir con sus conocimientos de China al primer borrador de este libro.
Rebecca Carter, por el interés mostrado por comprender China, y por su sensible y delicado trabajo de edición.
Min Wei Deng, por permitirme saber lo que los jóvenes piensan de China.
Las mujeres chinas, por hacerme sentir orgullosa de lo que he hecho.
Ti, por leer y responder a este libro.